Collection Histoire et Fortunes

Sous la direction de Louis Bergeron

Dans la même collection

Claude DULONG, *La Fortune de Mazarin.*
P. BUTEL, *L'Argent, mode d'emploi. Les dynasties bordelaises.*

LUXE ET CHARITÉ

Les Tarifs du marc d'or, 1583, 1704, 1748. Reconnaissance, fidélité, noblesse, Droz, Genève, 1993.

EN COLLABORATION

Avec Josane Duranteau (sous le nom de Jean Pommard) : *La Maison Georgeau. Vie d'une famille bourgeoise à Saint-Germain-des-Prés au XVIIe siècle (1623-1629)*, roman historique, Jean-Claude Lattès, Paris, 1986.
« Paris, la ville de l'absolutisme triomphant », in Louis Bergeron, *Paris, genèse d'un paysage*, Picard, Paris, 1989. Prix d'Histoire de la région Ile-de-France, 1990.
« Les fonctionnaires français au XVIIe siècle » in *Histoire générale de la fonction publique*, tome 2, Nouvelle Librairie de France, Paris, 1993. Prix Histoire et Mémoire du ministère de la Fonction publique, 1993.

A PARAÎTRE

La Grande Paroisse (Saint-Sulpice) et les origines du noble faubourg.
Le Cœur du roi. Histoire de la concorde française, Paris, Fayard.

JEAN NAGLE

LUXE ET CHARITÉ
Le faubourg Saint-Germain et l'argent

Perrin
76, rue Bonaparte
PARIS

ISBN 2-262-00611-3

Pour Nicou.

SOMMAIRE

9

AVANT-PROPOS

A peine pourrons-nous dire, en dépit de plusieurs années de travail, que nous aurons défini un sujet qui, on le verra, saisit en extension la noblesse et l'argent. Nous n'avons pas voulu, pour préserver la nature de cet essai, en briser le mouvement par trop d'appels de notes. Quelques indications permettront toujours au lecteur intéressé de retrouver les textes. Dans la même perspective, nous avons pris avec regret, à cause de l'immensité de nos dettes, le parti de priver le savant des délices d'une bibliographie qui lui eût épargné, de surcroît, c'est bien connu, la lecture du texte.

Avant d'étudier les cinq périodes de l'histoire du Faubourg, il nous a paru indispensable d'établir préliminairement les bases historiques, ethnologiques, – psychanalytiques si l'on veut – de la « mentalité » nobiliaire aux prises avec l'argent. Pour cela, nous décrirons en même temps, dans deux chapitres complémentaires, les deux sous-ensembles que sont l'aristocratie et la paysannerie.

Pour un essai de la nature de celui-ci, nous n'avons pas eu à entreprendre de recherche personnelle ni d'enquête. Ni en tant qu'ethnologue, ni en tant qu'historien, nous n'avons accédé à des sources réservées. Toute la documentation est déjà publiée. Les textes cités émanent autant que possible de personnalités du faubourg Saint-Germain, ou de leurs témoins.

Nous étions d'entrée de jeu persuadé, comme l'insinue une publicité de la Caisse d'Épargne, que, pour comprendre l'argent, il faut d'abord comprendre les gens. Nous ne sommes venu qu'ensuite aux minutes de notaires et par personnes interposées.

Cet ouvrage reste évidemment une propédeutique. Les ébauches que nous présentons dans le cadre de cette mise en scène devront être éprouvées – renforcées ou contredites – par beaucoup d'autres lectures.

Tel quel, ce livre nous aura donné un grand plaisir à le faire. Nous remercions M. de Vivie de l'avoir accueilli, Louis Bergeron d'en avoir eu l'idée, Jean-Michel Roy d'y avoir collaboré en apportant généreusement suggestions et conseils.

1

L'ARCHIPEL DORÉ

*La notion de faubourg Saint-Germain. – Les cinq faubourgs.
– Problèmes et méthodes.*

Nous proposant comme sujet le faubourg Saint-Germain
et l'argent, le premier de ces éléments aura bien droit, dès
l'abord, à son chapitre et à sa tentative de définition. Pour
l'argent, nous avons remplacé le développement théorique
par une sorte de conte, une allégorie à deux voix, où l'on
verra dialoguer paysannerie et noblesse au cours des siècles,
dans deux chapitres où nous essayons d'évoquer le climat
général qui a conditionné le rapport à l'argent dans le
milieu considéré.

Dans les deux chapitres suivants, nous étudierons les
conjonctures variables des rapports du groupe noble à
l'argent, et les modalités diverses de son adaptation.

Donc, le faubourg Saint-Germain de Paris a été, en tant
que quartier, creuset et matrice d'un groupe social dont la
concentration en ces lieux a renforcé les caractères propres.
Il a été aussi un château d'eau démographique et social, ali-
mentant et irriguant les beaux quartiers qu'il a intégrés à
distance et auxquels on reconnaît aujourd'hui le même
aspect de camp retranché et de monde clos, qui était celui
du vieux monde du faubourg. Claude Vento disait de lui, à la
fin du siècle dernier, que c'était le « cœur de la France ».
C'est, en tout cas, le cœur de l'aristocratie française.

13

Soyons précis : le faubourg Saint-Germain n'a guère eu d'autre existence que métonymique. Nom d'usage permanent depuis le Moyen Age, il n'a jamais eu, en tant que faubourg, d'existence administrative sous l'Ancien Régime. Jusqu'en 1673, ce fut une ville – Saint-Germain-des-Prés-lès-Paris – très lâchement rattachée au quartier Saint-Séverin de la ville. Ses limites orientales étaient les fossés de l'enceinte de Philippe Auguste, fossés de Nesle, Saint-Germain et Monsieur-le-Prince qui coïncident avec nos rues Mazarine, de l'Ancienne-Comédie et Monsieur-le-Prince ; à l'ouest, la ville finissait avant Vaugirard et Grenelle.

Elle est annexée par Paris en 1674, enclavée derrière les nouveaux boulevards du sud, des Invalides et de Montparnasse. Il n'y a plus alors *stricto sensu* de faubourg Saint-Germain. Il est même divisé entre deux quartiers qui, à la fois pour la police et pour la municipalité, sont dits Saint-Germain-des-Prés et le Luxembourg. Pourtant, la personnalité de ce faubourg qui n'en est plus un, reste si sensible que, dans le cadre des douze arrondissements créés en 1796, il trouve pour la première fois – et cela sera consacré en 1812 – une existence administrative. Délimité par la rue des Saints-Pères, la rue de Grenelle, la rue de Bourgogne et la Seine, il forme un des quatre quartiers du Xe arrondissement, à côté de la Monnaie, de Saint-Thomas-d'Aquin et des Invalides.

Le retour de cette appellation implique la reconnaissance par Napoléon d'un contenu sociologique original. D'Haussonville témoigne que l'Empereur avait grand souci du faubourg Saint-Germain :

– Qu'est-ce que diront de cela vos amis et les belles dames du Faubourg ? lui demandait-il. Elles me détestent bien, n'est-ce pas, sans en rien laisser voir... Tous mes efforts pourtant tendent à faire vivre en paix sous mon sceptre l'ancienne et la nouvelle France... Henri IV, c'est moi !

Tout aussi significative est la disparition du Faubourg lors de la redistribution municipale des quartiers de Paris en 1860. Dans le VIIe arrondissement (dit du Palais-Bourbon) figurent quatre quartiers : Saint-Thomas-d'Aquin, les Invalides, l'École militaire et le Gros-Caillou. Le faubourg Saint-

Germain de 1812 est démembré entre Saint-Thomas et les Invalides, tandis que le boulevard Saint-Germain éprouve l'impérieux besoin d'éventrer l'hôtel de Luynes. Le second Empire n'avait plus pour le faubourg les grâces du premier. Ce n'est que de nos jours que le faubourg est revenu à l'existence en tant que « quartier patrimonial ». En vertu de la loi Malraux du 4 août 1962, le conseil municipal de Paris a établi, le 19 octobre 1972, un secteur sauvegardé, dit du faubourg Saint-Germain, qui adjoint au sous-quartier de ce nom en 1812 une partie de celui de Saint-Thomas-d'Aquin, et est délimité par la rue des Saints-Pères, la rue de Sèvres, le boulevard des Invalides et la rivière. Cette décision fait suite à l'établissement d'un premier secteur sauvegardé, établi au Marais en 1964 ; elle était l'aboutissement d'une campagne orchestrée par l'éditeur Veyrier, appuyé par Yvan Christ, Philippe Siguret, Jean-Pierre Babelon et la direction de la Société historique du VIIe arrondissement en la personne de Mme Colette Lamy-Lassalle. Cette société, soutenue par la délégation artistique de la Ville, les autorités de celle-ci, ainsi que de nombreux historiens, archivistes et savants amateurs, a entrepris l'inventaire patrimonial du secteur. Cela a donné lieu à des expositions avec publication sur les rues nobles du faubourg, à la suite du grand ouvrage publié chez Veyrier.

La valorisation actuelle, menée parallèlement et avec force, des secteurs du Marais et du faubourg Saint-Germain, démarque curieusement les conditions de développement initial de ces deux quartiers nobiliaires dans le Paris de la fin du XVIe siècle.

L'ancrage d'une population noble dans le Faubourg a particulièrement bien réussi. L'intention de créer les deux quartiers nobles est exprimée dans un projet d'édit de juillet 1609, qui n'a jamais été vérifié en raison de l'opposition des commissaires du Châtelet de Paris qui refusaient l'accroissement du nombre des quartiers, pour conserver leurs revenus. Il s'agissait « d'augmenter notre bonne ville de Paris pour loger les seigneurs, gentilshommes et autres officiers de notre suite [...] et qui sont si pressés et logés chèrement qu'ils en souffrent infinies incommodités et dommages [...] pour à quoi remédier et leur donner soulagement avons avisé faire construire et bâtir dans notre dite ville de Paris deux quartiers, un déjà commencé à faire au bout du Pont-Neuf, et l'autre qui sera fait dans les marais confins du Temple ». Les deux projets avaient des visées politiques.

Le programme du Marais symbolisait une union de la royauté et de la noblesse appuyée sur le gouvernement par le Grand Conseil, bridant l'activité des juges et des parlements, comme déjà François Ier et son chancelier Duprat l'avait préconisée. Le projet du Marais comprenait la place Royale et une autre place, dite de France, réunies par la rue Saint-Louis (rue de Turenne). Autour de cette place de France, huit grandes rues portaient des noms de provinces pourvues de cours souveraines ou ayant prétendu en avoir, avec seize rues concentriques dénommées d'après les pays dépendant du parlement de Paris, le tout dominé par une maison où se tiendrait le Grand Conseil, dont le système d'évocation gênait tellement le Parlement.

Le second quartier noble devait s'établir sur l'île de la Cité et la rive gauche, en liaison avec le Théâtre d'honneur de la place Dauphine, et centré sur la rue Dauphine à la sortie du Pont-Neuf. Le quartier voué au dauphin, à Louis XIII enfant, symbolisait évidemment l'attachement héréditaire aux rois. Damas de Marcilly reçut plus tard l'autorisation de faire des maisons « d'une même symétrie », le long du quai Malaquais ; la façade fluviale fut continuée par le financier Le Barbier pour plaire au roi.

Le Faubourg se développa selon des formes proches du projet, en liaison avec l'hôtel de la reine Marguerite, l'hôtel du grand maître de France (Condé), et le Luxembourg. On vit donc s'établir comme une galerie de nobles au bord de l'eau, face à la grande galerie du Louvre. C'était exprimer fortement le désir d'harmonie entre le monarque et sa noblesse, les deux rives se renforçant de leur mutuel éclat : politique, le programme avait aussi un volet social. On souhaitait, nous l'avons vu, loger la noblesse à bon marché, en évitant le danger de ruine éventuelle pour la simple concurrence de l'aspect. C'était l'équivalent d'une loi somptuaire pour le logement des nobles, comme le recommandait Philippe de Béthune : il fallait prendre un projet de façade « sur quelque maison voisine de peu de dépense, à laquelle on se réglera [...] de façon que [...] toutes les maisons d'une rue [...] se trouvent semblables ».

Le modèle choisi fut celui que les Parisiens aimaient bien : façade de brique et pierre du pont Notre-Dame, construit sous Louis XII, de 1505 à 1512. Le type en avait été appliqué lors de la réformation des Halles autour de la rue de la Cordonnerie, vers 1555 ; il fut repris plus tard à la place Royale, dans l'île de la Cité, et pour le quai Malaquais, où il reste encore quelques maisons de cet appareil.

Il plaisait aux Parisiens que leur demeure portât la livrée rouge et blanche du roi Louis XII, le père du peuple, dans un temps justement où le roi Henri IV, se référant à lui, reprenait ostensiblement son programme et briguait le même surnom. On peut se demander si les deux couleurs n'évoquent pas aussi un programme plus précis, celui de l'édit de Nantes, par exemple, par le mariage des couleurs de l'écharpe rouge des catholiques royaux et de l'écharpe blanche des réformés.

Le Faubourg se développe en étroite liaison avec le destin de Louis XIII. Une majorité des chefs d'offices civils de la maison du roi y réside : par principe d'opposition à la personne et à la demeure des cardinaux-ministres (au Palais-Cardinal, aujourd'hui Royal) ; ils s'écartent de la rive droite, sans se rallier forcément à la reine-mère ou à Gaston d'Orléans. C'est l'hôtel du grand maître de France, chef de la maison civile, le prince de Condé, qui les rassemble.

On eût trouvé, autour de la rue des Saints-Pères, le grand maréchal des logis : Louis d'Oger de Cavoye ; le grand prévôt de l'hôtel : Sourches, puis son petit-fils, Montsoreau ; grand panetier de France, le duc de Brissac, puis le duc de Luynes, grand fauconnier ; le duc de La Rochefoucauld, grand maître de la garde-robe et grand veneur de France ; le duc de Bouillon, grand chambellan.

Mais c'est surtout par la présence des grands officiers militaires de la Couronne que fut marqué le paysage de l'actuel secteur sauvegardé sous Louis XIV. Cela se fit en liaison avec la construction du dôme des Invalides. En effet, l'adjonction de l'église et du dôme de Jules Hardouin-Mansart au grand hospice construit par Libéral Bruant marque l'abandon du programme d'urbanisation à la

17

romaine voué à l'héroïsation du roi. L'église Saint-Louis-des-Invalides enterre le projet de temple de Mars que Louvois avait rêvé de mettre en concurrence avec le projet de César et d'Auguste.

Sous la pression de l'immense armée de la fin du règne, on abandonne les références antiquisantes pour rappeler la gloire médiévale de la noblesse française sous Saint Louis. On ne rapporte plus la gloire des armes au seul héros royal, mais à Dieu et aux militaires. Le dôme des Invalides est le gage d'une association de la noblesse militaire et de la monarchie.

Cinq maréchaux habitaient déjà le Faubourg : Bazin de Bezons, Chateaurenault, d'Estrées, Harcourt-Beuvron, Montrevel. Trois, plus âgés, viennent vers 1680 prendre leurs invalides à côté des soldats, leurs anciens camarades : d'Artagnan, Matignon, Tessé. Bientôt, Villars et Luxembourg, plus jeunes, en pleine activité, s'installent dans les nouvelles rues tracées par Robert de Cotte. Leurs officiers se regroupent autour d'eux à la fin de la guerre de la Ligue d'Augsbourg et pendant la guerre de Succession d'Espagne. La rue Saint-Dominique s'éveille vers 1695, suivie par les rues de l'Université et de Grenelle ; vers 1720, la rue de Varenne se peuplera à son tour. Une cinquantaine d'hôtels sont alors construits. C'est là presque une castramétation, une sorte de lotissement militaire, qui accueillera également les financiers fournisseurs aux armées.

L'influence ecclésiastique a aussi fortement marqué ce faubourg. Contrée d'atmosphère romaine, disait Mgr Montini, futur pape Paul VI, dans ses *Mémoires* en évoquant les dômes de ce quartier, Institut, coupole de l'Institut catholique (Carmes déchaux), des Beaux-Arts (église des Augustins). Rilke aussi, dans les *Cahiers*, trouve l'atmosphère de la rue Servandoni, au pied de l'église Saint-Sulpice, « romaine ».

Il est vrai que l'abbaye de Saint-Germain-des-Prés a joui jusqu'en 1689 d'une exemption qui lui permettait de ne dépendre directement que de Rome. Cela explique l'établissement dans ce faubourg de deux grands noviciats : celui des jésuites, détruit, celui des dominicains (dont Saint-Thomas-d'Aquin était la chapelle) – et la création d'un séminaire à l'ombre des tours de Saint-Sulpice, dont Jean-Jacques Olier a fait un « séminaire d'évêques ».

Saint-Sulpice est demeuré longtemps la plus grande paroisse de Paris ; on disait : « la grande paroisse ». Ses curés s'opposaient au démembrement pour garder de puissants moyens d'action. Le curé du Lau d'Allemans admit en 1738 une succursale au Gros-Caillou, qui devint paroisse en 1777.

En février 1791 furent créées les deux paroisses de Saint-Germain-des-Prés et de Saint-Thomas-d'Aquin, érigée canoniquement en 1802, avec trois succursales : l'Abbaye-aux-Bois, l'église des Missions étrangères (Saint-François-Xavier), et Sainte-Valère. Celle-ci, détruite en 1840, ce fut le marquis du Lau d'Allemans qui présida à la construction de Sainte-Clotilde destinée à la remplacer, de 1846 à la consécration le 30 novembre 1857.

En 1660, les « dévots du faubourg Saint-Germain » menés par les marguilliers de la paroisse Saint-Sulpice, tous membres des confréries ou Compagnie du Saint-Sacrement, décident la construction d'une église qui réponde aux besoins de la grande paroisse : six mille mètres carrés, plus vaste que Notre-Dame. Mgr d'Hulst disait que ces gens-là « eussent volontiers démoli la cathédrale pour bâtir Saint-Sulpice ». On ne put, faute de fonds, aller au-delà du transept ; c'est alors que Colbert envoya son oncle, le terrible Pussort, pour apurer les comptes et calmer les ambitions de la Compagnie du Saint-Sacrement et des dévots du Faubourg. L'achèvement de Saint-Sulpice s'échelonnera sur presque un siècle encore.

L'abbé Mugnier, vicaire, en 1907 de Sainte-Clotilde qui fêtait son cinquantenaire, prévoyait tout l'intérêt qu'on pourrait porter un jour à cette paroisse du Faubourg « demeure par tradition et par excellence de la noblesse française ». « On se reportera plus tard avec attendrissement à l'époque où cette église sortie de son berceau entrait dans ses années d'apprentissage. On sera très curieux, par exemple, de savoir comment une paroisse composée en grande partie de familles royalistes a vécu sous le second Empire et sous la IIIe République. On cherchera aussi, à l'aide de tous les documents, quelle pouvait être notre mentalité, dans les jours incertains où a été inauguré le régime de la séparation. Nos épreuves et nos joies prendront la teinte mélancolique des choses lointaines et s'idéaliseront à distance. »

Et ce qui nous intéresse en effet, dans le sillage de l'abbé à la houppe, c'est bien la « mentalité » comme il dit – nouveau mot qui plaisait tant au duc de Guermantes – et la « mentalité religieuse » de ce groupe aristocratique, parce qu'elle paraît être la clé de son adaptation au monde contemporain.

Robert de Courcel, pour le centenaire de la même basilique Sainte-Clotilde, en 1957, décrivait le pouvoir d'attraction de cette paroisse sur une population bourgeoise : « On pourrait dater approximativement le début de cette substitution d'un milieu à un autre dans notre paroisse aux environs de 1900, et surtout des années qui ont suivi la guerre de 14-18. »

Il évalue l'élément aristocratique à 40 pour cent en 1900, 10 pour cent en 1957. L'abbé Mugnier écrivait dans son journal le 17 juillet 1904 : « Combes fait fermer je ne sais combien d'écoles [...] le Sacré-Cœur, les Oiseaux... Tout s'en va. Fin d'un monde. » Et le 26 janvier 1908 : « La bourgeoisie envahit Sainte-Clotilde et ses catéchismes. »

Cela signifie que le groupe a dû se transformer à cette époque, en pleine invasion, en pleine attaque, « à chaud », pour réussir à adapter ses valeurs à la société moderne en transformation.

A Paris, il y a deux faubourgs : le faubourg Saint-Germain qui ne devint qu'en 1830 le « noble faubourg » ou « grand faubourg » ou le « Faubourg », et l'autre, qu'on appelle aussi le « faubourg », qui est le faubourg Saint-Antoine, le faubourg rouge, consacré par la grande Révolution et symbolisant le peuple, et qui donna de si épouvantables frissons au premier en 1830, 1848 et 1870. De l'un à l'autre, se déroule le Boulevard, héritier de l'animation des jardins et galeries du Palais-Royal, tombée avec la fermeture des jeux en 1833. Le Boulevard, composé de plusieurs boulevards, de la Bastille et Saint-Martin à la Madeleine, a ses cafés, ses trottoirs où les dandys puis les viveurs promenèrent leur élégance sulfureuse, au dangereux contact des vices populaires : « La queue du diable, dira Huysmans, y traîne sur l'asphalte sous les lumières électriques. »

Le faubourg Saint-Germain se définit d'abord comme une collection de grands noms de vieux noms historiques, c'est-à-dire des familles comme celle de Montmorency, qui comptait, en 1827, « plusieurs alliances de souverains, un parrain d'un roi de France, quatre connétables, onze maréchaux de France, quatre amiraux, deux grands maîtres, des cardinaux, trois grands chambellans, enfin tous les genres d'illustration et de mérite ». Ces familles sont unies par les « liens créés entre eux par les mariages de douze ou quinze générations, écrit Auguste Vitu, formant un réseau d'alliances tellement serré que la noblesse française peut se considérer comme une seule et unique famille. » « C'était, dit aussi Capefigue, une seule famille qui se mêlait peu et transportait partout son esprit. »

Quels noms, quelles familles ? Capefigue et Vitu s'essayent à les citer, mais, dit le dernier, sachant évidemment sa liste négligée « il faut en passer beaucoup et des meilleurs ». On trouvera en annexe (p. 279) les trente-six noms cités par les deux auteurs, les cinquante-cinq donnés en plus par Capefigue et les quarante-six indiqués d'autre part par Vitu, soit au total cent trente-sept familles évoquées.

On notera au premier coup d'œil que Capefigue, en 1866, en raison de convictions royalistes farouches, et Vitu, en 1890, à cause de l'effacement bonapartiste, n'ont cité aucun des noms de noblesse d'Empire, pas plus ceux qui s'imposaient absolument : Montebello, Albufera, Daru, que la dizaine d'autres qui peuvent se relever dans le livre des salons de Bender (1888-1889), dont Vitu disposait comme nous. Il manque évidemment encore une cinquantaine ou une centaine de familles de noblesse ancienne parmi les meilleures. Au total, le faubourg Saint-Germain, par métonymie, c'est-à-dire en appliquant le nom du contenant au contenu, ce sont donc, en gros, deux cents familles, trois cents peut-être, sur les trois mille que compte actuellement la noblesse.

Cela paraît simple, bien qu'arbitraire, d'établir de telles listes, et nous-mêmes les compléterions sans scrupule, en ajoutant quelques noms oubliés parmi les familles domiciliées au Faubourg en 1888.

Remarquons cependant que, dès 1860 – plus encore en 1890 – le Faubourg est un archipel, il devait donc y avoir des Harcourt-Saint-Germain, des Harcourt-Saint-Honoré, des Harcourt-Passy. Distinguer ces variétés, si elles existent, serait passionnant.

Il n'est pas question évidemment de relever les noms de tous les nobles qui ont habité au Faubourg. Car, d'abord, qu'est-ce que la noblesse? Et d'autre part, bien sûr, qu'est-ce géographiquement que le Faubourg? Il faudrait définir un espace de référence bien délimité, des critères de noblesse indiscutables, et une époque plus ou moins étroite selon les dimensions de l'espace retenu.

Il y aurait cependant inconvénient à négliger les familles qui ne sont pas tout à fait nobles, voire les familles anoblies, intégrées ou alliées, et dont les femmes et enfants sont parfois du sang des grands nobles et à percevoir ainsi comme une étoile, parce qu'on l'a ainsi prédéfinie, ce qui serait une nébuleuse. Pour connaître ces familles, il faudrait donc entrer dans des études généalogiques.

Une autre méthode, bien prometteuse, mais qui n'est pas accessible, serait de demander directement aux intéressés si leur famille appartient au faubourg Saint-Germain (depuis quand, et quels noms sur une liste de cinq cents noms nobles, où l'on brouillerait ceux de l'annexe à ce chapitre avec d'autres par exemple, sont ou ne sont pas du Faubourg), et quelles sont les autres familles du Faubourg qu'on peut citer, familles roturières comprises – cela serait-il admis? Sans aucun doute, selon Marsay, si l'on s'adresse aux familles ducales qui, dit-il, « exercent les fonctions de Chérin sans en avoir la compétence », et sont trop laxistes vis-à-vis des entrants, et trop dédaigneuses vis-à-vis de la vieille noblesse provinciale.

Notre liste présentée en annexe correspond donc à un ensemble approximatif de familles illustres sous l'Ancien Régime, ayant habité un faubourg mal défini au cours du XIXe siècle, d'après l'autorité de deux journalistes. Il faut le savoir.

Pour vérifier l'effet de dispersion, suivons l'implantation de dix familles très présentes dans le Faubourg, en 1888, d'après Bender : Bauffremont, Broglie, Castries, Gontaut-Biron, Gramont, Harcourt, La Rochefoucauld, Montesquiou, Talleyrand, Vogüé. Cent douze mentions les concernent alors, dont les deux tiers sont données à des adresses au faubourg Saint-Germain, un cinquième correspondant au VIIIe arrondissement, 5 pour cent au XVIe.

En 1990, ces mêmes familles figurent pour cent soixante-dix articles dans le Bottin mondain : 18 pour cent des adresses sont localisées au Faubourg, 23 pour cent dans le VIIIe arrondissement, le tiers dans le XVIe, 5 pour cent à Neuilly; le reste est dispersé dans Paris et 3 pour cent sont dans les châteaux – ce qui pouvait être déjà le cas en 1888 et fausse légèrement les proportions.

Au XVIIe siècle, les ducs et pairs étaient domiciliés, par tiers, au Marais et aux faubourgs Saint-Honoré et Saint-Germain. En 1827, la moitié des ducs avaient leur domicile au faubourg Saint-Germain : 56 pour cent des ducs créés par les Bourbons, 54 pour cent des ducs impériaux. De nos jours, il conserve un quart des ducs, mais il n'y a plus là de ducs d'Empire : onze ducs aujourd'hui, dont trois conservent la même adresse depuis un siècle – à ceci près, note le duc d'Harcourt, qu'il occupe rue Vaneau, dans l'immeuble de sa grand-mère, l'ancien appartement des serviteurs. Actuellement, sept ducs habitent le VIIIe arrondissement et seize le XVIe; trois sont à Neuilly.

L'attraction du Faubourg sur l'habitat noble se mesurera aussi à l'examen des adresses des parlementaires des deux Chambres – quand il y en a eu deux – que fournit l'Almanach impérial (royal ou national); prenons les années 1810 – 1827 – 1846 – 1868 – 1875 – 1878.

La représentation noble dans les Chambres a fortement varié au cours du siècle. Elle passe du tiers de l'effectif total de ces deux chambres en 1810 à 80 pour cent en 1827, pour décroître ensuite : 50 pour cent en 1846, 44 pour cent en 1868, 28 pour cent en 1875 et 20 pour cent en 1878.

Le faubourg Saint-Germain abrite le tiers des parlementaires – nobles et non nobles – des deux Chambres en 1810; presque la moitié en 1827, 35 pour cent en 1846, le tiers à nouveau en 1868, 13 pour cent en 1875 et 17 pour cent en 1878, les données étant modifiées pour ces deux dernières dates par l'établissement à Versailles de l'assemblée – puis des assemblées – et du gouvernement.

Les représentants titrés de l'Empire donnent la préférence au Faubourg jusqu'en 1846, date à partir de laquelle le faubourg Saint-Honoré commence à les attirer davantage, et jusqu'à deux fois plus.

Les parlementaires nobles non titrés, plus nombreux d'abord à Saint-Germain, s'équilibrent ensuite entre les deux faubourgs à partir de 1846, et choisissent nettement Saint-Honoré à partir de 1875.

Les anciens nobles titrés, presque deux fois plus nombreux au faubourg Saint-Germain en 1827 (194 contre 112), se trouvent eux aussi presque à égalité sur les deux rives en 1846 et 1875, et préfèrent eux aussi Saint-Honoré en 1878, mais moins nettement que les non-titrés.

Les parlementaires roturiers, quant à eux, ont toujours été plus nombreux au faubourg Saint-Honoré qu'au faubourg Saint-Germain depuis 1810 : la proportion supérieure de 10 pour cent en 1820 et 1827 passe de un à deux en 1846, et se maintient.

Les représentants nobles habitant le faubourg Saint-Germain, soit temporairement, soit habituellement, représentaient à eux seuls 40 pour cent de l'effectif des deux Chambres en 1827. Ils n'en sont plus que le cinquième en 1846, le septième en 1868 et tombent aux environs du vingtième en 1875 et 1878 – 7 et 5 pour cent – à corriger par l'habitat versaillais.

Le Faubourg regroupait la moitié de toute la représentation nobiliaire française en 1827, 43 pour cent en 1846, le tiers en 1868, le quart au début de la IIIe République.

En 1888, le *Livre des salons* montre que le faubourg Saint-Germain regroupe le tiers des adresses mondaines de tout Paris. La même année, d'après l'annuaire du Jockey Club, 27 pour cent des membres du cercle sont domiciliés au Faubourg (242 sur 897). En 1938, la proportion correspondante est de 23 pour cent (230 sur 1 013); en 1987 elle est de 17 pour cent (161 sur 953).

Michel et Monique Pinçon ont montré à partir des

annuaires du Jockey (1868, 1909, 1948, 1961, 1981) que, parmi les membres du cercle, la prééminence du faubourg Saint-Honoré – sensible chez les parlementaires simplement nobles à partir du second Empire, chez les nobles titrés un peu plus tard – est vérifiée.

Par la suite, le faubourg Saint-Germain résiste mieux, s'érode plus lentement, et supplante à nouveau Saint-Honoré dans ce domaine à partir de 1961.

On voit s'affirmer la domiciliation noble dans le XVIe à la fin du siècle dernier. La réduction de la population aristocratique à Sainte-Clotilde s'explique donc par des départs vers l'ouest. Avant la Seconde Guerre mondiale, le XVIe arrondissement arrive à l'équilibre avec le VIIe et le VIIIe – chacun 30 pour cent – puis il les dépasse : 40 pour cent et plus.

Avec 40 pour cent des ducs et des familles de la grande noblesse, le XVIe est devenu statistiquement un nouveau faubourg, qui reconnaît du reste, dans l'ancien, sa cellule mère.

Nous entrerons dans le détail des raisons qui ont favorisé le transfert de l'habitat noble, depuis le milieu du XIXe siècle, vers le faubourg Saint-Honoré puis, plus tardivement, directement du VIIe vers le XVIe qui était son *hinterland* désigné.

Ainsi, et de plus en plus nettement, comme l'écrivait Balzac en 1834 dans la *Duchesse de Langeais*, « tout le Faubourg n'est pas dans le Faubourg... Ce n'est ni un quartier, ni une secte, ni une institution, ni rien qui se puisse nettement exprimer ». Balzac a raison sur le fond. L'objet est bien difficile à définir. Il faut pourtant le tenter : le Faubourg serait un milieu familial large mais uni, établi dans des aires communicantes ; issues du groupe des courtisans de la fin de l'Ancien Régime, les familles ducales y trouvent la première place. Il y a dans ce milieu coïncidence entre la notion de famille et la continuité des valeurs et du style de vie.

D'Avenel, en 1905, établissait l'équivalence du « monde » et du Faubourg : « Le milieu mondain, dont un lot de familles historiques forme l'état-major, portait, il y a cinquante ans, le nom de " faubourg Saint-Germain ". Par l'exode des logis luxueux vers les Champs-Élysées, il s'est répandu sur la rive droite de la Seine ; par l'agrégation incessante de familles nouvelles, son effectif a beaucoup augmenté, jusqu'à représenter aujourd'hui deux mille ménages peut-être. »

Enfin pour Hermant, en 1924 : « Définir le monde est impossible à force de facilité. Heureusement, il faut croire que le sens de ce mot n'est ignoré de personne, puisqu'on l'emploie à tout bout de champ – groupe de privilégiés, affranchis, à peu près libres, et que l'on peut à la rigueur concevoir libres absolument ; pour qui la principale affaire ou la seule, est le plaisir, le luxe, ou le sentiment ; des gens qui peuvent mener une vie exclusivement morale ou immorale – ou si l'on préfère esthétique. » Mais Hermant retrouve involontairement la complexité balzacienne en concluant : « Le vrai monde est si malaisé d'ailleurs à définir. »

Laissons de côté les quatre ou cinq faubourgs qu'on pourrait distinguer aux époques médiévales et modernes pour caractériser les cinq phases de l'histoire du faubourg Saint-Germain qui se dessinent nettement à la période contemporaine.

La première, qui rappelle de très peu la quatrième, est une période dite de réaction aristocratique qui marque la seconde moitié du XVIIIᵉ siècle ; elle se caractérise par une crise morale consécutive à une désorganisation du système de rétribution de la noblesse dans l'ordre du don royal. Privée, par l'écran des intendants et des fermiers généraux, des terres, ainsi que par son endettement, du bénéfice de la hausse des prix agricoles, la noblesse tributaire des dons royaux subit à plein les conséquences de la réforme de la maison du roi, des pensions et des appointements.

Brillante, fastueuse, la grande noblesse, violemment tentée par l'argent, assiégée par la bourgeoisie, est très ouverte alors aux milieux financiers et pratique l'exogamie. Elle accueille l'homme de lettres, et participe au « sacre du poète ». Période bouillonnante où se croisent dans la noblesse courants libéraux et réformistes d'ancienne école militariste. Dans un monde de fatuité paradent merveilleux et merveilleuses.

C'est cette période que l'on évoque souvent, croyant citer

Talleyrand, en disant que ce fut celle de la « douceur de vivre ». Fouquières voyait sous cette formule : « Liberté, indépendance, dignité » ; Pringué, « l'excitation constante » du plaisir ; le duc de La Force, « l'abondance de la vieille France ».

Toutefois Talleyrand n'a jamais parlé de douceur de vivre. Guizot rapporte dans ses *Mémoires* [1] : « M. de Talleyrand me disait un jour :

– Qui n'a pas vécu dans les années voisines de 1789 ne sait pas ce que c'est que le plaisir de vivre. » Et Guizot commente ses paroles : « Quel puissant plaisir en effet que celui d'un grand mouvement intellectuel et social qui, loin de suspendre et de troubler à cette époque la vie mondaine, l'animait et l'ennoblissait en mêlant de sérieuses préoccupations à de frivoles passe-temps, qui n'imposait encore aux hommes aucune souffrance, aucun sacrifice, et leur ouvrait pourtant les plus brillantes perspectives. » Une société qui cherchait à « s'élever en s'amusant ».

Cette phase s'achèvera par la Révolution et la mise en cause de l'aristocratie qui retrouvera ses sources religieuses catholiques.

La quatrième période, de 1870 à 1914, par laquelle nous terminerons momentanément l'étude du Faubourg, correspond aussi à une baisse, voire un effondrement des ressources. Il s'agit cette fois de la crise des prix agricoles de 1873-1896. C'est le système de base, c'est le gain légitime de l'aristocratie qui lui fait défaut. Bouillonnante à nouveau, parcourue par les courants opposés du Ralliement – favorisé par la conversion des Jésuites à la République – des ligues, de l'Action française et du militarisme, elle entame une nouvelle révolution aristocratique qui, appuyée sur une rénovation religieuse, ouvre ses sources à l'action et des canaux à l'adaptation.

Très fastueuse encore, courtisée par la bourgeoisie, et plus que jamais gênée d'argent, elle s'ouvre largement et pratique à nouveau l'exogamie. C'est la grande époque du snobisme qui s'achève avec la Grande Guerre, équivalent de la grande Révolution. Il va falloir une nouvelle fois redéfinir la noblesse.

---

1. T. Iᵉʳ, 1858, p. 5.

Il y aura eu ainsi deux moments de redéfinition de la noblesse. Le premier, c'est l'Empire et la Restauration, de 1799 à 1830 ; le second, c'est l'époque actuelle. Ils sont radicalement différents : dans le premier cas, l'aristocratie se retrouvait dans une France à 80 pour cent rurale ; aujourd'hui, la proportion est inversée et les ruraux sont réduits à moins du quart.

Ce que Balzac appelle une « révolution aristocratique », c'est le transfert de la Cour de Versailles à Paris, où elle se trouve sous le contrôle du faubourg Saint-Germain.

Dans cet espace, au coude à coude, la noblesse, qui n'était plus une institution depuis 1790, se recrée une personnalité morale.

Elle se renforce de l'apport et de l'intégration de la noblesse provinciale qui participe aux assemblées parlementaires. Le Faubourg a été également le creuset d'une union, par adhésion volontaire ou forcée, des deux noblesses d'Ancien Régime et d'Empire. La monarchie de Juillet a souhaité ne pas briser cette alliance : Duchâtel et Thiers ont fait rapporter les cendres de Napoléon aux Invalides plutôt que sur la colline de Chaillot.

Le groupe noble a surtout trouvé les bases d'un nouvel être spirituel dans le renouveau religieux par un désir profond de régénération dans le sang des martyrs et le vœu de réparation.

Le Faubourg connut un profond « marquage » religieux dans la ligne du vœu de Louis XVI, entretenu par les pères jésuites, de donner la France au Sacré-Cœur de Jésus, dévotion née à Versailles autour de Marie Leszczynska et du dauphin Louis-Ferdinand, fils de Louix XV, vers 1760.

Ce furent les religieuses de Saint-Pierre Fourier qui fondèrent un établissement d'enseignement rue de Sèvres – les Oiseaux – dont l'église fut la première en France à être dédiée au Sacré-Cœur. Puis les Dames du Sacré-Cœur acquirent, en 1820, l'hôtel de Biron (musée Rodin) pour y transférer une école vouée à l'éducation des jeunes filles de la haute classe de la société. Leur première supérieure, Madeleine-Sophie Barat, fut canonisée en 1925.

A la veille de la Révolution de 1830, les cœurs de Saint-Vincent de Paul et de la Vierge elle-même apparaissent à

Catherine Labouré dans la chapelle dite actuellement de la « Médaille miraculeuse, du couvent établi au 140 de la rue du Bac. Son corps y repose depuis 1933 ; elle fut canonisée en 1947, et Jean-Paul II vint se recueillir là en 1980. Les grandes familles du Faubourg, par fidélité à leurs membres victimes de la Terreur, délaissant leurs caveaux provinciaux, se font, quand ils le peuvent, inhumer dans l'enclos de Picpus, où ils reposent ; celui-ci est constitué en domaine privé, à l'initiative de la famille de Noailles qui établit, dans le couvent voisin, les sœurs de la congrégation du Sacré-Cœur et de l'adoration perpétuelle, gardiennes du souvenir.

Enfin cette période est celle de la restauration des fortunes à l'abri de l'exercice du pouvoir, perdu en 1830. Les salons du Faubourg étaient peuplés d'hommes et de femmes ayant accès au gouvernement et ayant des « positions avérées », un très grand pouvoir de présentation, de recommandation et de considération qui pouvait conduire à tout. Le Faubourg, forteresse close, fermé sur lui-même, est le mirage des aristocrates. C'est à lui – et non à Paris – que s'adresse le beau défi de Rastignac. Il suffit de relire *le Père Goriot*. Rastignac vient d'enterrer Goriot ; il est au Père-Lachaise, par un soir glacé de 1820 ; il est seul : « Ses yeux s'attachèrent presque avidement entre la colonne Vendôme et le dôme des Invalides, là où vivait ce beau monde dans lequel il avait voulu pénétrer. Il lança sur cette ruche bourdonnante un regard qui semblait par avance en pomper le miel, et dit ces mots grandioses :

– A nous deux maintenant ! »

Caractériser la période actuelle, dans l'histoire de la noblesse, est, comme il est normal, l'exercice le plus délicat. Le « monde », au dire des mondains, n'en finit pas de mourir ; c'est un gag historique, comme la disparition permanente de la « gaieté de nos pères », ou la naissance éternelle de la bourgeoisie. Quelles délices passées que le monde « de la vieille roche » pour Saint-Simon ! Quelles grâces à jamais perdues que celles de la vieille Cour pour Mme de Genlis ! Mme de Briey confiait à l'abbé Mugnier que c'était vers 1885 que le « grand monde, la bonne vieille société avait passé ». Pour Boni de Castellane, « les milieux bigarrés formant un capharnaüm avaient abâtardi la vraie société ». « Je vis, écrit-il, l'anéantissement de ma caste. »

André de Fouquières considère qu'il a pu connaître encore avant la guerre de 1914 la société polie héritière de l'aristocratie d'Ancien Régime, délivrée par la fortune de tout souci mercenaire. Pour lui, cette société a disparu, et il s'étonne que l'on continue à parler du monde comme d'une réalité vivante.

On voit comment le jugement de générations successives s'incurve et s'oblitère à l'égard de la continuité du monde. Pour Gabriel-Louis Pringué, André de Fouquières était le guide infaillible : « Il ne présentait personne, dit-il, dont il ne fût absolument sûr. » Mais Pauline de Pange rapporte que sa mère, née d'Armaillé, fit rayer un tiers des noms d'une liste d'invités établie par Fouquières, au motif « qu'avec des listes pareilles ce ne serait jamais très élégant ». Cette mère – Mme de Broglie – était elle-même belle-fille d'Albertine de Staël, dont Proust rappelle qu'elle était, au début, fort peu du grand monde.

Proust lui-même, qui est parfois considéré comme ayant enterré la « question de la noblesse », et signé l'acte de décès du faubourg Saint-Germain – selon le point de vue de Philippe Sollers et de Philippe Thureau-Dangin – a pourtant légué les clés de cette illusion de la mort du monde, qui ne préjudicie pas à sa continuité.

Dire, comme Philippe Sollers, que la littérature seule définit le réel, et constater que la question de la noblesse est morte parce qu'elle n'a aucun sens pour Céline, Joyce, Kafka ou Faulkner, c'est oublier *Sartoris* et même *le Bruit de la fureur*, et négliger Musil, Rilke, Bataille, Chardonne ou Dominique Schneider.

Proust est d'abord le garant de la validité du déplacement géographique du Faubourg. Il admettait comme une vérité de foi que l'hôtel de Guermantes, situé quelque part entre celui de Mme Greffulhe, rue d'Astorg, et celui de Mme de Chevigné, avenue Percier, donc dans le VIIIe, fût dans le Faubourg : « La présence du corps de Jésus-Christ dans l'hostie ne me semblait pas un mystère plus obscur que ce premier salon du Faubourg situé sur la rive droite. » Plus tard, il reconnaît comme une vérité d'évidence cette fois, le caractère «faubourg Saint-Germain» de la réception d'après-midi, de la matinée, offerte par le prince de Guermantes dans le magnifique hôtel qu'il a fait construire avenue du Bois à la demande de son épouse, ex-Mme Verdurin.

Il accepte que sa propre croyance en la fin d'un monde puisse être une illusion, en admettant qu'un jeune bourgeois, comme il le fut, puisse avoir devant le nouvel hôtel de Guermantes, au moment même de cette «matinée», pour Proust sépulcrale, les mêmes sentiments d'admiration et les mêmes aspirations que lui-même autrefois, confronté au vieil hôtel de Guermantes du Faubourg. Le nom de Guermantes pourra nourrir d'autres rêves.

Au moment même où Proust constate la fin d'un monde, il ne parle que pour lui, il n'annonce que la mort de l'illusion du narrateur sur le grand monde. Il relativise, mais comme Castellane ou Fouquières, il argumente pourtant son jugement : les mécanismes de protection du grand monde lui semblent s'enrayer. Les préjugés aristocratiques et le snobisme sont retombés ; cette société a une aptitude excessive au déclassement. Il renie les gens du monde qui auraient, selon lui, méprisé les éléments essentiels qui fondaient la croyance en leurs vertus et, par exemple, ont délaissé leurs vieux hôtels : «Un charme ne se transvase pas.»

Enfin, Proust ouvre la porte à la reconnaissance de la continuité en réhabilitant «l'aptitude au déclassement». Il constate, petit-bourgeois des bords de la Divonne, qu'il a pu lui-même en bénéficier et se jeter dans «l'océan du grand monde». Les changements dans la société et les adjonctions d'éléments nouveaux sont finalement de toutes les époques : «Ce n'était pas, dit Proust, la qualité des hommes du grand monde qui rendait cette société si brillante, mais ce fait d'avoir été assimilés par cette société qui faisait de gens qui, cinquante ans, plus tard paraîtraient tous pareils, des gens du grand monde.»

Le sentiment que le monde est mort finit par devenir une des formes les plus remarquables de la conscience d'appartenance à cette élite. Il procède, chez les membres de droit, du sentiment d'avoir mal défendu les avenues contre l'envahisseur et, chez les membres agrégés, de la surprise à propos de ce qu'ils croient être la banalité de leur admission. Ceux-là trouveront toujours un participant malicieux pour leur laisser croire qu'ils ne sont pas dans le vrai faubourg.

– Mais alors, qu'est-ce que le faubourg Saint-Germain? demandait un parvenu à l'abbé Mugnier; serait-ce l'endroit où je ne suis pas?

– Je ne voulais pas vous le dire.

Toujours est-il que Pierre de Brissac, Jean-Louis de Faucigny-Lucinge témoignent que « le monde eut des années fabuleuses entre les deux guerres ». Pourquoi penser que la machine à plaisir se serait arrêtée?

Autant le monde, avons-nous dit, n'en finit pas de mourir, autant la noblesse met de mauvaise grâce à reconnaître son existence actuelle. Le vicomte de Marsay, dans l'introduction à son ouvrage consacré à l'origine et à la valeur des prétentions nobiliaires (1932), qualifie lui-même abondamment, avec une délectation morose, son sujet d'anachronique et suranné. Pour Françoise d'Eaubonne, en 1987, la noblesse n'est plus une classe depuis deux cents ans; pour Pierre de Fenoyl, c'est depuis 1875 qu'il n'y a plus de nobles, parce qu'il n'y a plus de noblesse. Le refus de reconnaître l'existence de la noblesse finit par apparaître comme un élément de la conscience de classe – ou plutôt le refus de vouloir qu'on en parle – peut-être pour éviter les provocations comme le disait un duc au comte de Puységur en 1932:

– Nous sommes tranquilles, qui nous embête?

Ainsi, Jean-Dominique de La Rochefoucauld confie-t-il:

– La noblesse, si elle existe aujourd'hui, est une communauté « taisible »; et taisible, cela désigne un phénomène tellement évident que personne n'en parle. Au fond l'essence même de la noblesse est « taisible ». Elle n'existe que reconnue par tous.

Seulement taisible n'a jamais voulu dire « dont personne ne parle », mais « qui se maintient sans rien dire ». Il n'est pire sourd que qui ne veut pas entendre...

Tout cela n'avance guère nos affaires, notre problème étant de savoir s'il existe une noblesse qui ait une attitude originale à l'égard de l'argent, et si elle a conservé un groupe prestigieux, équivalent du faubourg Saint-Germain.

Tout indique heureusement, au-delà des masques, que la noblesse française est vivante.

En 1932, le duc de Lévis Mirepoix, sur une initiative d'Armand de Puységur, fondait l'Association d'entraide de la noblesse française, en rappelant que l'honneur, le service et le désintéressement restent la justification des nobles. Anne-Marie Ferré, sociologue, faisait, en 1936, une large place dans son ouvrage sur la société française à la classe noble, définie par son isolement volontaire – il faut souligner ce trait – et un certain mode de vie et de pensée. Marguerite de Rohan-Chabot, en 1987, voit la meilleure définition de la noblesse dans la conservation des mœurs traditionnelles.

Ces données, souvent anciennes déjà, appelleraient de sérieuses corrections. Le millénaire capétien, les millénaires des grandes familles, par leurs flambées documentaires, ramènent l'intérêt sur un groupe en pleine évolution – quoique dans le cadre à peu près strictement républicain.

La troisième période que nous avons reconnue recouvre la monarchie de Juillet et le second Empire, de 1830 à 1870 ; période d'opposition. C'est une période agronomique où la noblesse se replie sur sa richesse terrienne, en goûtant aux sources de la prospérité bourgeoise et où elle fonde ce que Michel Denis appelle une « contre-société ».

Le Faubourg, largement appuyé sur la province, sort de son enclave parisienne. On découvre des faubourgs Saint-Germain à Poitiers, dans les anciennes villes de parlement, aux États-Unis d'Amérique même.

Le Faubourg se fédéralise et le mot « gratin » en vient à remplacer le mot faubourg. La notion comprend à la fois les idées d'étroitesse et d'élasticité. La métaphore recouvre « la certitude d'une supériorité qui subsiste » écrit Élisabeth de Gramont, malgré les apparences du contraire. Elle est bien datée, du plein XIXᵉ siècle, ne serait-ce que parce qu'au XVIIIᵉ siècle on mettait encore le gratin au fond du plat. Les familles du gratin forment une pellicule supérieure compacte et résistante. Élisabeth de Gramont indique que, comme une assise biologique, elle est le siège d'un renouvellement cellulaire – démographique – puissant et doué d'une forte polarisation attractive sur ses équivalents d'Europe et des deux Amériques.

Moins confiant, Boniface de Castellane souligne la fragilité de sa caste, qui se donne, en serrant les rangs, « l'illusion de compter encore ». Il adopte toutefois une comparaison bien proche de celle de gratin : son milieu, dit-il, est « souple, faible, tenace et résistant comme un lierre ».

Le mot gratin, utilisé par les nobles eux-mêmes, traduit donc sur leur milieu un regard critique et confiant. On ira avec sérénité jusqu'à l'humour : Proust laisse Brichot évoquer « la fleur du gratin » ; de nos jours, Bernard de Chevigny a fondé une association qu'il a appelée le Gratin du panier. Le mot gratin se banalise seulement à la fin de la période d'essaimage du Faubourg, en opposition avec la période précédente qui fut celle du « noble faubourg » aux blanches murailles.

Nous étudierons donc successivement – mais chronologiquement – quatre de ces cinq périodes.

Émile Guillaumin justifiait ainsi sa publication de *la Vie d'un simple* : « Je me suis dit : on connaît si peu les paysans. » Connaît-on mieux la noblesse, aussi secrète, volontairement oubliée, et d'autant plus qu'elle revendique encore le privilège d'écrire sa propre histoire ? La situation n'est-elle pas proche de celle que décrit le marquis de Mirabeau, dans l'*Ami des hommes* [1] : « Je n'ai traité de cet état-ci en particulier [la noblesse] que parce que c'est assurément de tous le plus inconnu. » Nous essayerons d'utiliser au mieux son livre qui est un véritable « esprit des mœurs ».

Longtemps il y a eu comme un brouillard isolant autour de la paysannerie et de la noblesse. Brouillard qui montait sans doute de l'objet même, d'une incuriosité des autres, d'un désir de protection de l'identité qui assurât la prolongation de ces enfances où Charles Blanchard « croyait encore et surtout que les pères sont morts, que les mères, chaque matin font des ménages », où Pierre de Brissac « croyait que tout le monde était duc ».

Le brouillard sourdait bien souvent d'une littérature qui

---

1. Paris, 3 vol., 1756.

enveloppait les paysans dans des pastorales ou des paysanneries plus ou moins pittoresques, et la noblesse dans des romans à odeur d'eau de rose. Tout cela est fini. La paysannerie, depuis Pierre de Saint-Jacob et Raveau, a été l'objet de travaux magnifiques. L'introduction de la récente thèse de Claude-Isabelle Brelot rappelle qu'avec un peu de retard la noblesse, l'élite, ont bénéficié des mêmes avantages. Des travaux, des enquêtes sont en cours, comme celle de Monique de Saint-Martin ou celle d'Adeline Daumard sur la noblesse à Paris au xixᵉ siècle et précisément sur le faubourg Saint-Germain dans les années 1850.

Nous disposons en outre des innombrables mémoires dont la noblesse n'a pas été chiche, certains d'un grand talent, et mis parfois d'emblée dans une véritable perspective ethnologique.

Nous chercherons finalement ce qui, au-delà du mouvement qui fait des paysans les jardiniers du paysage et des aristocrates les gardiens du château – les uns et les autres, videurs de greniers et de salons, fournisseurs d'antiquités et de brocante – nourrit l'appétit permanent d'imitation et d'intégration qui entoure la noblesse de la part de ceux qui recherchent les techniques et le mode d'investiture qui mènent à la vie élégante, au plaisir de vivre entretenu, à l'originalité d'un idéal qui s'oppose à la transformation du citoyen en machine à consommer.

2

LES RUSTIQUES

*La revendication de ruralité. – Le goût de la terre. –
Les distinctions de manières.*

Le comte de Bourbon-Busset disait, il y a quelques
années, à un de ses collègues, jeune diplomate :
– Si vous voulez réussir dans la carrière, ne parlez jamais
de santé ni d'argent.
Les mémoires issus du milieu aristocratique soulignent
généralement, eux aussi, ces deux tabous ; usages du monde
et codes de savoir-vivre – la baronne Staffe, Eugène Muller
ou le révérend père Huguet – sont d'accord là-dessus : « Les
questions d'argent ont toujours répugné aux personnes qui
se piquent de bel air. » Ils apportent, quant aux origines de
l'interdit, des explications de bon sens, immédiates et
contemporaines : il ne faut être ni indiscret ni impru-
dent ; matières de santé ou d'argent sont personnelles ;
n'ennuyons pas les autres ; ne les mettons pas en difficulté
en leur parlant de nos affaires ou des leurs.
En ce qui concerne l'argent, la vigilance nobiliaire est en
garde contre la curiosité du regard bourgeois tarificateur,
évaluateur : celui de Furetière, d'Honoré de Balzac, de Thomas Graindorge ou du jeune Bloch. A qui transgresse l'interdit la sanction arrive toujours, fût-elle en forme de mot
insolent ou léger. Un soir de janvier 1798, Talleyrand offrait
au Directoire une fête splendide en l'honneur de la paix de
Campoformio.

– Cela a dû vous coûter gros, citoyen-ministre? demanda Mme Merlin de Douai, femme d'un des directeurs.

– Pas le Pérou, citoyenne!...

Le roi Louis XVI faisait observer au beau Dillon :

– Vous avez des dettes, monsieur, et beaucoup!

– Sire, je m'informerai auprès de mon intendant et j'en rendrai compte à Votre Majesté.

L'importance de ces interdits se mesure difficilement – à vrai dire nous nous intéressons surtout à celui qui exclut l'argent de la conversation, puisque c'est lui qui est de notre propos. Mais il est bien clair que, si aventureux que ce soit, il faut s'avancer largement au-delà de l'interprétation utilitaire, simple, évidente, qui a toutes les chances de laisser l'essentiel de la signification de côté.

La baronne Staffe s'est parfois essayée elle-même à des recherches d'origine. Elle ne parvient déjà pas sans conteste à expliquer le geste simple de l'hôte recevant qui verse dans son propre verre les premières gouttes de la bouteille. Bien sûr, dit-elle, il y a la cire, le bouchon, l'essai de vin... Il lui faudra tout de même remonter au Moyen Age...

C'est bien aussi ce qui nous arrivera en tentant de rendre compte du tabou de l'argent dans le groupe aristocratique. Le détour pourra paraître long mais il est inévitable. Notre hypothèse est évidemment que le tabou verbal de l'argent recouvre un tabou réel. Établissons que les nobles – et particulièrement les grands – sont en rapport étroit avec le milieu rural, dont ils sont fiers d'être issus. Un véritable rapport de symbiose avec la paysannerie, une longue histoire partagée font qu'il existe des valeurs communes aux deux groupes, et notamment que la conception de l'argent est pour eux complémentaire.

C'est par rapport au milieu rural qui était le leur que, selon nous, les aristocrates ont senti le besoin de se distancier. A propos de cette distinction, formellement décrite dans ce chapitre, on essaiera de montrer qu'elle représente une forme de transmutation de l'or en temps, qui commande l'établissement, la transmission, et l'acquisition de pratiques de différenciation : chapitre morphologique, donc, qui présente des données et sert d'introduction au chapitre structurel qui suit, et jusque auquel le lecteur voudra peut-être nous faire crédit pour la démonstration.

C'est l'appellation de « rural » que revendiquent, en 1871, à la Chambre des députés, les représentants nobles des campagnes ; c'est avec fierté que Mme de Villeparisis, chez Proust, donne à sa nièce, la duchesse de Guermantes, un brevet de « bonne campagnarde », en se faisant gloire d'avoir elle-même « toujours vécu aux champs ». Paysans et nobles ont déjà en commun deux grands cadres de sensibilité – pour ne pas dire deux catégories – l'espace et le temps qui introduisent à un cercle cosmique commun.

Le premier cadre, c'est le lieu, la terre elle-même, pour laquelle ils ont ensemble une passion ou un goût faits à la fois de possession et de jouissance. Le paysan faisait ce qu'il fallait pour obtenir de la terre par mariage ou par achat : « La terre passait avant tout », dit une vieille habitante du village de Minot en Bourgogne. Si on ne la possédait pas, on s'y attachait tout de même pour l'avoir tant travaillée. Étienne Bertin, le simple d'Émile Guillaumin, exprime son chagrin de devoir quitter une ferme qu'il occupait depuis vingt ans : « Toutes les fibres de mon organisme tenaient à cette terre et à ce vieux logis. » Le paysan rêve de la gloire des moissons ou du bœuf bien engraissé.

Le noble aussi, nous le verrons, faisait tout pour conserver sa terre. Élisabeth de Gramont confie le sentiment précoce de la possession terrienne qui la liait à la petite terre de Saint-Chéron, dans le Maine, qui lui venait des Beauvau par sa mère. Boniface de Castellane souligne le « besoin intense de la possession » qui l'a un temps obsédé. Il avait, par exemple, racheté le château ancestral de Grignan et guignait celui de Castellane, berceau de sa famille, et dont il représentait les électeurs à la Chambre : « Comme j'aimerais recevoir ce bon monde dans mon bon château ! » Le duc de La Force, heureux de ses vacances chez son grand-père, à Mangé, dans l'Anjou, « s'imaginait que ce serait toujours ainsi ». La terre, pour les nobles, écrivait Tocqueville, « est un objet de luxe, d'ambition, et non de cupidité. En l'acquérant, ce sont les honneurs du pouvoir que l'on veut obtenir non des moissons ». Le sol qu'il possède donne vocation au noble, selon la duchesse de Maillé, à le représenter ; la terre doit être la véritable origine du pouvoir législatif. Le duc de Doudeauville, longtemps député de la Sarthe, ne disait rien à la Chambre, se contentant de « représenter ». « Il recherchait, dit Boniface de Castellane, feignait d'estimer, mais méprisait les situations politiques. » Il avait en revanche le sens des moissons : « La terre, disait-il, est la seule richesse que je connaisse ! »

Les liens de la noblesse avec la paysannerie se tissent très tôt dans la vie et ne se rompent pas. Oriane de Germantes, élevée aux confins du Perche et du pays chartrain, montrait « l'énergie et le charme d'une cruelle petite fille de l'aristocratie des environs de Combray qui, dès son enfance, montait à cheval, cassait les reins aux chats, arrachait l'œil aux lapins... » Beaucoup de garçons de la noblesse, comme Henri IV, dans le gave de Pau, ont joué avec les petits paysans et en ont tiré des leçons. Henri d'Ideville, à Saulnat, en Auvergne, s'amusait ainsi avec eux ; il était leur chef « contre lequel on se révoltait souvent ». Rébellion probablement semblable à celle du fils du paysan Étienne Bertin, lassé d'être l'instrument docile de la fille du propriétaire et explosant : « Ch'tite méchante gatte, vous me prenez pour votre chien ! »

Ambroise-Polycarpe de La Rochefoucauld (1765-1841), élevé chez une nourrice paysanne, garda une vive impression de « son éducation rustique qui lui laissa des clartés sur la véritable société humaine, sur les sentiments profonds du peuple au milieu duquel il avait reçu les premières impressions ».

Des femmes de campagne ont veillé sur les jeunes nobles, en nourrice, ou au foyer de parents souvent lointains ; on leur dédie des souvenirs attendris. Robert de Montesquiou évoque ainsi : « le délicieux respect » qu'il eut toujours pour Marguerite Loiseau, la bonne Lorraine qui l'avait élevé, et qui faisait tout « avec politesse et joliesse ».

Le grand seigneur était, durant tout le cours de sa vie, entouré de serviteurs domestiques, souvent originaires de ses terres. Aux XVIIe et XVIIIe siècles, il s'agissait le plus souvent de jeunes gens, desquels il était solidaire, assurant leur avenir quand ils l'avaient servi quelques années ; il contractait alors en leur nom, en payant pour eux, un apprentissage de sellier, carrossier, tailleur, brodeur, chandelier ou autre, et leur procurait un métier.

Dans son autre domaine, à l'armée, le noble militaire retrouvait le paysan soldat, avec lequel il partageait maintes fois, dans les soirs chauds de bataille, le biscuit et le lard sur l'affût des canons.

Nobles et paysans communient aussi dans l'amour des chevaux. Soigner et conduire un cheval à la charrue, pour un petit paysan, c'est devenir un homme ; c'est l'équivalent de monter à cheval, chasser, tirer à la bague pour le petit noble.

Le cheval est l'instrument nécessaire de la gloire militaire : on voyait devant le château de Navarre la statue de La Pie, la jument de Turenne, « le cheval – la licorne – l'ébrouement splendide – le caparaçon d'orfroi – la longue crinière balayante ». Le cheval, continue Alphonse de Chateaubriand, « sa légèreté, sa force, les veines ardentes de son encolure, ses pâturons flexibles, ses détentes échevelées perdues en galopades magnifiques avaient ensorcelé mon cœur ». « Le cheval, dit Élisabeth de Gramont, était à la fois un symbole, un état d'esprit, une légende, une utilité de tous les jours. »

Les nobles ont la haute main sur leur écurie privée : avoir un bon cocher est plus important qu'avoir un bon cuisinier. Ils ont de magnifiques chevaux ; c'est leur élégance essentielle ; ils aiment souvent conduire eux-mêmes leur attelage. Quand ils en ont les moyens, ils ont une écurie de courses, dont les succès font leur orgueil. Gladiateur, qui gagna le derby d'Epsom et le Grand Prix de Longchamp en 1865, fit la gloire du comte de Lagrange. « Tout l'honneur des dernières courses de Chantilly revient à M. le prince de Beauvau – écrit le journal *Le Faubourg Saint-Germain*, en 1841 – son bon cheval La Lanterne à fait merveille. Que le maître d'un tel animal est heureux ! Malheureusement tout cela s'est passé dans l'ombre pour ainsi dire à huis clos, à la grande satisfaction de MM. Rothschild et de Cambis. Oh ! pour avoir La Lanterne, qui ne donnerait sa tour, son lac ou ses bois ! »

Tous les ans, dès qu'il le pouvait, et s'il n'avait pas d'obligations militaires, au siècle dernier, le grand seigneur quit-

41

tait Paris précipitamment après la fête des Fleurs et le Grand Prix de Longchamp. La ville lui devenait « une sorte de purgatoire ». Il ne ressentait plus, du faubourg Saint-Germain même, que la « chaleur puante ». Il se préparait avec volupté à vivre un été seigneurial où il allait « redevenir un rural », selon Élisabeth de Gramont. Le séjour sur les terres, de trois à neuf mois, culminera avec l'ouverture de la chasse, la « pulsation la plus ardente » de la vie châtelaine.

A Paris même, dans ses hôtels du Faubourg, l'aristocratie se comportait tout à fait comme à la campagne. On éprouvait, dit Jean Cocteau, à propos de l'hôtel de Biron, un silence relatif ; là s'offrait un « spectacle de silence [...] avec le sentiment visuel d'être à mille lieues de Paris, en pleine campagne ». Le duc de La Force se souvenait d'avoir tué, par là, la bécasse ; la duchesse de Doudeauville faisait exterminer les rossignols de son jardin. L'herbe poussait dans les rues, et Mme d'Armaillé, dame de la rive droite, demandait ironiquement « quand on ferait les foins au faubourg Saint-Germain » ?

Dans les hôtels familiaux, on sonnait la cloche pour le repas. Chez les Nicolaï, les denrées fraîches du potager arrivaient du Lude chaque semaine par le chemin de fer ; à deux rues de là, les Broglie envoyaient leur linge à laver à Saint-Amadour, en Anjou, à cause de la bonne odeur des prés. Le prince de Beauvau (1816-1883) faisait servir à la table « la piquette qu'on lui envoyait en fûts de ses vignes de la Sarthe ».

L'atmosphère campagnarde est perceptible dans de nombreux domaines de la vie aristocratique urbaine, au sein même de l'alimentation, car, si la noblesse a abandonné les habitudes alimentaires paysannes, d'une façon systématique, nous le verrons, il y a cependant deux mets ruraux dont elle n'a pu se passer : ce sont la salade et le fromage, qui ne figurent jamais explicitement aux menus des grands repas, mais qui vont de soi.

La salade – salade de jardin un peu verte, un peu amère et craquante – était « fournie » de saveurs : baume, ciboule, estragon, etc. ; elle était offerte en début de repas chez les paysans ; ici on la présente avec le rôti et les légumes ; mise en hors-d'œuvre, elle eût gâté par sa sauce et sa sauvagerie le goût des consommés délicats.

Le fromage s'est, lui aussi, difficilement intégré dans le repas aristocratique. Cependant on le réclame : sans lui le repas serait borgne ! Mais, considéré comme une nourriture à bon compte, il ne paraît pas admis d'en offrir deux fois. Il intervient en fin de repas, après le fruit au xvIIIᵉ siècle, et cette habitude de service a été conservée dans certaines familles nobles : la poire puis le fromage. Plus tard, on surajouta un dessert sucré, ce qui eut pour effet la proscription, par les chefs de cuisine, des fromages à pâte fermentée qui empêchent de goûter convenablement les desserts. L'aristocrate sait jouir de la nature. A la campagne, hors des activités éventuelles de direction de ses domaines, il profite de son parc ou s'immerge dans la forêt. Les mémoires regorgent du souvenir des saveurs, des bruits et des odeurs de la campagne ; évocation du goût des fruits chapardés au verger, chez Jean de Bonneval ; de la cloche du repas de Saint-Fargeau, dans *Au plaisir de Dieu* ; du bruit de la grille rouillée de Courtenvaux, chez Robert de Montesquiou – grille qui « geignait d'une note unique, tenant de la flûte du crapaud et du gémissement de la brouette » – et qui transpose pour nous dans ce grincement le double tintement « timide, ovale et doré » de la clochette de Swann. C'est aussi la sensation de l'odeur des tilleuls, du foin coupé, des menthes de La Verrerie, comme les bouffées d'air parfumé du printemps de Montfort-le-Rotrou pour Christian de Nicolaï, qui donnaient, écrit-il « la sensation physique de la campagne ».

Anatole de Montesquiou (1788-1878), grand-père de Robert, ancien aide de camp de Louis-Philippe et du duc d'Orléans, retiré à Courtenvaux (Sarthe), pêchait lui-même les perches du déjeuner maigre du vendredi. Les après-midi, il se promenait parmi ses paons, en lisant William Blake et en versifiant.

Louise d'Arenberg, femme de Louis de Vogüé, à la fin du siècle, à La Verrerie (Cher), gagnait la « fontaine au cerf » au cœur de mille hectares de futaie de hêtres, ayant besoin, disait-elle, de la forêt « pour oublier la stupidité des hommes et leurs atrocités ». « Vint un temps, le nôtre, écrit Jean d'Ormesson, où le noble, devant sa terre, sentit qu'il jouissait, avec cette nature intacte, d'un privilège inouï. »

Pour mieux souligner ce rapport profond à la terre, nous opposerons, à un texte presque panthéiste d'Alphonse de Chateaubriand, où est reconnue la liaison avec un ordre naturel et divin à travers la campagne, un autre texte, d'origine citadine, qui défend au contraire l'idée que la vie de la campagne est intellectuellement stérilisante.

« Ce qui fut fondamental dans la formation de notre enfance et de notre jeunesse, ce fut le grand conseil que ne cessèrent de murmurer à nos oreilles notre maison solitaire et nos grands bois... Aucune futilité, ni la forme de quelque insuffisant visage humain ne passait jamais les douves sévères de ce domaine défendu, ne venait troubler la qualité morale de l'air qu'on y respirait... Le bosquet de nos grands arbres est la chose la plus sensible qui soit, le moindre changement d'air s'y exprime, ainsi que sur la mer. Il y a dans ces arbres des émotions soudaines, comme lorsque les vagues tout d'un coup enflent en noircissant. Il s'y produit des balancements, et des coups de lumière provenant de ce que les cimes sont brusquement écartées, et de grandes ondulations lentes, et de longs frémissements innombrables, et des silences, et des immobilités infinies. »

Voici maintenant les Goncourt [1] : « L'insipide chose que la campagne et le peu de compagnie que cela tient à une pensée militante ! Cette immobilité, ce calme, ce silence, ces grands arbres avec leurs feuilles repliées comme des pattes de palmipèdes sous la chaleur, cela met en gaieté les femmes, les enfants, les notaires. Mais l'homme de pensée ne s'y trouve-t-il pas mal à l'aise comme devant l'ennemi, comme devant un antagoniste, l'œuvre de Dieu, qui le mangera... »

Il y a là un manque évident de religion, de sérénité, de confiance, une impossibilité d'ancrage. Au contraire, certains nobles conserveront volontairement, avec leur amour de la campagne, comme une revendication de « ruralité », un ton de voix, un vocabulaire, un style, « le ton presque paysan de l'ancienne aristocratie », qu'évoquait Proust.

Mme de Chevigné, « femme de plein vent », avait, écrit la princesse de Bibesco, « quelque chose d'agreste et de forestier ». La duchesse de Guermantes parlait volontairement

---

1. *Journal*, 23 mai 1857.

« dans le pur langage d'Henri IV, fermé à toute innovation ». Elle prononçait certains mots « avec une rudesse de terroir ». Mme de Villeparisis, sa tante, grasseyait. Cela était arrivé à deux héritiers : Hélie de Chalais et Othenin d'Haussonville qui, promis tous deux à la pairie, durent se soumettre à prendre des cours de diction. La raucité même de la voix d'Oriane de Guermantes, ou de Mme de Chevigné, que la princesse Bibesco disait « comme enrouée par des siècles de commandement », se rapportait, pour Proust, de même que leur profil d'oiseau, à l'origine si lointaine de ces lignées, qui comme les Guermantes – nous dirions les Lusignan ou les La Rochefoucauld, les Polignac ou les Luxembourg – ont été conçues au fond des forêts dans l'union de leur race avec un dieu-cygne, ou une fée-oiseau comme Mélusine.

Pour le paysan, comme pour l'aristocratie, l'honorabilité de la terre, au-delà des moissons, se fonde sur le respect : respect de Dieu, des morts et du foyer. Le second grand cadre de vie, c'est la tradition, le poids et l'amour du passé, la quête de l'immutabilité : le temps rural.

Les paysans de Minot, dit Françoise Zonabend, travaillent à « recréer l'immuable ». De même, écrit François de Négroni, l'aristocrate garde tenace sa « démarche [...] vers l'immuable ».

Chaque journée doit être semblable aux « journées anciennes » ; chaque cérémonie prétend répéter les cérémonies d'autrefois. Ainsi se pérennisent les valeurs les plus chères, ainsi : « Nous nous imaginions, écrit Jean d'Ormesson, poursuivre toujours l'existence de nos ancêtres. »

Les principes de révérence et de résurrection du passé sont les mêmes, et concernent dans les deux cas le groupe, la collectivité, plus que l'individu ou la personne. Le noble dispose d'une conscience familiale plus large, à la mesure de sa parenté connue, dont le souvenir, appuyé sur les archives familiales, se conserve de très haut. On cousine encore aujourd'hui entre gens qui ont eu un ancêtre commun sous Louis XIII. Chez les paysans, selon Émile Champeaux, le sens de la parenté valorise un passé qui ne remonte guère au-delà des grands-parents. On n'a pas connaissance de sa lignée; en revanche, on exploite la germanité : parler famille, à la mode de Bourgogne, cela concerne les degrés qui séparent les individus de leur bisaïeul commun; on cousine encore cependant, quoique irrégulièrement, avec les descendants du trisaïeul. Le paysan n'a pas les moyens techniques de connaître sa lignée, mais il s'intéresse étroitement aux éléments contemporains et connus de sa famille, à côté desquels l'amitié n'a pas de place.

Au cimetière du village, les aïeules jardinent les tombes en nourrissant les jeunes mémoires du souvenir de ceux qui ont acquis, travaillé les champs et les prés que longent les chemins qui ramènent à la maison.

Les nobles se font, quand ils le peuvent, enterrer dans leur terre : gisants et orants dans l'église, mausolée ou large tombe à balustrade au milieu du cimetière imposent ainsi la marque permanente de la famille. Très souvent, durant l'Ancien Régime, même sous l'Empire, le noble fait rapatrier son cœur au tombeau de ses pères laissant la dépouille à d'autres cieux.

« J'ai toujours eu le culte des morts de mon nom », écrivait Boniface de Castellane; il ajoute qu'obligé de vendre terres et châteaux, il conservait les caveaux familiaux : « Les terres des morts sont les seules que je possède aujourd'hui. » Une autre tradition de fidélité consistait, lors de l'abandon d'une terre, dans le transfert des vieux cercueils dans d'autres caveaux de famille; ainsi procédèrent les Chabrillan en 1881, les Brissac en 1928, les Beauvau, les Montesquiou... Pour le paysan comme pour le noble, le cimetière est un lieu familier et sacré.

Le jeune noble, comme le jeune paysan, était fondu dans son groupe. Le groupe paysan, s'il révère le passé et s'il s'en remet à son seigneur pour la participation indirecte à l'histoire héroïque, ne respecte guère son propre passé en tant que tel : dès qu'un meuble n'est plus fonctionnel, il est déclassé. Que de vieux coffres ont pourri sous les appentis! C'est récemment que le mobilier a acquis une dignité et une histoire. La conscience temporelle, assurée de l'identité du passé et du présent, s'intéresse, dans le groupe paysan, à l'utile, à l'immédiat, à l'ordinaire; dans les écreignes, les

serrées, les chambres et les veillées, les préoccupations étaient les préceptes du quotidien. Le peuple, ici comme aux Fidji avec Sahlins, « frôlait l'absence d'histoire ». Le château matérialise la continuité physique de la famille aristocratique depuis de longs siècles. L'initiation à l'histoire familiale se fait à travers la généalogie ; souvent là aussi par les grands-parents : tous les mémoires évoquent le départ de Paris, le grand branle-bas annuel, les préparatifs, l'exotisme du grand voyage en chemin de fer, l'élan des calèches vers le château familial, les hôtes attendant sur le perron, au seuil des vacances, et le sourire « charmant et doux », « délicieux » des grands-pères : du comte de Maillé pour le duc de La Force, du marquis de Juigné pour Boni de Castellane. C'est sous le regard des portraits d'aïeuls que l'enfant joue, et chacun d'eux est prétexte à se souvenir. Les meubles, autour de lui, conservés depuis François Ier ou Louis XIII, incitent au « dialogue des vivants et des morts » ; meubles et tapisseries parfois dégradés, comme ceux du prince de Beauvau, qui s'obstine à ne pas les faire réparer. Le château de Fontaine-Française, en Bourgogne, est dans la famille de Chabrillan depuis le xviie siècle ; la Révolution a laissé son mobilier intact. Félicité de Lévis Mirepoix, comtesse de Chabrillan, le décrit vers 1920 : « Fontaine-Française est tout imprégné d'un passé que je sens vivant et qui m'enveloppe. En regardant le portrait des ancêtres qui ont vécu dans ces murs, je sens autour de moi leurs ombres protectrices et leur présence bienfaisante. Ils continuent à nous entourer, à nous pénétrer du culte de la tradition : il faut les écouter. C'est eux qui vont me guider : ils diront les pierres qu'ils ont remuées, les meubles qu'ils ont apportés pour faire de Fontaine-Française un véritable musée [...] rempli de leur présence et de leurs souvenirs, parce qu'ils l'ont aimé et ont voulu qu'il fût beau. »
Le jeune noble est un maillon dans la chaîne de la lignée. Il doit se montrer digne de son grand nom, et illustrer son prénom, souvent repris dans le stock des prénoms familiaux. Toute l'histoire nationale est perçue à partir de ce cadre personnel, comme un dialogue entre le roi et l'État avec les membres de la famille : « Une caractéristique de la

noblesse qui reste encore en France, c'est que toute l'histoire et toute l'anecdote y est portée au compte de la famille de celui qui parle. Tout a été fait ou subi – prodigalités ou périls, grandes ou petites actions – par les gens de son sang, père, grand-père, cousin », écrivent les Goncourt, le 15 juin 1857, dans leur *Journal*. « C'est un terrible handicap d'être né dans tant de passé », écrit Jean d'Ormesson.

Cette histoire, intériorisée, est vécue d'une manière si personnelle que certains aristocrates récusent la pertinence d'une histoire de leur famille écrite par des étrangers :

– Nous sommes les mieux placés pour parler de nous-mêmes, dit Jean-Dominique de La Rochefoucauld.

La dernière historienne de cette famille, Christiane de La Rochefoucauld, s'est même identifiée à chacun des ancêtres qu'elle évoque, en les faisant parler à la première personne.

Cette histoire biographique et anecdotique est une production privilégiée de ce milieu. Mais l'Histoire n'est pas une collection d'histoires familiales, et cette histoire particulariste, de la nature de la chronique, ne peut se ranger que dans ce que Claude Lévi-Strauss appelle l'histoire « faible ». Petite histoire ou absence d'histoire, paysannerie et aristocratie sont à cet égard, pour ce qui les concerne, à peu près dans la même situation par rapport à l'histoire « forte » qui, née autour de la monarchie, exercée par la bourgeoisie, les a longtemps négligées.

– Notre clef à nous, c'est le temps, dit Jean d'Ormesson.

Mais le temps n'est ni aux paysans ni aux aristocrates. Ou plutôt le temps du paysan appartient à son maître, le seigneur ou le propriétaire; le temps du noble appartient au roi.

Levé avec les poules, couché avec les corbeaux, le paysan a ses horloges biologiques; il sait intimement le temps qu'il faut pour mûrir les récoltes; il surveille le déroulement des saisons au changement de goût de ses fromages : du « fromage d'herbe » du printemps au « fromage de gain » et de « brouillard » de l'automne. Pour le reste, son almanach lui suffit.

Il n'aura d'horloge qu'à partir du milieu du XVIII\ :e siècle, près de Paris, et à la fin du siècle dernier dans les provinces, sous les sarcasmes raconte Jackez Hélias, du marquis qui traitait le manant de glorieux, et lui demandait à quoi lui servirait sa pendule puisque ni son temps ni sa terre n'étaient à lui.

Les châteaux, eux, après la grande époque des cadrans solaires, et généralement en concomitance, s'étaient depuis longtemps remplis de pendules, que les horlogers du Lude, de Saint-Fargeau, d'Ormesson, de Lagny ou d'Aubigny-sur-Nère venaient remonter en fin de semaine pour qu'elles sonnent toutes ensemble le dimanche à midi. Ni personnel ni maître ne pouvaient prétendre ignorer l'heure ; la ponctualité était requise pour le service de table : un bon repas ne doit pas attendre. L'exactitude est une des politesses du noble ; le déroulement du temps partout affiché conjure la stagnation qui menace l'habitant du château et le maintient en prise permanente avec le temps du service, tout en rendant possible et agréable la vie en société ; l'exactitude était une vertu de nature militaire qui rappelait aussi les exigences du service de Cour, que Louis XVI réglait avec la précision de ses montres de marine. C'était au point que brouiller le temps revenait à renoncer à la politesse, à se proclamer insupportable. Ainsi la duchesse de Châtillon, vers 1804, avait accumulé dans un cabinet de son hôtel du 136 rue du Bac « huit à dix pendules qui toutes marquaient le temps d'un mouvement différent ». Il s'y ajoutait une pleine cage d'oiseaux chantant à pleine gorge.

Généralement, l'exactitude parfaite était pratiquée au château ou dans l'hôtel noble. Augustin de Talleyrand, duc de Périgord, vieil officier qui avait eu une oreille gelée en Russie, voyait son fils arriver en retard à un repas :

– Chalais, vous voilà bien en retard !

Chalais vient de sauver un homme qui était tombé dans la Seine. Il n'en dit rien :

– C'est vrai, mon père, et je vous prie de m'excuser.

Le lendemain, au dîner :

– Chalais, j'ai lu la raison de votre retard d'hier, et je vous approuve... bien que je n'aime pas trop voir notre nom figurer dans les gazettes.

Discipline de fer, « pour apprendre surtout à ne rien faire ni du monde, ni de l'avenir, ni de nous ». Cette observation de Jean d'Ormesson est tardive. Pour les groupes, le temps des morts et des saisons, un temps solaire, biblique, rythmé par la cloche du village ou de la chapelle du château, scandé par les angélus, et la lecture des heures – seul livre indispensable au noble – s'est concentré en un temps qu'on regarde couler au cadran de l'horloge, grande richesse si le clan est sur les chemins de l'abondance et de la gloire mais rancissement de toutes les minutes quand la famille – dans le cas du château – ne sert pas, ou – dans le cas du paysan – se sent exploitée.

« Les grands seigneurs, écrit Proust, sont presque les seuls gens de qui on apprenne autant que des paysans. Leur conversation s'orne de tout ce qui concerne la terre, les demeures telles qu'elles étaient autrefois, les anciens logis, tout ce que le monde de l'argent ignore profondément », la campagne et le temps jadis! Ces sentiments du lieu et du temps font des aristocrates des ruraux. Pour la baronne Staffe, le lien profond de l'aristocratie avec le terroir était la source même du naturel et de la grandeur. « Le chic ou le bel air est un don du terroir; il est en notre France comme une conséquence des effluves telluriques. » Pour Boni de Castellane, c'est le temps qui prime : « Le goût vient d'une notion historique et d'une formation intellectuelle faite de tradition et de connaissances. »

Menacés, par cette proximité même des sensibilités, de s'immerger, dans la ruralité – « jamais les aristocrates ne sont si proches de fraterniser qu'avec leurs paysans », écrit Proust – les nobles en sont au point d'adopter parfois des dehors terre à terre. Montesquiou se plaignait de la culture insuffisante de son groupe et des « individualités peu différenciées qui lui servaient de milieu ». Des Esseintes estimera que la noblesse rentre dans la rustrerie et que les facultés de ses descendants ont abouti « à des instincts de gorille fermentés dans des crânes de palefreniers et de jockeys ». Dominique Schneidre évoque les descendants d'un nom illustre s'amusant, en privé, à de carnavalesques concours de pets.

C'est cette pente-là qui est normalement verrouillée et interdite par l'éducation spéciale que reçoit l'aristocrate pour se distinguer du rustre.

Au snob délié qu'est Legrandin, Proust a donné d'exprimer le fond de l'attitude aristocratique :

– Je ne peux pourtant pas agir comme un rustre ! dit-il.

Il importait en effet depuis très longtemps de s'en distinguer. Au Moyen Age, ce mot même de rustre désignait à la fois les paysans et les chevaliers, considérés dans leur ensemble comme brutaux et violents. A partir du xive siècle, le terme ne s'applique plus qu'au paysan grossier.

Au xvie siècle, pour défendre son autorité face aux usurpations des acquéreurs bourgeois de terre noble, la vieille noblesse a dû s'imposer dans les villages.

D'une part les nobles s'opposèrent à ce que les usurpateurs reçoivent le titre de monsieur qui « appartient privativement à la seule noblesse », rappelle Noël de Fail et, d'autre part, on les traita avec mépris lors des assemblées de ban et arrière-ban. On encouragea les paysans à les mépriser.

Les vieux seigneurs devinrent attentifs à leurs droits honorifiques qui découlaient de la justice, droit de litre – décoration de deuil dans l'église – droit de ban, symbolisé par les armoiries, et droit de haute justice, symbolisé par la potence ; droit honorifique à l'église : encens, eau bénite, droit de banc.

Cela allait jusqu'à la revendication physique de la première place. Il faut s'écarter largement si on rencontre le maître dans une foire champêtre : « Le pauvre paysan, dit Claude Gaucher (1583), vous fait largue à Monsieur qui, tel devoir qu'il fasse, encor tremble de peur d'avoir de son bâton une lourde décharge, si Monsieur, au passer, n'a la voie assez large. » Au siècle dernier encore, malheur à qui ne parlait pas chapeau bas au comte de Comminges – et l'on sait que le paysan salue sans se découvrir. « Un revers de canne faisait bientôt voler le couvre-chef récalcitrant. » Ce sont les nobles de ce tempérament pour qui, comme le dit Montesquiou, la politesse apparaissait comme un « bâton de langueur ». « Chapeau bas, chapeau bas, dit Bérenger, place au marquis de Carabas... »

Parallèlement aux édits des tailles de 1583 et 1601 qui visent les faux nobles, les édits sur la chasse assurent à la vieille noblesse le contrôle des forêts.

Exercice noble par excellence, la chasse est interdite aux bourgeois, aux artisans, aux marchands et aux paysans. On allègue qu'elle les conduirait à la fainéantise. D'autre part, en tant qu'initiation directe au métier de la guerre, le noble se la réserve. En effet, la poursuite des bêtes les plus affreuses développe hardiesse, agilité, finesse et ruse; elle accoutume au sang. Le paysan perd, jusqu'en 1790, la possibilité de chasser, qui lui était parfois affermée; il en est réduit au braconnage, aux chasses « ignobles » à l'affût et aux pièges, qui ne fournissent que des viandes produites par la surprise et la déloyauté, qui ne seraient pas dignes de nobles chrétiens.

Codifiée par l'ouvrage de Du Fouilloux et prônée par Charles IX, la vénerie devient comme une religion de la haute noblesse, ainsi que l'écrit Henri de Vibraye, avec son initiation, ses rites, sa langue, son clergé et ses francs compagnons, tous égaux, soudés par la quête, l'hallali et le repas de chasse.

Cette monopolisation de la chasse n'alla pas toujours sans épisodes violents. Lassé d'être dérangé par la meute, un paysan bourbonnais fendait de son goyard la tête d'un des chiens du marquis de Beaucaire, au siècle dernier. Le marquis lui envoyait une balle dans le bras :

– Mâtin, ce chien ne te devait rien!

La volonté de contrôler le terroir, après la forêt, à la fois d'un point de vue religieux et militaire, se marque ainsi pour le seigneur par la prise en main du groupe presque militaire des jeunes gens du village, chevauchant par les terres, se réunissant au pré de la jeunesse, redressant les torts, surveillant l'adultère, contrôlant mariage, remariage, sanctionnant l'injure et les mauvaises paroles, combattant les abus d'autorité des magistrats; ils sont conduits à accepter des contrats écrits qui limitent leurs prérogatives. Les gardiens de la vieille loi non écrite sont relayés par les juges seigneuriaux dont les ordonnances de police essaient de réglementer le détail de l'ordre rural.

Le paysan ne peut plus être cavalier s'il n'est soldat de l'armée royale. Il n'est pas toléré qu'il aille même à la messe en utilisant les chevaux de culture pour le trajet. Il ne lui reste de l'apprentissage de la vie guerrière que quelques jeux comme la chasse aux cerfs, sorte de gendarmes et voleurs, décrit par Georges Valois à Jouarre, vers 1895, les chevaux-jupons, souvenirs des carnavals et des charivaris, et la stalle vide du « cheval d'orgueil » dans son écurie.

Le château seigneurial sera de moins en moins accessible au paysan, tout au plus celui-ci jettera-t-il un coup d'œil par l'entrée des cuisines. Il y avait souvent une salle spéciale, entre l'antichambre et le salon « où recevoir le bonhomme ». L'interdiction d'accéder à la maison du maître se colore de bonnes intentions au xixᵉ siècle : Pauline de Broglie enfant avait pour amie une petite Marie, de Saint-Amadour. « Je n'invitais pas Marie au château ; on m'avait dit que ce serait mauvais pour elle de voir de trop près le luxe dans lequel je vivais. Je me séparais d'elle à la grille du parc. Elle s'en retournait à la ferme, résignée, sans demander à m'accompagner plus loin. »

Le château, le « haut toit » du « haut et puissant seigneur », domine explicitement un bas monde où le labeur est la règle et où l'humilité paysanne reste confinée en ses « bas logements ». Inscrite dans le paysage, la distinction doit se traduire dans la société.

Dès le xiiᵉ siècle, le noble « courtois » s'opposait au « vilain », au paysan, qualifié d'*horridus*, comme une sorte de sauvage. A la fin du xviᵉ siècle, une autre pulsion très forte fonde la civilité face à la rustrerie.

Nobert Élias place la volonté de distinction dans la seule Cour et dans les milieux cultivés qui l'entourent. La volonté de civilisation se ferait petit à petit plus insistante et « l'on exige du noble une régularité nouvelle et profonde. C'est là la conséquence de la plus grande dépendance dans laquelle le gentilhomme est tombé. C'est l'heure de se faire serviteur du roi ». Pour Élias, les hommes de cour sont des citadins, et « on peut faire abstraction des maisons de campagne qu'ils possédaient ».

Le mouvement d'évolution des mœurs semble pourtant être né ainsi dans la campagne même, et au sein de la classe paysanne, ou la relative abondance du temps du bon roi Henri accentuait les clivages ; où les nobles entendaient se différencier des bourgeois acquéreurs de terre, et en même temps exprimer leur autorité sur une paysannerie dont la condition s'améliorait.

Pour le sieur de Caillière, en 1658, conduire un gentilhomme à la bienséance c'est « le purger de son ordure paysanne ». Jean-Louis Flandrin, du reste, souligne le rôle de repoussoir du groupe paysan dans le domaine des manières, « une pratique caractéristique de la classe paysanne est, à partir du xvie siècle, condamnable de ce fait », écrit-il. Quant à Norbert Élias, il cite lui-même, mais sans leur faire un sort légitime, plusieurs textes qui établissent que la civilité se fonde à coup sûr par rapport aux pratiques des gens de village, explicitement condamnées, qu'il s'agisse de manières de table ou de manières corporelles [1].

Que les pratiques de civilité étroitement liées à la hiérarchisation soient nées, au moins, pour une part, ou se soient renforcées au contact du monde villageois, c'est ce que montre le texte de Noël du Fail, qui, vers 1585, désapprouve les nouvelles distinctions introduites à table par « une certaine graine d'hommes, qui ambitieusement départissent les morceaux faisant les rangs [...], tirant les conviés en diverses jalousies ». Il regrette le temps du roi François « où chacun prenait au grand pot comme bon lui semblait ». Vers 1600, Olivier de Serres insiste pour que la différence de maître et de valet soit soulignée. Il doit y avoir du bon pain bis, du gros guillaume pour le valet et du meilleur, de méteil ou froment pour le maître. Le mieux est du reste que les deux ne mangent pas à la même table.

Voici maintenant une série d'exemples de différenciation spécifique des manières de table entre les deux groupes. Dès le Moyen Age, le chevalier s'octroyait pour nourriture – au moins dans les banquets – la chair de grands animaux libres et héroïques : de ceux qu'on n'élève pas, en principe, mais qu'on capture, nourritures du chevalier errant, en premier lieu la venaison ; puis la chair des grands oiseaux comme le paon, « roi de la volaille terrestre », le cygne, « roi de la

---

1. *Civilisation des mœurs*, Calmann-Lévy 1939 (1re éd.), 1969 (éd. consultée), p. 137, 142, 206, 314.

volaille aquatique », le cormoran, la cigogne, la grue ; la chair de baleine aussi, – qui reste aujourd'hui la nourriture des samouraïs – de marsouins ou de phoques. « Telle nourriture appartient en propre aux grands seigneurs », écrit Olivier de Serres. Le paysan, pour sa part, mangeait corneilles et corbeaux, en fricassée ou en soupe, dont il se persuadait, comme le père Grandet, qu'elle était « le meilleur bouillon de la terre » ; les geais également, les étourneaux, les merles, et les petits oiseaux.

A la fin du xvie siècle, la différenciation du régime noble par rapport à celui du villageois est déjà sensible en ce qui concerne le plat central : la soupe est alors abandonnée par les nobles. A base d'oignons, de haricots, de chou, de citrouille, avec de la viande de porc et du lard en été. C'est la viande, si rare, qui était pour les petits enfants le « nanan » au xviie siècle.

La soupe était l'aliment essentiel du paysan, le plat qui nourrit, qui refait le corps. Les tranches de pain coupé dans une terrine sont trempées de bouillon, et la maîtresse sert sa part à chacun. La suite du repas paysan se compose de fromage, avec le reste de la part de pain, répartie par le maître, mangée à la pointe du couteau.

La nourriture est toujours la même, mais qui semble, dit Ronsard, « plus douce et friande avec la faim que celle des seigneurs », ainsi que dit le proverbe, « pain de labeur, pain de saveur ». Chez les nobles, la soupière ne paraît jamais sur la table, sauf, traditionnellement, pour le réveillon de Noël, signale la baronne Staffe.

La soupe proprement dite a disparu dans ce milieu, remplacée par des potages variés : consommés, veloutés, crèmes, coulis et bisques, dont le rôle n'est plus de combler l'appétit mais au contraire de l'ouvrir.

Le porc, jusque-là viande par excellence, est dédaigné par les nobles vers le milieu du xviie siècle, et abandonné aux paysans. Le porc a perdu sa réputation, disent R. Buren et M. Pastoureau : il est considéré maintenant comme sale, vil, sot, luxurieux et glouton. Sa chair « froide et humide » est considérée comme dangereuse, dure à digérer, causant les rhumatismes. Sa graisse, le délicieux « sein doux » du Moyen Age, devient une mauvaise graisse. Progressivement, la viande de bœuf triomphe.

Le paysan en achètera rarement et encore seulement des bas morceaux, réservés à la basse boucherie. Les nobles mangeaient les meilleurs morceaux qu'ils faisaient préparer en rôti, plat mythique « ce rôti qui nourrit, paraît-il, les fabuleux seigneurs de ce monde! » écrit Jackez Hélias.

Chez les nobles, ce n'est plus « une bonne femme » qui fait la cuisine, mais un homme, le maître queux, le chef de cuisine, voire le rôtisseur.

Le goût nouveau est de manger la viande saignante. Le duc de La Force, la comtesse de Pange évoquent les filets de bœuf tendres et roses, les pièces de viande, « trois et parfois quatre », « toutes saignantes » qui paraissaient sur leur table familiale quotidiennement. Cela s'oppose absolument au goût paysan pour qui « bœuf saignant, mouton bêlant ne vaut rien s'il n'est bien cuit ». Les domestiques ne sont d'ailleurs pas autorisés à manger les restes de viande rôtie ; ceux-ci seront mis en sauce avant de leur être servis – cela valait aussi pour la volaille – théoriquement !

On comprendra, à lire *l'Origine des manières de table* de Claude Lévi-Strauss, la difficulté qu'il y a à comprendre l'opposition entre le bouilli et le rôti [1]. Il semble tout de même que le rôti soit une préparation de luxe à la fois parce qu'il coûte cher et parce qu'il a vocation d'être cuisiné par des hommes – des artistes, dirait Brillat-Savarin – on naît rôtisseur – et aussi parce que sa destination est d'être largement offert.

Un troisième domaine où la noblesse se distingue du paysan par un nouveau goût, c'est celui du fruit. A partir du xviiie siècle, face aux vieux fruits, poires ou pommes croquantes et de petite taille et qu'on consomme cuites, souvent après avoir été séchées ou tapées, ou encore fruits des haies, cormes et nèfles qu'on mangera blets, on cherche à obtenir de grosses variétés fondantes « des poires d'apparat cultivées au verger ou au potager : les beurrés et les doyennés ».

Les grands seigneurs avaient des cannes spéciales dites « canne de potager » dont le bout de fer est remplacé par un crochet qui sert à ramener à soi les branches des fruitiers.

---

1. Plon, Paris, 1968, t. III, p. 397-402.

Ils satisfaisaient là leur goût naturaliste pour la bouture et la greffe que renforçait la lecture de Charles Bonnet.

Le duc de Plessis-Vaudreuil, amateur et connaisseur, « distinguait à l'apparence, au goût, les yeux fermés, presque à l'odeur, une douzaine d'espèces de ces poires». Il communiquait cette connaissance à ses petits-enfants. Alphonse de Chateaubriand, à La Motte-Saint-Sulpice, avait le fruitier pour salle d'étude; là, sur de vastes planches, dormaient les fruits ramassés de l'été : « Toutes les espèces associaient leurs parfums, les duchesses, les williams, les beurrées Clergeau, les beurrées aurore, les beurrées d'Amanlis, les louise-bonnes. C'est là que j'ai appris à les connaître, à force de les regarder, à force d'y goûter.» Claudin pense qu'il faut manger ces fruits tout naturellement, et critique « les gens venus d'ailleurs, qui tiennent à embrocher à la fourchette la poire qu'ils pèlent» (1886). Le goût paysan n'apparaît pas au total comme un goût résiduel, avec des habitudes imposées par la seule gêne d'argent. C. et C. Grignon ont montré que ce goût est stable – et se manifeste encore aujourd'hui : avec une large utilisation de produits traditionnels du potager et de la basse-cour, une autoconsommation de porc, de lait et de beurre; ce mode de vie inséparable du mode de production se maintient même si les ressources financières augmentent; le goût paysan est une matrice, un archétype par rapport auxquels s'est défini le goût noble comme une variante.

Les deux grandes différences entre le goût noble et le goût paysan en matière alimentaire sont la diversité du régime et l'existence d'une règle de goût. Le régime paysan, très uniforme, fait de l'abondance la vertu essentielle du repas, et de la gloutonnerie, qui y fait honneur, une sorte d'héroïsme qui peut atteindre à la prouesse en se concentrant sur un mets; d'où les concours du plus gros mangeur de boudins ou d'andouilles, de tripes, d'escargots, etc.

Le régime alimentaire aristocratique, très abondant aussi, est très varié; on ne mange jamais la même chose à deux repas de suite. L'enfant est dressé à manger de tout. A l'inverse, quand le paysan Arlequin « ordonne un plat, il ne lui vient en pensée que des macarons et du fromage de parmesan». Chez son grand-père, le duc de Doudeauville, le duc d'Harcourt se souvient d'avoir été contraint de manger ses épinards sous la menace d'être enlevé sans cela par le marchand d'habits – le père fouettard eût-on dit dans le peuple.

Aussi, soucieux de collaborer à la fantaisie et à la variété du régime et de lancer des modes, d'associer leur cordon-bleu à la lèchefrite, les grands seigneurs, dont Montaigne constatait déjà « qu'ils se figurent de savoir accommoder le poisson », collaborent avec leur chef de cuisine ; ils inventent des recettes auxquelles ils sont fiers de laisser leur nom : grandes sauces de base dites Mirepoix ou Matignon ; petites sauces brunes dites Colbert ou d'Uxelles ; petites sauces blanches à la Mornay, Soubise ou Villeroy. Cinq pour cent des recettes d'Escoffier ont une caution aristocratique : Talleyrand, Valençay, Polignac, Castellane, Albufera, Montebello, Trévise, Masséna... Les quelques plats d'origine paysanne sont dits « à la bonne femme ».

Au début du xviie siècle, négligeant « les goûts d'humeurs », il s'établit dans les hautes classes, comme l'a montré Jean-Louis Flandrin, une règle, une gastronomie, avec un bon goût normatif. Dégagé des fantaisies du consommateur, le goût recherche le naturel, la vraie saveur de chaque aliment, et retrouve la cuisson paysanne au beurre. Nicolas de Bonnefons consacre toute la première partie de ses *Délices de la campagne* (1654) aux racines jusque-là méprisées : carottes, panais, salsifis, navets et « l'épinard », le plat d'herbes cuites, devient à la mode.

En dernier lieu, ce sont les principes généraux de politesse à table qui montrent bien l'opposition des milieux. Dans le monde paysan, il n'est pas malséant de parler de ce que l'on mange. La politesse est de laisser un peu de nourriture sur l'assiette, un peu de vin dans son verre, voire d'émettre divers vents de satiété. Dans le monde aristocratique, « un enfant distingué ne parle pas de ce qu'il mange », notait un jeune Nicolaï et on finit toujours les parts attribuées à table. « Il est aussi impoli de laisser du vin dans son verre que des morceaux sur son assiette », dit Grimod de La Reynière. Dans le premier cas, les produits restants sont la substance d'un sacrifice d'action de grâces à Dieu. Il n'était pas rare, au siècle dernier à la campagne, de voir les convives verser par terre les dernières gouttes de leur verre. Chez les nobles, l'assiette nette a une signification tout aussi marquée de respect pour la nourriture et l'hospitalité.

Parallèlement, et comme support et conséquence de ces manières de table, se dessine un « corps noble », antithèse du corps paysan, corps d'une autre essence et comme d'une autre espèce, voué au commandement, au luxe et impropre au travail. La différenciation se serait faite à partir d'une morphologie et d'un idéal commun : solidité et embonpoint du corps. Paysans et nobles seraient de la même nature puissante par l'ossature, la carcasse rustique, vrais signes de la race. Les paysans, selon Paul Bourget, sont des « chétifs à gros os » ; pour Abel Hermant, la race « s'accuse beaucoup moins par la finesse des attaches et par la petitesse d'extrémités dites aristocratiques, que par une certaine puissance de la charpente, une certaine grossièreté de l'ossature, et la hardiesse outrée de certaines courbes, notamment celle du nez ».

L'aristocratie ne se dégagera que tardivement de l'idéal commun de la beauté épanouie, y compris pour les hommes. Le vieil idéal de l'embonpoint, signe de richesse et de bienveillance, survit. Une paysanne qui se juge trop maigre refuse absolument de se montrer. Jules de Goncourt « potelé, gai, joufflu » est tout à fait au goût de la servante de ses amis chartrains [1].

Le marquis de Mirabeau attribue à la mode de la jeunesse la mise en cause de l'embonpoint « que l'on ne saurait avoir à cet âge », et déplore ce « renversement », cette vogue du « corps énervé ».

Chétif, le paysan l'est par force, parce qu'il travaille beaucoup et mange mal ; le noble, s'il le peut, s'efforce d'être fort, en très bon point. Les pratiques condamnables de la Cour, dit Mirabeau, mettent en péril la noblesse en ne produisant plus, par l'extrême jeunesse des mères, que des races « dégénérées et asthmatiques ».

C'est par une éducation stricte, soumise à une série d'interdits et de contraintes que le corps noble s'éloigne

---

1. *Journal*, 1857.

ostensiblement, par des déformations et des accessoires symboliques, de toute possibilité de travail.

On s'évade d'abord de la grille de lisibilité commune en dissimulant le cheveu. Vers 1630 apparaît la mode de la perruque parce que Louis XIII a porté le cheveu long, dit l'abbé Thiers; Huizinga voit donc « naturellement » dans la perruque un succédané d'une opulence capillaire, mais, au moment où le roi et le paysan portent le cheveu long, le noble n'a-t-il pas surtout voulu se soustraire à la commune apparence? L'homme et ses humeurs étaient encore jugés à la couleur du poil, comme les bêtes à la couleur de la robe ou du plumage. La perruque permet d'être blond, blanc et beau. On s'éloigne de ce qui est brun ou tanné et qui peut rappeler les champs.

La blancheur du teint est une grande condition de la beauté : « Nous avions longtemps vécu pour nous protéger contre le soleil, écrit Jean d'Ormesson, à l'abri de chapeaux, d'ombrelles, de volets clos. » Les femmes de la noblesse gardaient au siècle dernier, durant leurs étés seigneuriaux, la même attitude qu'à la ville – toilettes soignées, ombrelles, protégeant le teint; ce n'est pas tant, comme on le dit parfois, pour s'affirmer urbaines – puisqu'elles se reconnaissent si volontiers rurales – que parce que c'est vraiment par rapport à la campagne que le style de vie noble a sa raison d'être, et qu'il prend là tout son sens.

La mode du bronzage implique qu'il y ait eu une véritable révolution dans les critères d'excellence du corps aristocratique. Cet abandon du goût pour la fraîcheur du teint, conservé soigneusement par un loup chez les femmes depuis le xvie siècle, simulé par des fards blancs chez les hommes, coïncide par hasard avec la mort du roi, la disparition du comte de Chambord. Le seul soleil dont le miroir du visage noble devait jusque-là accueillir les rayons, c'était le soleil royal, la présence du roi, qui lui procurait son seul brillant légitime, sa « lumière d'emprunt et de réverbère ». La noblesse peut bien s'exposer maintenant aux rayons du commun soleil.

C'est à la main comme à la clarté du visage qu'on voit le sang bleu, et c'est surtout chez les femmes qu'on admire la beauté des mains. Chez les paysans qui y sont aussi très sensibles, c'est la plus jeune femme, dont la main n'est pas encore déformée par les travaux, qui a le privilège de « fatiguer », c'est-à-dire de tourner à la main, devant les convives, la salade.

La beauté de la main, réputée trait de race dans l'aristocratie, s'y perpétue plus longtemps à l'abri des gros travaux : mains fuselées, longues, expressives d'Oriane de Guermantes ; mains de duchesse, « légèrement grasses, blanches et fines de peau, avec des doigts effilés et des ongles roses ». Les dames, nous dit-on, brillent surtout dans leur manière de servir le dessert ; « et comme c'est un moyen de leur faire déployer la délicatesse de leurs doigts, et d'en faire remarquer la blancheur, on s'adresse volontiers à elles pour ce service ».

La main se fait valoir aussi en public aux travaux d'aiguille, à condition que ce soit dans des ouvrages d'ornement ou de charité, jamais de ravaudage.

En tout état de cause, la main sera gantée, pour la femme, comme pour l'homme, à l'opposé de la main paysanne, main nue, qu'on ne peut serrer sans se déganter si on ne veut pas offenser celui qu'on salue. La culture nouvelle et les soins spéciaux portent aussi sur le pied.

Le paysan, avec sa chaussure plate ou son sabot, est réputé « pied plat ». Le pied noble, lui, est cambré, avec le cou-de-pied abattu. La chaussure admet un talon. On s'assure souvent les services d'un bottier anglais, à la fin du XIXᵉ siècle, qui vient de Londres plusieurs fois par an pour prendre les commandes et livrer son ouvrage ; ainsi dans la famille du duc de Broglie « les bottines vernies du prince de Sagan modelaient un pied minuscule et spirituel ».

Les femmes, quand on leur baisait la main, découvraient le pied jusqu'à la cheville, pour que l'attache fine laisse croire à la jambe admirable.

Marcher est tout un art. Henri Lavedan décrit Adalbert de Périgord, frère du prince de Sagan, vers 1870, passant dans une rue du faubourg Saint-Germain : « Il marchait avec politesse, comme s'il accompagnait des dames dans un jardin à la française. Il s'avançait la jambe droite raide, le cou-de-pied en arche de pont, le bras tendu sur une canne légère dont il ne tenait la pomme que par le bout de trois doigts. »

La différenciation se fait encore – de façon capitale – par le costume. Les lois et ordonnances de police somptuaires y veillaient particulièrement, surtout à la fin du XVIᵉ siècle. On réglait les couleurs, les étoffes et les pièces du vêtement permises selon la condition. La laine écrue, le gris, le blanc, le bleu, étaient seuls permis au laboureur ; défense lui était faite de s'habiller de noir. Il devait se vêtir de bure, droguet, futaine ou ferrandine, sans avoir droit au drap de belle qualité. Les manteaux, chapeaux et hauts-de-chausses lui étaient interdits en semaine.

Au XVIIIᵉ siècle, les paysans conquirent le noir, qui devint leur couleur des dimanches. C'est la Convention qui proclama la liberté pour chacun de se vêtir comme il lui conviendrait.

Au siècle dernier, les habits d'apparat des paysans, gilets et jupes, étaient souvent brodés ; mais les brodeurs adaptaient les motifs à la hiérarchie dans le village. Il fallait garder son rang et sa guise : « La chemise, dit un proverbe rapporté par Jackez Hélias, gratte encore le dos de la fille dont la grand-mère s'est déguisée. »

Robert de Montesquiou raconte que sa grand-mère, Élodie de Montesquiou, demandait à propos de chaque visiteuse annoncée, « si c'était un bonnet ou un chapeau ». Devenue aveugle, vers 1870, sentant au toucher que la paysanne qui la servait était vêtue de soie :

– Alphonsine ! Mais c'est du taffetas !

Elle demeurait persuadée que ce tissu n'était que pour la maîtresse.

L'habit noble est toujours guetté par la somptuosité. Les efforts du bon roi Henri pour éviter les dépenses excessives n'eurent pas grand effet ; il était, disait-il, « tout gris dehors, tout d'or dedans ». Pour Caillière, le gentilhomme doit être seulement « noir, net et neuf ».

Plus sûrement encore que l'apparence de l'habit, quoique difficile à vérifier, c'est l'absence de maillot de corps qui fait le gentilhomme : ce vêtement-là, symbole de la sueur de travail, est absolument banni. La tenue doit être conforme à l'idée qu'on se fait de sa condition. « Les vêtements chez nous relevaient moins du besoin de plaire que de la moralité », écrit Jean d'Ormesson. Ainsi peut rayonner le corps lustral de « l'étincelante noblesse », comme disait d'Origny. Bien entendu, dans ce domaine de toute-puissance, l'exception confirme parfaitement la règle : Mme de Nucingen rappelle « qu'autrefois une femme pouvait avoir une voix de harangère, une démarche de grenadier, un front de courtisane audacieuse, les cheveux plantés en arrière, le pied gros, la main épaisse, elle était néanmoins une grande dame [1] ». Edmond Biré décrit le duc Victor de Broglie (1785-1870) : « Il avait une toilette de philosophe, habit délabré, vieux chapeau toujours renversé en arrière. Toilette de philosophe, ai-je dit, et plutôt de grand seigneur : il faut être ou très riche ou très titré pour se permettre de telles négligences. » Winnaretta Singer, princesse de Polignac, qui s'habillait plus que simplement, s'amusait d'avoir été adressée au Secours populaire.

On voit à l'œuvre, généralement dans l'attitude des principaux membres de la noblesse à la fin du XIXe siècle, ce « chic » que les peintres avaient mis à la mode vers 1830; c'est-à-dire cette allure, cette apparence élégante et preste qui se fonde sur une maîtrise des manières acquises d'après les meilleurs maîtres, un art subtil de l'apparence et de sa propre mise en scène qui fasse de la seule présence un don prestigieux et comme l'incarnation d'une autorité supérieure. Un art qui montre que le « ton de représentation » et la « manière de faire valoir les choses » n'ont pas complètement disparu depuis Louis XIV, comme le pensait le duc de Croÿ.

Ainsi la comtesse Greffulhe (1860-1952), apparaissant dans ses vingt ans, décrite par Vassili, « grâce charmante et souveraine [...] grands yeux noirs profonds et doux ». Dans ses trente ans, vue par Buffenoir, « svelte, blanche, idéale [...] apparition réalisée des rêves de la vingtième année [...], type aristocratique par excellence [...], la femme de sang bleu ». « Une forme d'autorité [...] était en elle que je n'ai jamais observée [...] à ce degré chez aucune autre personne », écrit son cousin Robert de Montesquiou. Et le duc de La Force : « Belle comme le jour, avec ses grands yeux bruns étonnés et pleins de lumière, son sourire enchanteur, ses dents éblouissantes et cette marche de déesse sur les

---

1. Balzac, *Autre étude de femme*, La Pléiade, 1952, t. III, p. 225.

nuées que Saint-Simon a louée chez la duchesse de Bourgogne. »

Autre reine, la duchesse de Luynes, Yolande de La Rochefoucauld, vers 1900, évoquée par Élisabeth de Gramont : « Jamais aucune souveraine n'eut autant qu'elle l'air souverain [...], les yeux bleu foncé plein d'un feu extraordinaire [...] et je ne sais quel fluide impérieux qui lui sortait de partout forçait ceux qui l'approchaient à un grand respect. »

Et Sagan (1832-1898), petit-neveu de Talleyrand, qui disait – ou auquel on faisait dire – « Le monde c'est moi ! », et dont les observateurs sont incapables d'écrire autre chose que : il était élégant parce qu'il était élégant. Par exemple Fouquières : Sagan « était d'une élégance rare qui lui venait de son incomparable allure ». Et Boni : « Sa grande élégance venait [...] de la distinction de sa personne ; il était rempli d'un " chic " qui s'attestait dans toute son allure, ses gestes, sa mise, le cordon noir de son lorgnon. » Pour le comte Vassili, « le ruban seul du lorgnon de Sagan était un poème. [...] Il habitait une planète supérieure [...] où la tenue et l'élégance seraient des vertus civiques, où le chic mènerait à de grands honneurs... » Et Boni conclut : « Il était un des rares hommes qui de rien savait faire quelque chose. »

Terminons par une évocation du comte de Nicolaï par son fils Christian : « Il s'imposait dès l'abord par une distinction naturelle qui alliait la réserve à l'aménité, inspirant le respect et suscitant la confiance. De haute stature, il avait une démarche énergique et dégagée. Le visage, aux traits fins, réguliers, exprimait tour à tour la gravité et la douceur. »

On note dans ces descriptions la permanence de « l'auréole » : distinction, autorité, rayonnement. A la fin du XIXe siècle, l'aristocratie rayonne d'une lumière dont Proust souligne la présence dans la voix d'Oriane « où traîne l'or paresseux et gras d'un soleil de Province », dans ses yeux où est captif, comme dans un tableau, le ciel bleu d'un après-midi de France, et dans la personne tout entière des aristocrates : « Les cousins de la duchesse, le baron de Guermantes et le duc de Châtellerault avaient l'air, avec toutes les grâces physiques de leur race, d'une condensation de la lumière printanière et vespérale qui inondait le grand salon. » Lumière d'emprunt encore, mais poétique et naturelle, qui ne doit plus rien à l'éclat reflété de la majesté politique.

Au moment même où se fondait une gastronomie qui révère les saveurs paysannes, tout en détachant ostensiblement la cuisine et la table du goût et des manières paysannes, Malherbe enrichissait la langue française de la saveur des mots recueillis de la bouche des crocheteurs du Port-au-Foin, et à la fois condamnait expressément les expressions « plébées », répartissant les mots en termes « bas » et « nobles ».

Après lui, la haute société condamne les mots « sauvages et bas », l'estropiement des mots, l'usage fréquent des proverbes, tous traits du langage populaire.

Certains pensent, avec Bernstein, que l'apprentissage de la langue en milieu populaire est réducteur. Favorable à la prise en compte des occupations présentes, de l'autorité immédiate, il éloignerait de la rationalité; le discours est à phrases courtes, peu complexe, impersonnel, peu précis, peu coloré, usant de tournures proverbiales; il favoriserait une immersion de la conscience temporelle dans le présent.

D'autres jugent avec W. Labov que le langage populaire a des possibilités spécifiques. Vertu de « parler tout droit »; vertu de finesse : « le gascon y arrive si le français n'y peut aller » rappelle Montaigne; vertu d'expression complète émotions, sentiments, pensées, comme le dit George Sand dans l'avant-propos de *François le Champi*.

L'aristocratie, en tout état de cause, se démarque sans nuances du parler paysan. Encore au XIXᵉ siècle, c'est par opposition au « mauvais parler » des gens de village que les aristocrates assurent la légitimité de la langue de leurs enfants.

Marie-Christine Vinson en donne un exemple, tiré de la comtesse de Ségur [1]. Lambert, un jeune paysan, dit à Paul et Sophie qu'il va aller chercher le « bourri ». Il s'étonne que des enfants « si savants » ne sachent pas ce qu'est un bourri. Ils utilisent le mot devant Mme de Réan, qui leur dit : « Il n'y a que les gens de la campagne qui appellent un âne un bourri, mais vous, qui vivez au milieu de gens plus instruits, vous devez parler mieux. » Paul a bien compris : « Sophie, Sophie, écoute! Entends-tu un âne qui brait? C'est peut-être Lambert! »

L'apprentissage du langage en milieu « supérieur », selon Basil Bernstein, aboutit au contraire à un développement de la communication verbale, à des relations différenciées de l'individu avec son groupe, par appel à une autorité souple, favorable à la généralisation formelle; il s'agit plutôt d'acquérir des principes de comportement, dans un milieu où l'enfant est autonome, avec une conscience complexe du temps et des éventualités. Le bon usage de l'imparfait du subjonctif est une des choses que Jean d'Ormesson revendique pour son milieu.

Comble de différenciation et de la vertu de transmutation, il y aurait même des mots populaires naturalisés dont l'aristocratie prétendrait – au moins par provocation – se réserver l'usage. Chanel raconte que Mme de Chevigné fut la première femme du monde qui ait dit m... Elle imposa silence, écrit la princesse Bibesco, à une femme de chambre qui voulait dire la même chose :

– Non, ma fille, ça c'est un mot de maître.

N'est-ce pas là un chef-d'œuvre de l'antirustrerie?

Il serait aisé de trouver entre nobles et paysans d'autres ressemblances à la base, et aussi d'autres distinctions spécifiques. Il conviendra notamment d'étudier les contre-réactions paysannes qui vont de la fermeture et du secret à l'hostilité.

Qu'il nous suffise pour l'instant d'avoir établi que ce sont là les mêmes gens, ayant au départ, et pendant longtemps, des valeurs et des réactions communes. Cherchons donc ce qui les unit fondamentalement.

3

L'ORDRE DU DON

*Le gain, le don et leurs vertus. – Les questions du luxe. –
Le contrat de sang.*

Pour décrire les fondements de l'attitude des nobles à
l'égard de l'argent, revenons sur la différenciation qui s'est
faite grâce à un travail en quelque sorte intérieur au tempé-
rament campagnard de l'aristocratie. Le système, l'ordre du don, nous paraît rendre compte à la
fois de la distinction des rangs, de l'opposition et de la déri-
vation de la culture nobiliaire par rapport à la paysannerie,
et de l'étroite solidarité de sensibilité qui unit les deux
groupes. Laissons de côté pour le présent, de façon tout arbitraire,
les influences du marché et de la ville – que nous retrou-
verons largement dans le chapitre suivant – pour nous rappeler seulement que les deux groupes considérés haïssent la
bourgeoisie citadine qui attache de la gloire à l'acquisition
des richesses par la multiplication de l'argent, considérée
comme un but. Sortir artificiellement des voies de l'analyse de l'économie de marché, c'est risquer de devenir aveugle, dans une
marche à tâtons où l'on peut nourrir à tout coup, comme le
signale Marx, « l'illusion romantique que ce n'est pas la
seule soif de gain qui doit déterminer la consommation des
riches » ; où l'on veuille s'imaginer, malgré le scepticisme de
Voltaire, qu'il soit « dans la nature humaine que tous les

riches d'un pays renoncent par vertu à se procurer à prix d'argent des jouissances de plaisir et de vanité »; nous tenterons pourtant cet excursus ethnologique voué à la recherche des vieilles idéologies et au déchiffrage des anciennes structures politiques et morales...

Nobles et paysans ne sont pas gens d'argent, mais gens de gain glorieux et licite. C'est dire qu'ils vivent directement ou indirectement des fruits de la terre. Le gain, c'est l'herbe des prés – comme sera le regain – et les fruits des arbres et des haies : fruits naturels, mais aussi – fruits industriaux – la vendange, la moisson, issue du blé qu'on sème à la saison du gain (l'automne). Gagner c'est labourer la terre, « la faire fructifier, comme disait M. des Lourdines, non dans un esprit d'intérêt, mais par amour; pour lui faire son bonheur ». Cela ne se fait pas du reste sans beaucoup de peine; il faut amener l'abondance par un immense effort; gagner, c'est semer, faucher, semer les blés et vendanger. « La terre, dit Fénelon, ne refuse ses biens qu'à ceux qui craignent de lui donner leur peine. » Les terres « gagnables » – y compris les terres vaines – sont celles qui peuvent produire les grains ou de l'herbe. Les exploitations sont dites gagnages ou gagneries.

Du produit de la terre, cueilli et recueilli, les hommes se sentent riches : riches « comme un village au retour des moissons », dit la comtesse de Noailles. Sur cette provision, le paysan va pouvoir fonder son luxe qui est, nous le savons, l'abondance de la table, plus que sa délicatesse.

Ce gain dont l'homme jouit par son travail et son mérite est avant tout un don de Dieu. Pour les physiocrates encore, Dieu sera « le seul producteur »; seul il « fait » le fruit de la terre.

Avant même de s'appliquer au profit du paysan, le mot gain a désigné le profit tout aussi naturel sinon légitime, encore plus « frais et joyeux », du noble, vivant de rapine sur le dos des manants par le « gast » fait sur la terre des ennemis, et capturant au combat des prisonniers producteurs de rançons : ce sont les « gaingnes de guerre ».

Le noble, comme le sanglier ou le cerf, sortait de ses

forêts pour dévaster les gagnages, se réjouissant quand il y avait « grand gaigne ». Le butin, comme le produit de la chasse – assimilables selon Platon [1] et selon Aristote [2] – sont pareillement des dons des dieux : il y a de la gloire à voler des chevaux.

Le mot gain vient, semble-t-il, du francique *waidanjan* qui signifie « se procurer de la nourriture ». Ce n'est que « quand les mœurs furent devenues moins guerrières », vers le XIe siècle, que le mot gagner, nous dit le dictionnaire de Godefroy, s'appliqua plus spécialement au profit qu'on retire de la terre.

Dans son *Essai sur le don*, Marcel Mauss distingue les trois opérations : donner, recevoir et rendre. Le rendre, en ce qui concerne Dieu et les fruits de la terre, c'est ce qui est prévu par le Deutéronome [3] : le festin d'action de grâces dont les éléments, finalement échus aux *lévites*, aux prêtres, forment la dîme : « Tu livreras la dîme de tout le produit de tes semailles [...] de ton blé, de ton vin nouveau et de ton huile ainsi que les premiers-nés de tes troupeaux afin que tu apprennes à craindre Jéhovah ton Dieu à jamais. »

Toutefois, le système du don comporte aussi un élément que Marcel Mauss n'a pas rencontré dans les sociétés archaïques qu'il a étudiées, le stade préliminaire et cependant capital de la demande, de la requête : « On donne à qui demande. » Officiellement formulée, la demande est nécessaire en terre chrétienne au fonctionnement du circuit du don.

L'homme demande chaque jour son pain par la formule finale du *Pater noster*, et, plusieurs fois dans l'année, notamment aux Rogations, juste avant l'Ascension, la communauté paysanne, le seigneur ou son représentant à sa tête, implore l'abondance, par la voix de son curé, dans une procession à travers les champs : *Benedices coronae anni Benignitatis tuae!* « Couronnez, Seigneur, l'année de vos bienfaits! » *Te rogamus ut fructus terrae dare digneris...* « Nous vous demandons de nous donner des fruits de la terre... »

Cette demande faite à Dieu apparaissait comme si impor-

---

1. *Lois*, VII, 823 a.
2. *Politique*, I, 8.
3. XIV, 22, 23.

tante aux paysans qu'ils ont été bien troublés de sa suppression pendant la Révolution, en l'absence des curés réfractaires. Les villageois de Saint-Vallier en Saintonge, raconte Geneviève Fauconnier, obligèrent leur sacristain Jehan Beillard à prendre la croix de procession et à demander, en patoisant, mais sur l'air des litanies :

– Mon Dieu donnez-nous dau pain.

– *Amen, Amen* Jehan Beillard, disait le village.

– Mon Dieu, donnez-nous dau vin!

– *Amen, Amen...*

Chateaubriand consacre un chapitre aux Rogations [1] : « Heureux celui qui portera des moissons utiles, et dont le cœur humble s'inclinera sous ses propres vertus, comme le chaume sous le grain dont il est chargé... On s'assemble dans le cimetière de la paroisse sur les tombes verdoyantes des aïeux. » Le vieux curé, comme une garde avancée aux frontières de la vie « fait le discours, l'exhortation... » La procession commence à marcher en chantant : « Vous sortirez avec plaisir, et vous serez reçu avec joie; les collines bondiront et vous entendront avec joie [...] L'étendard des saints, antique bannière des temps chevaleresques, ouvre la carrière au troupeau, qui suit pêle-mêle avec son pasteur [...] Les bois, les vallons, les rivières, les rochers entendent tour à tour les hymnes des laboureurs... » On rentre au hameau, « chacun retourne à son ouvrage : la religion n'a pas voulu que le jour où l'on demande à Dieu les biens de la terre fût un jour d'oisiveté. Avec quelle espérance on enfonce le soc dans le sillon, après avoir imploré celui qui dirige le soleil et qui garde dans ses " trésors " les vents de midi et les tièdes ondées. » Citons la fin du passage, pour le plaisir : « La lune répand alors les dernières harmonies sur cette fête que ramènent chaque année le mois le plus doux et le cours de l'astre le plus mystérieux. On croit entendre de toutes parts les blés germer dans la terre, et les plantes croître et se développer; des voix inconnues s'élèvent dans le silence du bois, comme le chœur des anges champêtres dont on a imploré le secours; et les soupirs du rossignol parviennent à l'oreille des vieillards assis non loin des tombeaux. »

---

1. *Génie du christianisme*, IVe partie, l. 1er, ch. 8.

C'est au xiᵉ siècle, les mœurs devenant, on nous l'a dit, moins guerrières, que l'évêque de Laon, Adalbéron, put proposer une formule de paix sociale qui symbolisait un nouvel équilibre sanctionné par l'État. La noblesse renonçant au système de rapine est mise devant ses responsabilités. En échange de l'acceptation d'une discipline, on lui permet de fonder un ordre nouveau à côté du clergé, sur la base des critères de la naissance et de l'adoubement : « Triple, dit l'évêque, est la maison de Dieu que l'on croit une [1] : ici-bas les uns prient, d'autres combattent, d'autres encore travaillent; et ces trois-là sont ensemble et ne supportent pas d'être désunis. » Il y a là trois fonctions étroitement complémentaires : le clergé prie pour ceux qui le font vivre et le défendent; les paysans travaillent et nourrissent les nobles qui combattent pour les protéger. Le seigneur aura, comme la divinité, part au gain de la terre. Il garantit la terre au paysan, la lui délaissant sous différents régimes d'exploitation. En échange, il reçoit des dons (*eulogiae* en Mâconnais), des devoirs, dîmes seigneuriales, champarts, terrages, etc.

Au début du xviiᵉ siècle, par exemple dans la formulation de certains avocats, est mis en lumière un nouvel état de la société : on y verra que le contrat concerne maintenant quatre parties; le rôle de la noblesse est rajusté : « le roi est le soleil; la noblesse est préposée au lustre, le tiers à la nourriture, le clergé à la divinité. » L'échange n'est plus de subsistance contre paix, mais de subsistance contre gloire. La place centrale du roi est clairement affirmée. C'est lui qui assure la paix. Ce n'est plus directement par les armes que le seigneur protège ses paysans, mais par son crédit auprès de l'administration royale, par une série de petits dons du roi au profit de la communauté : réduction de la gabelle, exemption de logement des gens de guerre, diminution de la taille royale.

En complément de sa part du gain de la terre, le seigneur vit maintenant des grâces du roi auquel on demande des charges, des bénéfices ecclésiastiques pour les cadets, des terres en engagement, des pensions, des gratifications.

---

1. G. Duby, *Les Trois Ordres ou l'imaginaire du féodalisme*, Paris, Gallimard, 1978, p. 15.

Là aussi le circuit du don comporte un stade de la demande. Il convient de remettre au roi, de préférence en main propre, un placet qui précise la nature du don que l'on souhaite et le rappel des raisons qui le motivent. Le mot de placet est le premier mot latin de la vieille formule consacrée : « Plaise au roi notre sire accorder » ceci ou cela.

Selon les périodes, le souverain lui-même, mais le plus souvent les secrétaires d'État, statuaient sur les demandes. L'idéal – inaccessible – serait, précise Charron en 1604, que les bienfaits soient donnés avant qu'ils soient demandés, parce que cela éviterait d'avoir à les refuser. Dans la réalité, pour obtenir quelque chose, après l'avoir demandé, « il faut une longue poursuite difficile et pleine de dépense ». Souvent aussi, le don étant accordé, « avant de pouvoir en jouir, on dépense la moitié et plus de ce que vaut le bienfait, et encore quelquefois viendra à rien ».

La noblesse en arriva à assiéger les bureaux. Les ministres attendaient naturellement de la reconnaissance et des services en retour de la satisfaction des placets. « Les ministres ont des créatures, écrit le marquis de Mirabeau, tout est client et clientèle dans le royaume. » Et ailleurs : « En France, tout se donne », c'est-à-dire que tout peut et doit être demandé.

Ce monde est fondé sur la morale de la dépense et du don ; c'est cela qui est à l'origine de l'harmonie politique de la monarchie. Montesquieu ne dit pas autre chose : l'honneur était le préjugé de chaque personne et de chaque condition, « la nature de l'honneur est de demander des préférences et des distinctions [1] ».

La gloire ne peut plus être acquise sans l'entremise du roi. Elle reviendra au noble par ses travaux, éventuellement ses actions héroïques, et le roi pourra la sanctionner par un don, duquel la valeur monétaire n'est pas l'essentiel, mais bien la signification dans l'ordre tout particulier de la faveur. C'est la manière dont le roi a pris la peine de faire valoir sa grâce qui compte le plus. A cette condition, la gloire du don démultiplie la gloire qui l'a causée.

Au bout du compte l'honneur, le lustre, rejaillissent sur la terre du noble récompensé, et sur ses habitants. Le peuple

---

1. *De l'esprit des lois*, III, 7.

ayant, dit Montesquieu, le respect « pour la gloire des principales familles et la vertu des grands personnages », le héros
peut devenir épigone ; le domaine adopte son nom : Thury
devient Thury-Harcourt, Lurcy, Lurcy-Lévis, Magnac,
Magnac-Laval, Chambrais se transforme en Broglie, Maillé
en Luynes, Gagny en Boufflers et Amboile en Ormesson. Le
paysan prendra lui-même part à la gloire de son maître ; il
sera heureux de l'existence du grand domaine titré par le
roi, stable, favorisé, abrité des contingences.

Monluc a très bien décrit [1], pour « les capitaines, ses
compagnons » le système de dons dans lequel vivent les
nobles. Le but de la vie, pour eux, c'est la « fortune » qui
n'est pas, jusqu'au XVIII⁵ siècle, la richesse, mais bien,
d'abord, l'illustration. Les hommes sont « voués à la gloire ».
C'est le roi qui détient les clés de la fortune, c'est lui qui
confie, avec une charge ou une commission pour commander quelque troupe, les moyens de « suivre la guerre », de
prendre le parti de l'épée » et d'acquérir l'honneur et la
bonne renommée. « Un homme sans réputation est un
homme inutile. » « Dans les hautes classes, écrit Tocqueville, on s'occupait plus à s'illustrer qu'à s'enrichir. » La
société fonctionne, non pour produire des richesses, mais
pour sécréter de la gloire, essentiellement pour le profit du
roi.

Servir, c'est savoir se sacrifier pour la plus grande gloire
de Dieu et du roi : sacrifice de la vie et de l'argent s'il y en a :
« Un petit sourire de son maître échauffe les plus refroidis ;
sans crainte de changer prés, vignes et moulins en chevaux
et en armes, on va mourir au lit que nous appelons le lit
d'honneur », dit Monluc. « Noblesse guerrière, dit Montesquieu [2] qui pense qu'il est honteux d'augmenter son bien, si
on ne commence par le dissiper [...], partie de la nation qui
sert toujours avec le capital de son bien. »

Par tradition, un noble qui a une charge de représentation
ou de responsabilité se ruine pour le service du roi. Cela se
constate jusqu'au siècle dernier. François-Joseph de Cara-
man-Chimay (1771-1842) entame dans la diplomatie sa fortune personnelle. Le duc de Gramont (1819-1880) dépense

1. *Commentaires*, Paris, Gallimard, La Pléiade, 1964.
2. *De l'esprit des lois*, XX, 21.

la fortune de sa femme pour soutenir ses brillantes ambassades à Rome et à Londres. Sosthène de La Rochefoucauld (1785-1864), directeur général des Beaux-Arts, confesse avoir « mangé trois cent mille francs de sa fortune au service du roi. » Le marquis de Nicolaï prend à sa charge les dépenses qu'occasionne à Charles X, en exil, le séjour de la marquise, sa femme, gouvernante de Mademoiselle, pendant douze ans. Le duc de Luynes offre au comte de Chambord la totalité de la fortune que sa famille tenait de ses rois, etc. Il est légitime de penser que le roi voudra un jour, par bonne volonté, par pleine grâce, « connaissance et amitié », récompenser les services et les labeurs : Monluc a vécu de cette espérance : « Le bien vous vient lorsque vous y pensez le moins. Un seul bienfait du roi vous vaudra plus que tous les larcins que vous sauriez faire, et qui de plus sont des péchés. » « Chacun, dit Mirabeau, s'empresse de consommer son propre patrimoine pour se rendre digne d'en obtenir l'équivalent en viagers et pensions. »

On sait qu'à côté de la guerre, une autre manière de faire fortune, était de « se donner à la Cour » ; la gloire ici ne pouvant venir que de la faveur du roi. Carrière difficile et dangereuse, où l'on devient parfois, sans aucun profit, comme disait Alain Chartier dans son *Curial*, « serf de la cour ».

Dans un système de ce type, on commence par faire face aux besoins ; pour le paysan il s'agit des nécessités incompressibles qui lui permettent de poursuivre le cycle de la vie agricole : fournir les semences, la nourriture, les devoirs, l'impôt ; pour le seigneur il s'agit de « la dépense en un besoin pour le service du roi ». Ainsi que le souligne Sombart, l'économie est fondée sur les dépenses, ensuite Dieu, le roi, les grands y pourvoient. Il faut alors demander pour faire face, rite que la bourgeoisie, qui a tendance à faire son bilan à partir des recettes, réprouve absolument : « Les mots amers, dit Alberti, et si abhorrés des esprits libres : je vous prie... »

Le roi lui-même, ainsi aux États de 1484, n'usait pas d'autres mots. Cependant, il est certain que les nobles se fatiguèrent de « quémander », de « demander l'aumône en talons rouges ». Le refus de demander fut sans doute plus important encore que le refus de donner pour la décadence de l'ordre du don.

Cela n'a toutefois pas détruit le vieux système du don ; il faut en compléter la description dans les campagnes : le paysan y est pris dans un circuit de don et d'échange avec ses voisins. S'il fait un don de nourriture pour un repas de fête, il recevra un cadeau à son tour. Quotidiennement, les femmes du village échangent denrées et petits cadeaux, particulièrement quand on a tué le cochon, quand on a récolté les fruits. Le paysan donne à ses voisins des journées de travail, et il en reçoit en retour. La balance arithmétique de ces journées échangées est soumise à une sévère surveillance, mais jamais un sou n'entrera en ligne pour solder le compte, et le système est perçu, avec satisfaction, comme une entraide.

Les nobles avaient des coutumes semblables : eux aussi faisaient présent à leurs voisins de nourriture ou de venaison, eux aussi, comme Gilles de Gouberville à la Renaissance, continuaient à faire porter une participation pour la préparation d'une fête familiale dans le village. Ils avaient de plus bien souvent table ouverte ; le voyageur aussi, parfois même inconnu, était toujours bien reçu ; les voisins et amis étaient invités à la chasse. A l'automne, pour les chasses, le marquis de Tanlay, commissaire de table au Cercle agricole, donnait des agapes quatre fois par semaine à Tanlay : table et cave inouïes, cartes, comédiens, chasse au sanglier ; « Ce genre d'hospitalité à la française n'existe plus », dit Élisabeth de Gramont.

L'amitié, comme les très vieilles liaisons familiales qui finalement s'y rapportent, était soigneusement cultivée par la noblesse comme une grande richesse.

On pouvait aussi séjourner dans beaucoup de châteaux à charge de revanche ; celle-ci pouvant être un séjour identique, ou une aide à l'éducation des enfants, hospitalité, conseils ou secours de carrière. En tout état de cause, le noble ami en difficulté est secouru.

L'ordre du don est sous-tendu par trois vertus, de grand air et de grand cœur, communes aux paysans et aux aristocrates : la force, l'espérance et la libéralité. Enfin, il engendre le respect.

Nobles et paysans ont le goût commun de cette vertu cardinale qu'est la force. Le paysan la respecte parce qu'il doit en fournir sans cesse, la tirer de son corps pour guider les bœufs et peiner à la charrue, pour lever les bottes et les gerbes, pour charroyer et battre son grain. Le noble doit produire et magnifier sa force souveraine dans la maison forte, le château fort, la « force » qui domine et rassure la campagne et s'élève au-dessus du plat pays. Elle assure ainsi aux paysans ce premier luxe qu'est la sécurité.

Le noble mobilise sa force pour figurer dignement dans les « robustes tournois », les charges de cavalerie, la joute à l'épée à deux mains, à la masse d'arme, à la lance surtout. « Les nobles, dit l'avocat Jean Duret, sont des vilains eux aussi parce qu'ils demeurent aux champs... Tous ces preux chevaliers, ces forces de bras et de corps en quoi la noblesse constitue sa gloire, n'ont pour la plupart point de sens d'entendement. Ils haïssent la paix, car sans la guerre, leur mémoire serait ensevelie. »

C'est sur cette capacité et cet amour commun de la prouesse physique *(probitas)*, de la résistance et des concours de force que jouait l'analogie qui recouvrit longtemps nobles et paysans sous le même terme de rustres.

A la base gît la vertu cardinale proprement dite, la force morale. Elle est présente chez le paysan, avec une composante de patience. Il applique strictement le proverbe « Aide-toi, le ciel t'aidera », il fait, comme le dit saint Thomas, de son travail une permanente prière. Très tôt, il forme ses enfants au travail ; jamais ils ne doivent être inoccupés : « Travaille, si tu veux manger. » A dix ans, garder les moutons et les porcs ; à douze ans, toucher les bœufs, à quatorze, aux mancherons de la charrue. A la clé, le sentiment du devoir accompli, du temps bien occupé, l'honneur du travail bien fait, « un honneur incroyable du travail, le plus beau de tous les honneurs », dit Péguy.

La force du noble a pour partie intégrante la magnanimité ; elle nourrit la flamme qui pousse à servir au péril de sa vie. Ce n'est pas un travail, comme le paysan, qu'accomplit le héros noble, mais, par un pluriel de majesté, des travaux. Tout le contraire de casanier, il cherche les grands théâtres, où l'on donne et reçoit des coups. Monluc le conseille : « Ne pensez jamais à votre mort. C'est affaire à un sot d'avoir peur de mourir ; puisqu'il faut mourir, mieux vaut mourir en gens de bien et laisser une belle mémoire de soi.» C'est ce risque de mort régulièrement encouru, cette vocation de service, qui signale les familles de race. Gabriel de Cossé (1843-1871), partant comme capitaine de mobiles pour l'armée de Bourbaki, disait :

– Trente-trois Brissac ont versé leur sang pour la France, je serai fier d'être le trente-quatrième.

Et il le fut.

A une jeune dame qui craignait pour la vie de son époux, on répondait :

– Si vous ne voulez pas être veuve, n'épousez pas un Clermont-Tonnerre !

Pierre de La Rochefoucauld, de nos jours, remarque, sans hausser le ton :

– Quand il y a une guerre, on se fait tuer, c'est évident !

Jamais cette vocation essentielle de service inconditionnel n'a été mieux exprimée que dans les notes rédigées vers 1790 par le dernier duc de Bouillon, arrière-petit-neveu de Turenne, qui, à cause de ses infirmités, n'avait jamais pu servir le roi et qui rêvait depuis son fauteuil roulant : « Quel plus beau sentiment doit animer les habitants d'un royaume que de pouvoir servir leur souverain jusqu'à la dernière goutte de leur sang... Il faut qu'on répète souvent à un homme, pour être un bon soldat, qu'il doit vivre et mourir pour son souverain... Moi, le rejeton d'une illustre famille, si une faiblesse dans les jambes ne m'avait pas empêché de marcher, j'aurais été non moins courageux et non moins âpre de l'honneur qui, par la façon dont j'ai été élevé à cause de ma situation, m'aurait porté à m'immortaliser dans l'histoire. J'ai eu un régiment à dix ans, j'ai pu aller à l'armée à onze, j'aurais pu faire la guerre jusqu'à cinquante ans.» Poignante nostalgie de n'avoir pu être un preux.

La force animait le paysan comme le noble à conquérir le titre envié de prud'homme, homme sage, loyal envers Dieu, fort utile, tirant du reste *prod*, c'est-à-dire profit, avantage de son action. Cette force est soutenue dans les deux groupes par une confiance si solide en Dieu et dans le roi qu'elle est de la nature de l'espérance théologale. Espoir de la fortune par l'abondance pour les paysans. Espoir de la fortune par la gloire chez les nobles : ils l'expriment nettement.

Pierre de La Rochefoucauld commente de nos jours la devise de sa famille : « C'est mon plaisir. » « Le plaisir, dit-il, est l'adhésion au devoir, la confiance dans la volonté de Dieu : que ta volonté soit faite. » Dans son livre *Au plaisir de Dieu*, Jean d'Ormesson exprime cette même idée ; sa famille et lui se sentaient « dans la main de Dieu ». C'est bien cette espérance chrétienne que traduit aussi la devise choisie, au seuil de sa vie, par la jeune Anne de Montmorency : *In Mandatis tuis, domine, semper speravi*. « Je mets mon espérance dans les charges que tu me confies Seigneur ! »

La prud'hommie débouche sur la débonnaireté. Cela définit la douceur et la générosité d'un cœur de « bonne aire », de bonne race.

Dans le système du don, le paysan et le noble doivent être généreux également. Ce n'est que dans les perspectives déterminées par l'argent que la parcimonie du paysan et la libéralité du noble peuvent paraître en opposition. Toutefois, constatons que la prodigalité nobiliaire, dans l'optique monétaire, aboutit au même résultat que l'économie du paysan : la réduction vers zéro du rôle de l'argent.

On apprend à l'enfant, chez les nobles, une forme de mépris de l'argent ; il doit savoir le jeter par les fenêtres. On lui inculque, non la prodigalité, mais la générosité. « Les grands, dit La Bruyère, ignorent l'économie et la science du père de famille ; ils se louent eux-mêmes de cette ignorance... » Il y a là-dessus de nombreuses anecdotes : l'abbé de Choisy rapporte que Montausier, son gouverneur, trouva le Grand Dauphin, fils de Louis XIV, occupé à compter et à recompter trente ou quarante pistoles :

– Je crois, Monseigneur, que vous allez mettre tout cet argent-là à l'hôtel de ville (la caisse d'épargne). Et Montausier distribua immédiatement la somme. Taine évoque le duc de Richelieu qui, souhaitant éduquer son fils, lui remit une bourse pleine de pièces d'or. Après un peu de temps, le jeune homme n'ayant dépensé que trois francs six sous, le père ouvre la croisée et jette la bourse dans la rue. La prodigalité elle-même, il faut le dire, n'était pas toujours réprouvée : « Le comte d'Orgel aimait à retrouver sa prodigalité chez les autres ; c'était pour lui le meilleur signe de noblesse. »

Le rôle de la noblesse est de volatiliser l'argent pour la représentation ; elle doit s'en débarrasser au plus vite, et sortir ainsi du circuit monétaire.

Léontine de Villeneuve, parlant des émigrés rentrant au pays, écrit : « Ils étaient fils de ces Français de vieille roche, que l'on trouvait toujours prêts à jeter l'argent à pleines mains lorsqu'ils le possédaient, comme à le fouler aux pieds s'il eût fallu salir un peu ses doigts pour le prendre, et à s'en passer fièrement quand la fortune venait à les trahir. »

Le paysan, lui, n'ambitionne pas d'entrer dans le cercle de l'argent. La parcimonie est son art. Sa frugalité est l'exact symétrique du luxe nobiliaire. « Dans un grand état, dit Mirabeau, il faut des gens qui représentent et d'autres qui se piquent d'une économe frugalité. »

Cependant, l'art d'accommoder les restes, de ravauder vêtements et toitures, de tondre les œufs, se fonde lui aussi sur une largesse, sur un gaspillage, mais du temps, qui est la véritable richesse, et qui, au bout du compte, pourrait être de l'argent. C'est ce temps qui est le luxe du paysan. La meilleure preuve en est le formidable endettement qu'il a consenti pour acquérir les puissantes machines agricoles qui démultiplient le temps. Il sacrifie l'argent qu'il n'aura pas au temps qu'il peut avoir. Le temps non compté, le temps donné, par exemple celui qu'accorde le visiteur qui s'assoit, qui boit et qui devise, est comme dit Jackez Hélias, la chose la plus précieuse. Le temps vaut la peine ; l'échange égalitaire en est possible, puisque aussi bien, à la différence de l'argent, tout le monde en a : il ne faut pas être avare de son temps.

La dépense d'argent dans cette société paysanne égalitaire n'est du reste pas libre ; elle risquerait de créer des rangs. Françoise Zonabend souligne qu'à Minot, en Bourgogne, les femmes se cachent les unes des autres pour faire leurs achats chez les commerçants du bourg et font en sorte d'être seules dans la boutique pour faire leur commande.

Enfin l'ordre du don fonde le respect dans une société moralement homogène où le don , le contre-don, l'échange cérémoniel, la participation scellaient l'entente entre la paysannerie et les nobles.

Cette bonne entente est largement attestée. Cette société avait, comme dit Tocqueville, « un goût libre pour l'obéissance ». Chacun s'y sentait à sa place « sans bassesse et sans hauteur », affirme Boni de Castellane, « une inégalité commune communément acceptée, une inégalité générale, disait Péguy, un ordre, une hiérarchie qui paraissait naturelle ne faisait qu'étager les différents niveaux d'un commun bonheur ».

Le maître de ferme, dans sa maison, est appelé « notre maître »; il s'y sent un peu roi, confie Émile Bertin. S'il salue à son tour le propriétaire d'un « notre maître », ils savent tous deux qu'au-dessus d'eux, il y a deux autres maîtres : Dieu et le roi.

Il a dû y avoir un rapport globalement acceptable entre les nobles et la paysannerie; ce n'est que tardivement que l'oisiveté des nobles fut prise à partie. Localement, il y a eu certainement de bons rapports : « Il existait un lien entre les gens du pays et nous autres, constate Boniface de Castellane en Anjou; « lien fraternel entre le château et le village » précise Élisabeth de Gramont pour le Maine. « Les gens nous aimaient, affirme Jean d'Ormesson, pour la raison très simple que nous les aimions – une vraie amitié, l'affection, séparaient chez nous les inférieurs des supérieurs; chacun savait l'abîme qui nous séparait les uns des autres. »

C'est aussi « une familiarité déférente » qui entourait le comte de Maillé et sa famille venant occuper le dimanche les prie-Dieu en velours rouge de l'église de Mangé en Anjou, habillés de noir par respect pour les habitants dont c'était la couleur honorable.

Lorsque les paysans du canton se sont engagés dans les mobiles en 1871, sous ses ordres : « Ils m'ont suivi parce que j'étais leur seigneur », dit le comte de Maillé.

C'est au sein même de la maison paysanne que prend racine la hiérarchie et les préséances leur source.

Mirabeau y voit la conséquence même de la reconnaissance portée à Dieu, dispensateur de l'abondance : « L'agriculture anime en nous le respect pour le culte adressé à l'être dont la main bienfaisante multiplie les fruits de ses travaux ; l'amour et l'admiration pour le guerrier qui se dévoue à sa défense », et ailleurs : « L'agriculture, c'est le foyer, ce sont les entrailles et la racine d'un État. » Le premier don étant celui de la nourriture, le repas sera le premier temps de cérémonie né du respect dans la maison paysanne. Le père assis au haut bout de la table, vers le fond, près du grand lit, coupe le pain, béni et protégé par un signe de croix fait au revers de la miche. Sa part est distribuée à chacun, assis à son rang selon le degré de parenté, l'âge ou la fonction. La soupe est servie par la mère qui met le bouillon sur le pain, lentement, « façon presque solennelle de procéder à une cérémonie religieuse » écrit André Theuriet dans sa *Vie rustique*. Tout se passe dans le silence parce que remplir son ventre, manger, est un acte sacré de reconnaissance.

« Le respect, écrit Léontine de Villeneuve l'Occitanienne, était peut-être la plus vive impression que ressentait d'abord un fils en présence de son père [...], il courbait naturellement le front devant ce qui, tout ensemble, semblait être une loi divine et une loi humaine [...], c'est aussi que le chef soutenait la maison laquelle à son tour soutenait le trône. Le respect et l'obéissance étaient les bases de cet ordre social. »

Du paysan au duc et pair, le code moral est le même : respecter les rangs, éviter la mésalliance, honorer le vieil ordre social du gain légitime.

Emerson se demandait, vers 1850, à quoi servait la noblesse. Il concluait qu'il fallait bien qu'elle eût servi à quelque chose, sans quoi elle eût disparu – bien entendu, il parle de la noblesse anglaise, mais c'est adaptable à la France.

Cette noblesse avait, disait-il, rendu des services évidents – dans les domaines militaire et de gouvernement, sans doute – et d'autres, *more subtle make a part of unconscious history*, « plus subtils et relevant d'une histoire inconsciente ».

De ces rôles et services oubliés, peut-être jamais clairement décrits, il reste parfois dans les comportements des résidus cérémoniels ayant, selon Erving Goffman, une signification vestigiale qui recouvre des activités depuis longtemps abandonnées, et des sentiments depuis longtemps oubliés. Ainsi en va-t-il spécialement des attitudes relatives au luxe dans l'aristocratie.

Le luxe se règle dans ses formes d'expression par deux facteurs complémentaires. Le premier est ce que d'Avenel ou Paul Le Roy Beaulieu ont appelé le « nivellement des jouissances ». Ce que Melon, ou Voltaire après lui, exprimaient en disant : « Ce qui était luxe pour nos pères est à présent commun : les chemises, les bas de soie, les chaussures, les carrosses. » La magnificence doit donc s'adapter pour se maintenir. Le château fort est remplacé par le château à l'antique avec jardins italiens, français ou anglais ; la domesticité se fait plus nombreuse.

Le second facteur est l'état d'esprit des spectateurs du luxe, qui donnent ou non leur adhésion au message social et politique qu'il véhicule. Il dépend de la naissance et de l'évolution de l'opinion, qui en vint, au siècle dernier, à s'opposer à l'étalage de la fortune, à la somptuosité du train de maison, et rendit, constate d'Avenel, « l'extrême faste contemporain » plus compliqué, secret, discret, cherchant refuge dans l'objet rare.

Un premier type de luxe aristocratique est évoqué par Georges Duby qui décrit, au Moyen Age, « une aristocratie tout entière dominée par l'amour du luxe et le souci de manifester sa grandeur par la destruction des richesses ». Potlatch donc, destiné à imposer son prestige, sinon sa puissance, à d'autres nobles, et dont le groupe paysan qui fournit les surplus est acteur solidaire, receveur indirect du prestige.

C'est ce luxe massif que Bataille appelle « luxe de séparation » parce qu'il vise à fonder le rang, mais qui dépend toujours de l'ordre du don. La fête est « donnée » ; la fête qui est la forme primitive du luxe, qui ne peut être cachée, donnée derrière un mur, détournée. Elle est en principe donnée devant le peuple et pour lui.

Le but est d'obtenir une forte impression qui fonde le respect ; toutefois le badaud stupéfait, ébloui et s'exclamant « Comme cela a dû coûter gros ! », reste participant. Il faut craindre la malédiction d'un peuple exclu qui ternirait l'authentique splendeur.

« Un ordre de noblesse a pour fonction d'éblouir le vulgaire, écrivait Bagehot au siècle dernier dans une étude sur la société anglaise... Ce que la masse du peuple anglais respecte, c'est ce qu'on peut nommer la pompe théâtrale de la société... Elle sent son infériorité devant tout l'appareil qui se révèle ainsi.»

Il y a une participation de la masse au luxe, et, là aussi, comme une demande : « C'est son siècle qui a déterminé Louis XIV vers ce genre de gloire triomphale», explique le marquis de Mirabeau. Au lieu d'être choqué, envieux, le spectateur, le paysan « s'appropriait une portion de ce faste» en vertu de « l'espèce de vanité et d'émulation des Français qui s'approprient les avantages brillants [...] et qui en rend l'éclat solidaire pour ainsi dire à chaque individu».

En tout état de cause, « les grands, dit Duclos, sont si persuadés de la considération que le faste leur donne qu'ils font tout pour le soutenir».

Bataille souligne cependant la cruauté des conditions secrètes d'adhésion populaire à l'exercice du luxe. « L'élément naturel du luxe, écrit-il, est la proximité de la mort. Il n'appartient qu'à ceux dont le privilège veut qu'ils tuent ou qu'ils sacrifient... Les prodigues mettent leur vie en jeu.» Lancé par ceux qui défient la mort, le luxe exprime le mépris achevé des nobles et du corps social qu'ils représentent pour l'argent, et insulte à l'esprit d'économie comme au mensonge laborieux du bourgeois.

Bataille désigne, à ces deux titres, comme condition nécessaire à l'exercice du luxe une « dureté sans faille». La même que celle de La Bruyère dénonçait dans la Cour, « l'édifice bâti de marbre», voulant dire « composé d'hommes fort durs, mais fort polis».

Jean Baudrillard décrit de nos jours la survivance de ce type de luxe. « Tous les princes dorés, féodaux internationaux, sont de grands gaspilleurs; leur qualité surhumaine, c'est leur parfum de potlatch. Ainsi remplissent-ils une fonction sociale bien précise : celle de la dépense somptuaire, inutile, démesurée. Ils remplissent cette fonction par procuration pour tout le corps social... Ils ne sont jamais si grands que si, tel James Dean, ils paient cette dignité de leur vie. »

Progressivement, les philosophes mirent en cause l'existence du luxe. Que ce soit Rousseau, qui flétrit la dureté de Voltaire, défenseur du luxe, et qui pense que « s'il n'y avait point de luxe, il n'y aurait point de pauvres » ; Diderot : « Le luxe ruine le riche et redouble la misère des pauvres » ; Jaucourt : « Cet homme qui a su brusquer la fortune par la porte de la finance mange noblement en un repas la nourriture de cent familles du peuple. »

L'Ami des hommes, sensible à des critiques analogues contre le luxe, s'efforce de justifier ce qu'il appelle « lustre » et « dépense » relatifs, ou « magnificence graduelle », et qui constituent le « faste », légitime, qui, exercé par les nobles, renforce la hiérarchie. Il oppose au faste le luxe, qu'il définit comme un « déplacement » dans la société ; une dépense déplacée, qui renverse l'ordre social et fait des ravages : « Le mauvais luxe est le plus grand mal du siècle. »

Le luxe, pour Mirabeau, vient des dépenses excessives que fait l'ouvrier à haut salaire, et surtout le financier, « l'homme de fortune ».

Pour lui, « il n'y a rien de plus ravalé de sa nature que la finance » ; c'est « une assemblée de voleurs publics et déguisés, de brigands civilisés, dont les uns sont en pleine chasse, d'autres à l'affût, et qui dans le fait sont occupés à s'entre-détruire ». Tout ce mal vient de la considération qu'apporte l'argent.

Bien que la haine publique s'attache aux financiers et que « le peuple, note Duclos, voie avec chagrin et murmure des fortunes dont il fournit la substance sans jamais les partager » – parce qu'il n'a pas de contrat avec les financiers, comme il en a avec les nobles – le monde donne leur chance aux hommes d'argent « qui s'imaginent – apparemment non sans cause – acquérir de la considération par l'étalage de leurs richesses » et se produisent dans la bonne société.

Le mal est sans remède légal. On ne pense plus au XVIIIe siècle à appliquer les lois somptuaires à un grand État comme la France ; la dernière date de 1665. Au vrai, l'opinion y verrait, après Voltaire, une atteinte intolérable au droit sacré de propriété : les individus ont la jouissance libre de ce qu'ils ont acquis. Il n'y a qu'une « révolution » des mœurs pense Duclos, sous la direction et l'impulsion du prince qui puisse ramener la simplicité. L'exemple de Mirabeau, qui n'était pas un philosophe mais un aristocrate chrétien, celui de d'Argenson montrent qu'ils pratiquaient eux-mêmes le faste par un devoir d'état, tout en le condamnant d'un sincère mouvement de cœur : « C'est devoir d'état que de vivre ainsi aux dépens de qui il appartient, dit *l'Ami des hommes*, [...] ou qui voudrait rentrer en soi-même, et se considérer isolé de l'appui des usages aurait bien de la peine à se faire une fausse conscience assez endurcie pour n'avoir aucun remords sur les déprédations qu'on justifie comme dépenses nécessaires pour vivre avec décence et selon son état.» Le faste est socialement nécessaire, « chacun a son état, et doit se conformer aux mœurs de son temps ». Annonçant Léon Bloy, pour qui l'ostentation des richesses était un « homicide », Mirabeau déclare que « les consommations en superfluités sont un crime contre la société qui tient au meurtre et à l'homicide », et plus précisément : « La double consommation d'un individu n'est autre chose que l'homicide de son voisin, qui vivrait sur la sorte de dégât de tout ce qu'il consomme au-delà du nécessaire. »

Yukio Mishima imaginait même que les nobles d'Ancien Régime, confusément conscients de ce que l'apparat de leur vie s'accompagnait inévitablement de laideur, « afin d'exposer au jour cette preuve et de parfaire les plaisirs de la vie en transformant cette laideur en divertissement, engageaient des nains, fous et grotesques ».

Un second type de luxe a coïncidé à partir d'un certain temps avec ce luxe de position, et en a souvent pris le relais dans une large mesure. C'est celui que l'on pourrait appeler « luxe de substitution », ou de « distinction ». Veblen s'y est beaucoup intéressé dans son ouvrage sur la *Classe de loisirs*. Il apparaît comme un substitut au déploiement, interdit pour un temps variable, des pompes extérieures.

Mis en cause par les lois somptuaires de la fin du xvi⁰ siècle, et plus encore par la volonté et l'exemple de simplicité d'Henri IV, le luxe de position doit être relayé.

Le roi Henri, dans sa jaquette grise, ne tolérait plus que les gentilshommes missent sur leurs épaules leurs bois de haute futaie et leurs moulins, en pure perte, selon lui. Le même luxe massif était discrédité, on le sait, par l'usage qu'en faisaient les financiers, auxquels était accessible sans concurrence l'étalage de la plus éclatante richesse.

L'adoption d'un luxe de substitution, c'est-à-dire l'acquisition de manières différentes, avait, pour les nobles, l'avantage de faire face à la montée de ce groupe concurrent; néanmoins, il y a lieu de penser que c'est face au village, comme nous l'avons dit dans le chapitre précédent, que s'est établie d'abord la barrière de distinction. C'est au monde paysan que s'oppose et s'impose en premier et point par point la finesse de goût, la délicatesse du corps exempt de travail et la pureté de langue; par contrecoup ces manières sont opposables aux parvenus qui n'auront pas acquis dès l'enfance les réflexes et les habitudes irremplaçables : il suffit de voir le sarcasme courir sus à l'apprentissage minable du bourgeois gentilhomme.

L'expression sociale de la richesse cherche à éviter des éclats directs; elle se transpose, se valorise dans le domaine des goûts et des apparences personnelles. « On dissimule l'argent pour mieux signifier une autre sorte de réussite, écrit Veblen, la délicatesse des goûts, des manières, des usages a pour utilité de mettre en évidence le temps libre. » « Les hautes classes, pensait Keyserling, prenaient même soin de ne pas paraître riches afin de pouvoir d'autant mieux inculquer aux masses le sentiment que ce qui fait leur supériorité était quelque chose d'inaccessible. »

Ce type de luxe déclenche en effet un réflexe d'infériorité chez les spectateurs : comme chez ce jeune homme qui regardait dîner un marquis : « Quand donc saurai-je manger mon potage comme cet homme-là ? » Thomas Graindorge, plus âgé, et tombant dans le bon panneau, devait croire évidemment qu'il y faudrait plusieurs générations, puisqu'il note à propos de Paris : « Il y a ici une aristocratie, non pas de titres ou de pouvoir, ni peut-être de cœur, mais au moins d'éducation, de goût, d'esprit. Je pensais, en écoutant une jeune fille jouer un nocturne de Chopin, à l'accumulation de terreau de jardinage qu'il a fallu pour produire une telle fleur.» A tout le moins faut-il, pour acquérir ces manières, une longue et précoce éducation : « L'usage du monde, dira Louis-Joseph de Bouillé, est comme une langue qu'il faut apprendre de jeunesse pour la parler naturellement et sans accent.» Par désespoir d'acquérir jamais le goût, on fait semblant de le posséder déjà : « C'est un si grand don, dit Le Maître de Claville, d'avoir le goût fin et vraiment délicat, que mille gens qui ne sont pas connaisseurs font les délicats par vanité.»

Les aristocrates quant à eux accréditent l'idée que le goût et le style leur sont génétiquement acquis : « Un propriétaire rustique, dit le marquis de Mirabeau, à Paris devient un arbitre des élégances.» La princesse Catherine, héroïne de Marthe Bibesco, rencontre son prince : « Il sut d'emblée qu'il se trouvait en présence d'une femme possédant cette sorte d'usage qui s'hérite et ne s'apprend pas.» L'apparition de la comtesse Greffulhe à Marc Flament fait éclater la réussite parfaite de l'intériorisation réalisée par le luxe de substitution : « C'est le chef-d'œuvre de l'art, pour une femme, que de savoir obtenir de soi-même, par l'intelligence et la volonté sans qu'il y paraisse, tout ce que l'on peut en obtenir et l'offrir d'emblée, entre les battants d'une porte grande ouverte aux clartés des lustres, sans perdre conscience de ce qui est dû à chacun [...] ou même possède-t-elle le sentiment le plus distinctif du luxe, sans qu'il parût jamais rien devoir à la mode ni à l'argent.» Mais « n'allons pas croire que les gens bien élevés ont patiemment acquis les bonnes manières à seule fin de montrer qu'ils y ont passé du temps!» écrit Veblen. La véritable origine du processus est, pour lui, un effort inconscient vers une nouvelle efficacité sociale, un désir de conserver l'adhésion du commun peuple et de lui manifester autrement sa protection et sa bienveillance.

C'est la raison pour laquelle la pointe de ce luxe est la politesse, qui le ramène, bien qu'il paraisse inaccessible, en raison de ses techniques raffinées d'expression, à la nature du don.

C'est précisément à la politesse qu'on peut appliquer la remarque de Goffman sur la pérennité de pratiques dont la finalité est oubliée; « Les grands seigneurs, écrit aussi

Proust, ont tout un monde de croyances qu'ils n'expriment jamais directement, mais qui les gouvernent, et en particulier la croyance qu'il faut par politesse feindre certains sentiments et exercer avec le plus grand scrupule certaines fonctions d'amabilité. »

La politesse est un art d'imposer les préséances dans la bienséance. Les plus sages de la tribu, les plus polis, comme Honorine de Monaco, marquise de La Tour du Pin (1785-1881), ont la « science de tous les accueils ». Le duc Pozzo di Borgo l'avait aussi : « Nul maître de maison ne savait mieux que lui mettre chacun à son aise mais à sa place et l'accueillir toujours comme le plus attendu. » A l'égard des égaux, cette politesse est une attention noble, « qui ne demande que l'ordre, qui connaît des mesures, les observe et en exige en même temps, écrit Mirabeau. Elle donne un air de décence aux expressions, aux plaisirs, à la tonalité des mœurs. »

Le chef-d'œuvre de la politesse, c'est le refus de la distance, la simplicité de l'aristocrate. Pour Proust, il y a là un si grand exploit que, pour lui, il renvoie violemment, comme au mécanisme brut du luxe de substitution, à la richesse et la puissance.

Soit la parfaite simplicité de Mme de Marsantes, sœur du duc de Germantes : « Être grande dame, c'est jouer à la grande dame, c'est-à-dire pour une part, jouer la simplicité ; c'est un jeu qui coûte extrêmement cher ; d'autant que la simplicité ne ravit qu'à la condition que les autres sachent que vous pourriez ne pas être simple, c'est-à-dire que vous êtes extrêmement riche. » Ou encore la princesse de Luxembourg qui porte, inscrits dans les traits de son visage, la courbe de ses épaules, le mouvement de ses bras « les préceptes orgueilleusement humbles d'un snobisme évangélique », soit, par exemple : « ne mépriser personne » et se rappeler « qu'il est inutile d'enseigner que tu es mieux née que quiconque et que tes placements sont de premier ordre, puisque tout le monde le sait. »

Le luxe de substitution complété par la politesse s'achève par la réalisation d'un ordre qui est celui du plaisir. C'est ce « goût du plaisir », dit Mirabeau, qui attire les aristocrates à Paris. « L'art du plaisir, le plaisir, est pour ce milieu presque un sacerdoce », écrit Élisabeth de Gramont.

Tout se passe comme si le groupe « délivré du souci de vivre » sécrétait par fonction et par privilège un climat nouveau, bien différent de celui que créait le luxe de stupéfaction ; l'adhésion recherchée est plus précise, plus complète, à la fois intellectuelle et sentimentale.

C'est la recherche du plaisir que poursuivent le prince de Sagan, ou son cousin Boniface de Castellane, dans l'organisation de grandes fêtes ou le patronage des courses. La foule les suivait ; ils étaient populaires parmi le peuple. On se réunissait sur la place de la Concorde tous les ans pour voir Sagan, monté sur un cheval noir, donner le départ du cortège des courses de drags d'Auteuil. Boni prenait soin de faire participer à ses fêtes : pour la bénédiction de son palais de marbre rose de l'avenue Henri-Martin, en 1905, il paya tous les loyers au-dessous de cinq cents francs des paroissiens de Saint-Honoré-d'Eylau. Il invitait écrivains et peintres : la fête pour lui favorisait les lumières, inspirait les poètes et les artistes, de même qu'elle faisait marcher le commerce. Il déclarait : « Pour aimer le luxe et la vie intense, il faut avoir un trop-plein d'amour » ; il faut aimer pour savoir donner du plaisir.

Ce type de luxe donne des satisfactions délicates quand on a le sentiment d'avoir reçu son dû de la part de puissances aussi délicieuses. C'est dire qu'il laisse exister ou se créer un lien, dans le temps même où il déclenche un réflexe d'infériorité.

Pourtant, minant le respect et la bonne entente, une hostilité sourde, en bien des points ouverte au siècle dernier, s'est peu à peu fait jour. Il y a eu progressivement refus de la distinction spécifique, et du luxe en général, avec concurrence pour la terre et revendication du respect pour le paysan.

L'hostilité des paysans aux seigneurs, peu marquée aux XVIᵉ et XVIIᵉ siècles, s'accentue à partir de 1770. La hausse des prix des denrées agricoles fait deux lots de mécontents : les manouvriers, dont les salaires ne haussent pas, et les gros paysans, que les droits féodaux, plus souvent perçus avec rigueur, empêchent de s'enrichir. Les cahiers de doléances de 1789 mettent en cause les droits féodaux, les privilèges fiscaux des seigneurs et les corvées. Les paysans adoptent le discours antinoble des années 1789-1792 et envahissent parfois les châteaux au moment de la Grande Peur. La Révolution dissout la communauté paysanne, séparant les plus pauvres des plus riches qui entrent en concurrence avec les nobles pour la possession de la terre, d'abord à propos des biens nationaux. Balzac, dans la préface des *Paysans,* dénonce la « conspiration permanente de ceux que nous appelons encore les faibles contre ceux que se croient les forts, des paysans contre les riches ». Les Goncourt nous disent que Montalembert était d'accord avec ce point de vue. Robert de Montesquiou, à propos de l'offre d'achat d'un pré que lui faisait un paysan voisin, y reconnaissait une volonté de revanche : « Il voulait, dit-il, infliger en ma personne à quelqu'un de mon groupe le joug longtemps subi par ses aïeux roturiers de la part de ceux d'une illustre lignée. »

La levée en masse de 1792, la conscription, le service militaire ont dérangé plus que l'abolition des droits féodaux les termes du rapport entre aristocrates et paysans : comme les nobles, ceux-ci payaient maintenant de façon reconnue l'impôt du sang. Progressivement, le paysan a pris en haine l'oisiveté de son propriétaire. Celui qu'on insultait autrefois en le traitant de porcher qualifie son cochon, parce qu'il se laisse engraisser, de gentilhomme, de monsieur ou d'habillé de soie. Le premier valet d'Étienne Bertin, par une journée de fauchage, vers 1850, voyant le maître installé au frais dans un bosquet avec ses amis, s'écrie : « Sont-ils heureux, tout de même, ces cochons-là ! »

Vers 1870, les aristocrates sont soupçonnés d'être favorables aux Prussiens, voire aux républicains. On les accuse d'amasser des armes contre le peuple. Le château de Chazeron en Auvergne, au marquis de Sinéty, est fouillé, comme celui du marquis d'Estournel. Un jeune noble, Alain de Moneys, est capturé par les paysans à Hautefaye en Dordogne, le 16 avril 1870, assommé et grillé comme un porc ; « Nous avons grillé un beau cochon », dit un métayer ; on regrettait autour de son bûcher « que cette graisse fût perdue ». De nos jours, le comte de M..., voulant honorer une

paysanne de ses domaines lui rappelait qu'elle avait été belle dans ses champs :
– Eh oui! M. le comte, je travaillais et vous vous promeniez.

Le paysan a perdu très généralement le sens de la solidarité avec le seigneur; il a pris conscience des inconvénients de sa propre condition; à ce sujet, dit Étienne Bertin, « toujours il nous faut demeurer là, vêtus d'habits crottés, rapetassés, semés de poils de bêtes, et dans ces vieilles maisons, laides et sombres avec leurs entrées d'ornières, de patrouille et de fumier, jour et nuit esclaves de nos bêtes. » Ces différentes raisons, qui induisent l'esprit hostile chez les paysans, libèrent chez les aristocrates un jugement très sévère; celui de la princesse d'Arenberg disant : « A la campagne, on devient laid, sale, bête et méchant. » Ou cet autre, rapporté par Pierre de Brissac : « Le paysan français, souvent tuberculeux et alcoolique, est sale, petit et laid. Son orgueil réside dans sa moustache qui le proclame un homme libre. » Ou encore d'Ideville : « Le paysan de la plaine auvergnate est trop égoïste, jaloux et âpre au gain. » La bonne entente a donc souvent, plus ou moins tôt, fait place à la méfiance. Le duc de Broglie se protégeait de l'envie des paysans en faisant interdire l'entrée de son château de Saint-Amadour aux enfants du village, parce que ce serait mauvais pour eux de voir le luxe « dans lequel vivaient ses propres enfants ». Nous reviendrons pourtant sur le bon accord en maints lieux enfui, ou sur l'intérêt social marqué par l'aristocratie aux paysans en dépit de leur hostilité, parce qu'ils expliquent la naissance, le maintien, voire la renaissance de la conscience d'un contrat tacite dont l'origine est à chercher au Moyen Age. De la même façon, la baronne Staffe a été obligée d'évoquer, pour expliquer l'essai que celui qui reçoit fait de son vin devant les hôtes, les risques médiévaux d'empoisonnement...

C'est donc pour l'instant l'état de ce bon accord que nous considérons, mutuellement respectueux, d'une certaine façon fraternel, et dont les termes cachés paraissent égalitaires. Le contrat ne concerne pas directement des sommes d'argent mais l'échange rendu symbolique, de denrées et de services dont la signification est la vie.

Il s'agit donc d'une sorte de contrat archaïque à fondement religieux.

Léon Bloy en a exposé le fonds et l'a très bien remis en forme en des termes médiévaux, tel qu'il a pu apparaître aux consciences des xie et xiie siècles ; « Il faut avoir été soi-même un pauvre [1] pour savoir ce que c'est que d'avoir à donner sans cesse le meilleur fruit de son travail et de sa peine, la fleur du sang de ses enfants pour arrondir un parasite fainéant, grand ou petit, un damné de Dieu et des hommes, un des cinq cent à six cent mille seigneurs et maîtres mis en place des hauts barons de l'ancienne France qui versaient leur sang pour défendre leurs laboureurs. » Nous sommes ainsi ramenés au don et contre-don d'Adalbéron de Laon : travail contre service. Travail de paysan contre paix et protection. Et Bloy retrouve ici les termes d'Étienne Langton qui, déjà au xiie siècle, conviait les clercs à être ménagers de l'argent des pauvres, « puisque le sang des pauvres n'est autre que le sang du Christ [2] » ; Bloy dit en effet : « Le sang des pauvres, c'est l'argent, et c'est le très précieux sang du Christ... Tous les aspects de l'argent sont les aspects du fils de Dieu suant le sang par qui tout est assumé. »

Un grand nombre de textes utilisent la métaphore du sang du peuple à propos de l'argent, du xvie au xviiie siècle. Mirabeau stigmatise, par exemple, les pensions réclamées par les chevaliers de l'ordre royal et militaire de Saint-Louis, dont l'insigne était un ruban rouge feu porté à la boutonnière : « On se croirait déshonoré du refus de marquer ses habits d'une goutte de sang du peuple. » Il évoque aussi les financiers dont la fortune est « un tas de fange, de sang et d'iniquité ».

De nos jours encore, la métaphore est vivante. Combien de fois n'avons-nous pas entendu le paysan, la paysanne se lamenter « d'avoir sué sang et eau à travailler la terre ». Le 1er décembre 1992, lors de la manifestation des agriculteurs

---

1. *Le Sang du pauvre*, in *Œuvres*, Paris, Mercure de France, t. IX, 1969 (1909), p. 121.
2. G. Duby, *op. cit.*, p. 385.

contre le GATT figurait une pancarte : « Paysans = sang = terre. »

Le contrat s'est établi en fin de compte en des termes fraternels et religieux dans l'idée du corps du Christ : contrat de sang contre sang. Le sang du Christ était toujours présent, invoqué dans les jurements de tous les états : « Palsanguienne! » jurait le paysan. « Palsambleu! » jurait le noble, qui aurait retiré de ce juron le bénéfice de la croyance à son sang bleu. Le sang du noble est, de par sa vocation, offert à l'échange, substance contre substance. Mais celui du chevalier, c'est aussi, par le fait de l'adoubement, le sang d'un chevalier du Christ. Tous les chevaliers chrétiens, à la suite de Perceval, sont partis à la quête du Graal, le vase où Joseph d'Arimathie a recueilli le sang du Christ.

Sacrifier sa vie pour une cause sainte rapproche le chevalier du sacrifice du Christ. De toute façon, le sang, sous l'honneur, est à fleur de peau, prêt à se laver dans le duel. « Dans mon temps, disait le vice-amiral de Kergarouët, né vers la moitié du XVIIIᵉ siècle, deux jeunes gens ne pouvaient devenir intimes qu'après avoir vu la couleur de leur sang [1]. »

Pour être conscient de ces équivalences, il fallait avoir encore l'âme d'un chevalier. Nous verrons que c'était bien encore le cas à la fin du siècle dernier.

A ce moment, l'aristocratie, à son corps défendant, était assimilée aux riches. « Elle est devenue, comme les autres, une bourgeoisie d'argent », disait Péguy. « Bourgeoisie », à tout le moins, acquiesce Jean d'Ormesson. Mais le duc du Plessis-Vaudreuil, né en 1856, proclamait : « Je ne suis pas un capitaliste. » Il mettait, dit Jean d'Ormesson, « les forces morales plus haut encore que les forces économiques ». Quoi qu'en disent Péguy et Léon Bloy, l'aristocratie ne s'est pas résignée à l'invasion des données chrématistiques. Violemment critiquée, elle s'est efforcée de restaurer, de son fait, le vieux contrat de sang par un « supplément d'âme ».

Elle s'est fait, eût dit Jean-Jacques Rousseau, « le cœur roturier pour songer à la misère des pauvres gens ». René-Louis, marquis d'Argenson, voulait combattre la « paralysie du cœur ». C'est exactement ce que prônait Tocqueville : il

1. Balzac, *le Bal de Sceaux*.

faut « rouvrir le cœur des riches ! » C'était bien aussi l'espérance de Léon Bloy : « Il y a peut-être encore des cœurs vivants dans cet immense fumier des cœurs, et c'est pour ceux-là que je veux écrire. »

Le tabou de la santé dans la conversation, que nous avons volontairement laissé de côté, nous renforcera, si nous l'examinons maintenant, dans l'idée de chercher des explications à l'intérieur des convictions morales et religieuses.

Les mémoires rapportent les réprimandes maternelles faites à l'enfant douillet. Au fond le jeune noble doit être un héros selon le message religieux. Prenons un ouvrage de l'abbé Baudrand : *l'Ame embrasée de l'Amour divin* (1777). Sa leçon est qu'il ne faut point tant et si souvent parler de ses peines aux autres, mais les souffrir en silence. Aux yeux de Dieu, la patience est une vertu relevée et digne de lui. Se vaincre et se surmonter soi-même est la première victoire dans ce domaine. Comme eût dit Pierre Charron : « Si la douleur est grande, la gloire le sera aussi. »

Autrefois, écrit le comte de Gasparin en 1873, la charité se contentait à peu de frais. Quand un homme de haute fonction daignait consacrer quelques instants aux pauvres, il passait pour un ange venu du ciel. Peu de grands seigneurs y étaient disposés : « Le mendiant semble dire : " Je veux vivre oisif ; cédez-moi une partie de votre propriété ; travaillez pour moi. " » Tel est l'avis du duc de La Rochefoucauld-Liancourt, qui conclut qu'il n'est pas loisible à l'homme riche de donner son superflu à un être nuisible à la société – ce serait se mettre en association de malveillance contre la chose publique.

L'aumône restait ostentatoire. Au xviiie siècle, Louis de La Force et ses frères et sœur avaient pour plaisir unique, à La Force, de porter quotidiennement à la porte extérieure du château des corbeilles remplies du pain de reste des repas, et d'en faire eux-mêmes la distribution aux pauvres – un peu comme on donne le pain aux cygnes et aux carpes. Les preuves sont nombreuses d'une sensibilité nouvelle à la misère au xixe siècle ; on verra se fonder une action solitaire et discrète à l'égard des pauvres. Le prince de Bauffremont-Courtenay (1793-1853) disait ainsi :

– Je n'ai pas le courage de donner un conseil à un pauvre avant de lui avoir ouvert ma bourse.

On pourrait citer les phrases de Louis de Maillé, Louis de Vogüé ou de Louise d'Arenberg dans le même sens.

Nous évoquerons seulement la parole de la propre mère du comte de Bourbon-Busset, dont les conseils à son jeune collègue ont ouvert le chapitre précédent :

– Notre mère nous répétait que nous étions favorisés du sort, qu'il ne fallait jamais l'oublier, que nous devions plus tard nous efforcer de compenser cette inégalité dont nous étions sans raison les bénéficiaires et toujours respecter l'honneur des défavorisés qui se confond avec l'honneur des hommes.

Le vieil accord jamais vraiment conscient pourrait enfin s'exprimer ainsi : l'alliance des nobles et des paysans est fondée sur l'échange des substances les plus précieuses : le sang du paysan, son travail, le sang du noble, son service, tous deux signes de la menace de la mort, par la misère ou le combat.

L'argent, le paysan ne l'aime pas; il consomme ce qu'il produit, c'est ce qu'il préfère; il échange avec ses voisins. Le noble ne supporte pas l'argent libre : l'argent détruit la solidarité. Dès qu'il a de l'argent, le noble le dépense pour le roi, la gloire, le luxe, auquel il semble être délégué comme représentant naturel de la communauté rurale : délégué au feu de joie, à l'étalage, à la commémoration, au défi de la vie à la mort.

Parler d'argent, c'est rappeler un échange sacré et secret, entamer la solidarité avec les vassaux, risquer de mettre en cause l'équilibre du groupe : un crime de lèse-majesté du Christ; on se tache les mains à parler d'argent. Pour les bourgeois, Freud a produit sa célèbre métaphore : pour lui l'argent ne fait pas que tacher les mains, il les souille; mais l'argent dont il parle n'est pas issu du gain légitime.

La noblesse et la paysannerie forment un doublet social, un seul groupe au fond, profondément hiérarchisé, à l'intérieur duquel s'est différenciée une culture nouvelle dont le but était d'en imposer à celui des deux membres qui était le créateur de la culture de base. Cette culture de substitution venait à l'appui du luxe massif, dans un effort plus moderne de maintien de la hiérarchie qui évitait l'étalage de richesse et d'argent.

Le contrat initial s'accommodait de la violence et de la dureté. Au siècle dernier, soit dans la fête, dans les rapports courants, dans l'exercice de la solidarité, apparaît au contraire la relation d'amour. Il reste donc la solidarité, si le sens du contrat initial s'est oblitéré.

Doublet social, à l'intérieur duquel l'analogie d'évolution est parfaite. Le monde du faubourg Saint-Germain « vieux style », « la bonne vieille société, comme disait la marquise de Briey à l'abbé Mugnier, a passé vers 1880 ». C'est l'époque aussi précisément à partir de laquelle, selon les historiens, la société paysanne a cessé « d'innover traditionnellement ».

4

LE MONDE RENVERSÉ

L'ordre rompu du don royal. – La crise de la fantasmatique du don. – Le maintien des préjugés du gain légitime.

Le faubourg Saint-Germain, au XVIIIe siècle, paraît atteint par la désorganisation du système du don royal. Le vieux circuit du don et du service est délabré moralement, pratiquement déconnecté par les surtensions opérées par l'argent. Ce sont les racines imaginaires du don, qui sont atteintes, mais l'opinion conserve le préjugé favorable à la noblesse militaire qui conçoit un programme de rénovation.

L'évolution psychologique a encore érodé les éléments de l'ordre de don royal et les a dénaturés, comme elle n'avait cessé de le faire depuis le Moyen Age ; elle leur ôte en particulier la sanction religieuse, qui restait attachée à la reconnaissance comme fondement de la fidélité. Tous les secteurs du don : demander, donner, recevoir, et rendre sont ainsi touchés.

Demander, selon *l'Ami des hommes*, exige maintenant qu'on surmonte une « vergogne naturelle » que la noblesse avait toujours un peu connue ; Pierre Charron nous a montré qu'à son époque on craignait surtout le refus ; la comtesse de Boigne insiste justement sur la répugnance « extrême qu'avait son père, le marquis d'Osmond, à demander des faveurs qui pouvaient être publiquement refusées, comme d'être admis à souper dans les cabinets du roi, à participer aux fêtes extraordinaires ». L'absence d'invitation, après une requête très publique, « avait la disgrâce d'un refus ». Cette retenue devant la requête est d'autant plus difficile à vaincre que la noblesse, « sans liberté » et « sans juridiction », n'a plus accès aux postes d'initiatives et de responsabilités, que les ambitions se disputaient dans l'émulation du désir de bien servir. Ce n'est que la cupidité qui guide la demande d'une charge sans fonctions dont les revenus, dans ces conditions, ne seront que des gages – comme ceux des domestiques – ou des profits, comme ceux des marchands. Mirabeau va jusqu'à dire que ce sont des « larcins ». L'élite de la nation, écrit-il, devrait avoir « l'art de demander l'aumône en talons rouges – quêteur, demandeur constant et perpétuel », elle a le sentiment intérieur de n'avoir pas mérité ce qu'elle demande. Elle tombe ainsi dans la servitude si elle brigue ou sollicite : les grands deviennent des « bas-valets ».

Il y a aussi une crise – sinon statistique – car Mirabeau dit que le nombre de demandeurs grandit chaque jour – au moins morale, qui correspond à une délicatesse nouvelle qui marque le recevoir.

L'enchantement, le côté merveilleux du don princier était encore évident au xviiᵉ siècle. Mais déjà à la fin de ce siècle, La Bruyère signale la « tromperie » des donataires qui voilent leur satisfaction du prétexte de la grâce avec laquelle le roi a fait le don, ou du caractère tout à fait inattendu de la récompense. Pour Charron, la libéralité captive les volontés « tant est chose douce que de prendre ».

Duclos rapporte qu'à Vaux, pour sa grande fête, Fouquet avait fait mettre dans l'appartement de chaque courtisan une bourse remplie pour fournir au jeu. Tous admirèrent la magnificence du procédé : « Si un ministre des Finances s'avisait aujourd'hui, dit Duclos vers la moitié du xviiiᵉ siècle, d'en faire autant, la délicatesse de ses hôtes serait blessée avec raison ; tous refuseraient avec hauteur et dignité. »

Tallemant des Réaux raconte que, lorsqu'il fit frapper les premiers louis d'or, Bullion, surintendant des Finances, dit à ses bons amis : « Prenez-en tant que vous en pourrez porter dans vos poches.» Bautru, qui en prit le plus, emporta trois mille six cents louis. Tallemant pense que Bullion, par ce cadeau, voulait gagner l'amitié du maréchal de Senneterre. Duclos, qui évoque cette historiette, un siècle plus tard, lui, évite de donner les noms des participants «par égard pour leurs petits-fils»; et Monmerqué, éditeur du texte au début du XIXe siècle, refuse même de croire au cadeau, et redresse l'anecdote : selon lui, Bullion n'aurait fait qu'autoriser ses amis à changer leurs écus d'argent contre des louis d'or.

Bien que Louis XVI affirmât au comte de Saint-Germain «qu'il fallait de grandes grâces pour attacher et conserver à son service de grands seigneurs», Mirabeau pense que le lien ne s'établit plus par ce canal, et condamne le don systématique d'argent et la pension. Il serait illusoire, écrit-il, de croire qu'un bienfait pécuniaire puisse créer entre le prince et ses sujets les liens de l'espoir et ceux de la reconnaissance.

La noblesse qui entoure le souverain le persuade que « la plus grande libéralité est celle qui gratifie la noblesse... On dit que les bienfaits du prince sont faits pour les nobles qui auraient un droit naturel sur ces dons. Les courtisans souvent reçoivent comme un dû des bienfaits prématurés ». Ceux-ci traduisent une dégénérescence, chez les donataires, de l'intérêt particulier en intérêt personnel, et marquent une déviation du principe d'honneur défini par Montesquieu comme désir de distinction. Mirabeau laissa pourtant son fils aller à Versailles. « Je n'ai pas du tout l'intention qu'il vive à Versailles, et qu'il fasse comme les autres le métier d'arracher ou dérober sa substance au roi, de patrouiller dans les fanges de l'intrigue, de patiner sur les glaces de la faveur; mais il faut, pour mon but même, qu'il voie de quoi il s'agit; et quand on me demande pourquoi, moi qui n'ai jamais voulu m'enversailliser, je l'y laisse aller si jeune, je réponds qu'il est bâti d'une autre argile que moi. »

La tendance de l'opinion serait de proportionner les dons à la vertu et au mérite.

Mirabeau veut sauvegarder le préjugé de la valeur et de la fidélité qui est le dépôt de la noblesse. Il soutient contre

LUXE ET CHARITÉ

Montesquieu [1] que la vertu politique, l'ardeur pour l'intérêt public ne se reconnaissent pas que dans les républiques, et qu'elles existent en France, où l'État ne subsiste pas indépendamment de l'amour de la patrie, qui n'est autre que l'amour des Français pour le roi. C'est aussi l'avis de l'abbé de Boulogne qui, dans un panégyrique de Saint Louis en 1782, souligne que « l'amour pour ses princes a été de tout temps l'âme et le ressort de la monarchie française ». Ce « saint enthousiasme de l'amour français, ce noble amour qui, dans nos cœurs, se transforme en vertu, ce germe heureux de grandes actions » qui s'affaiblirait si l'impiété s'établissait.

Les mots « vertu » et « mérite » sont synonymes chez La Bruyère [2] et chez Rousseau [3] : « On dirait aux murmures des impatients mortels que Dieu leur doit la récompense avant le mérite et qu'il est obligé de payer leur vertu d'avance. » Mirabeau s'emploie à concilier absolument vertu et mérite : « S'il n'y a plus de distinctions, récompenses, prérogatives que payables en argent, il n'y aura plus de héros. » Les deux notions impliquent que de grandes qualités sont mises en œuvre dans l'intérêt général. L'idée de mérite implique plus particulièrement, au xviiie siècle, l'attente d'une récompense adaptée. Si la vertu nous paraît plus détachée du bienfait, c'est parce que le héros, déjà récompensé par sa gloire, s'en remet pour la récompense à l'arbitraire du roi.

L'idée de mérite est ancienne. Monluc l'avait défendue. Charron précise que les gens « d'honneur et de mérite » doivent recevoir des « loyers, dons et bienfaits ». Les hommes « de service et de mérite » qui ont travaillé pour le public pensent « qu'il leur est dû quelque entretien ». Chez Mirabeau, on arrive à l'idée d'une tarification du bienfait : « Chaque service mérite son salaire, c'est la justice. » Comment le roi pourrait-il apprécier les services parfois spécialisés, sans le secours d'un appareil technique? Ainsi le but du Conseil de la guerre réclamé par Saint-Germain sera-t-il de distribuer les grâces avec justice, évitant la requête humiliante, la servilité, le passe-droit, et sauvegardant, par là, les

1. *De l'esprit des lois*, III, 5.
2. *Caractères*, ch. viii « De la Cour », portrait de Timante.
3. *Émile*, livre IV.

« vertus héroïques ». Déjà, La Bruyère avait noté l'évolution de la libéralité en fonction des services à rétribuer : « La libéralité consiste moins à donner beaucoup qu'à donner à propos [1]. »

Donner à toutes mains n'est pas libéralité mais prodigalité. « Pourvu, dit le marquis d'Argenson en 1740, que la prodigalité royale ne continue et n'augmente pas, car le roi donne trop aux uns et aux autres : pensions, gratifications, écuries, bouches, voyages, bâtiments, etc. [2]. »

La libéralité a perdu son sens puisqu'elle ne suscite plus de reconnaissance ni d'effusion, que la reconnaissance est devenue un devoir, et qu'elle n'est plus une vertu patentée, ou plutôt, dit Le Maître de Claville dans son *Traité du vrai mérite* (1752), que « c'est la vertu des gens sages et habiles ». A partir du moment où il n'y a plus de reconnaissance du donataire, parce que le bienfait, à plus ou moins juste titre, est considéré comme un dû, cette ingratitude, dit La Bruyère, dénature, stérilise le bienfait : « Je ne sais si un bienfait qui tombe sur un ingrat, et ainsi sur un indigne, ne change pas de nom, et s'il méritait plus de reconnaissance. » La libéralité qui ne crée pas de liens, et donc se trouve sans objet, disparaît en tant que vertu.

Le XVIIIe siècle a mis la générosité à l'honneur : c'est « donner sans recevoir », comme le maître d'armes du *Bourgeois gentilhomme*. Le véritable bienfait, explique Coste, commentateur de La Bruyère, c'est celui qui s'opère sans que l'on compte sur la reconnaissance de ceux qu'on veut obliger ; autrement, dit-il, c'est une espèce de prêt sur gage ou de contrat à la grosse aventure. « La vraie générosité est, de sa nature, absolument désintéressée. » Le Maître de Claville indique que « c'est la corruption des temps qui a donné tant de supériorité à la générosité sur la reconnaissance ».

La générosité est une vertu d'exercice solitaire. On donne, à la limite, pour sa seule satisfaction. Mme Geoffrin a fourni l'exemple de cette activité égoïste. Elle avait, disait-elle, « l'humeur donnante », elle faisait beaucoup de cadeaux, de donations, mais elle refusait obstinément les remerciements en faisant l'éloge de l'ingratitude. Ce qu'on refuse de rece-

---

1. *Caractères*, ch. II.
2. *Journal*, t. V, p. 426.

voir, on refuse de l'accorder; on n'est ainsi le débiteur de personne. On écarte l'idée d'actif social pour n'avoir aucun passif. L'obligé n'a plus les moyens de s'acquitter qu'en passant par les circuits de l'argent. Les voies du don sont transformées en cul-de-sac.

Le stade du rendre se voit aussi modifié. On ne rend plus d'affection, de reconnaissance, nous venons de le voir. Cela correspond, très généralement, à un certain discrédit de la notion de service personnel. Plus on est haut placé, plus chers seront maintenant les services : « Un grand qui sert oublie qu'être grand est la récompense, et s'en fait un titre pour aspirer à de doubles avantages, obtenus à moitié moins de services que son inférieur. »

Voltaire remarquait qu'au xviie siècle, on était « l'affectionné serviteur » de quelqu'un. « Nous sommes depuis très humbles et très obéissant serviteur, et actuellement nous avons l'honneur d'être [1]... », voulant dire qu'on aurait du mal à aller plus loin dans le détachement.

Goblot, commentant les mêmes formules, en déduit que les gens, au xviiie siècle, ne craignant guère de perdre un rang parfaitement établi, n'hésitaient pas à se dire serviteur de quelqu'un. Il relève, en opposition selon lui, les gradations frileuses de la politesse bourgeoise : considération distinguée, salutations, etc. Il nous semble que l'évolution de ces formes traduit la désincarnation de la notion de service : l'affectionné serviteur est quelqu'un qui est « attaché de cœur ». Avoir l'honneur d'être..., c'est mettre une forte sourdine à tous les services qu'on pourrait commettre l'erreur d'avoir l'honneur de vous demander.

A consulter le « Cérémonial des lettres », dans *le Nouveau Secrétaire de la Cour* de 1761, pour en avoir le cœur un peu plus net, on s'aperçoit que le « très fidèle » serviteur a tendance à disparaître, même à l'adresse du roi. Le « très affectionné » s'est aussi dévalué, et est considéré comme moins civil que le « très obéissant ». Le lien de cœur s'affaiblit donc au profit de l'expression de la subordination. Il est vrai qu'au xviie siècle, selon la duchesse de Liancourt, le domestique devait être avant tout « fidèle et affectionné ».

Louis-Armand de La Rochefoucauld (1695-1783) ne justi-

---

1. *Dictionnaire philosophique*, article « Cérémonies ».

fie pas son propre exercice de la charge de grand maître de la garde-robe du roi par le service de la personne, sinon sacrée, du moins affectionnée du prince, mais par la simple utilité : « Un homme quel qu'il fût pouvait toujours être honorablement placé à la Cour. Une place, en lui donnant des rapports plus intimes avec le prince, lui donnait la probabilité d'obtenir avec plus de facilité les avancements militaires ou autres, auxquels ses qualités, ses mérites et ses services pouvaient lui donner des titres. » Quant aux femmes, le service de la Cour n'a aucune justification, aussi interdit-il à sa belle-fille d'accepter une place de dame d'honneur de la dauphine Marie-Antoinette :

– Une femme n'a aucune ambition personnelle à satisfaire ; elle ne peut donc être à la Cour que dans une sorte de domesticité qui la rend purement passive, état dont elle ne peut sortir que par l'intrigue. Notre famille a toujours eu un égal éloignement et pour l'état de domesticité et pour celui de l'intrigue.

Lauzun exprime bien la nouvelle liberté de cœur vis-à-vis du service royal ; il en fait une éventualité romanesque. A Marie-Antoinette qui lui demande pourquoi une charge à la Cour ne pouvait lui convenir, à ce qu'il disait, « c'est, lui répondis-je, madame, que je désire être le maître de m'en retirer lorsque je cesserai d'être bien traité, lorsque Votre Majesté ne me marquera plus les mêmes bontés.

– Cette raison est outrageante, dit-elle avec sensibilité, etc.

Or il était question d'une charge de capitaine des gardes du corps du roi.

Quant au service de maison, il sort du domaine de la protection. Le maître ne place plus le valet en apprentissage ; le service est payé par un salaire. Les femmes se font même servir par des hommes. Le déficit du lien affectif paraît être compensé par un accroissement des legs testamentaires aux domestiques, ce que Mirabeau réprouve comme une dégénérescence.

Cette régression des différentes composantes du don traduit une profonde modification de l'image de la société.

C'est au travers des métaphores qui la traduisent qu'on peut saisir avec un certain grossissement l'évolution de ces liens ténus.

Le don royal, véritable principe de cohésion politique, aurait sa source dans le cœur du roi. On y trouve la libéralité, de nature théologale, qui est le principe du don littéraire que prodigue le *rex orator*, comme des largesses du *rex dator*. Cette vertu est « une amorce voire un enchantement pour attirer, gagner et capturer les volontés », dit Pierre Charron. Les volontés, c'est-à-dire les cœurs. Quand le roi octroie un bienfait et qu'on lui prête serment pour exercer la charge confiée, on lui donne par là même son cœur. L'harmonie politique résulte de l'union des cœurs au cœur royal plein de mystère, en liaison avec Dieu, et qui est la fontaine de la Loi. Le serment est le lien religieux des cœurs.

Le xviiie siècle, dit P. Hoog, extrait le cœur du domaine mythique et le réduit. La Bruyère se penche sur le cœur du souverain : « Ouvert, sincère, et dont on croit voir le fond et ainsi – donc par sa sincérité – très propre à se faire des amis, des créatures, et des alliés. » On récuse le mystère.

Le xviiie siècle laïcise encore plus le lien des cœurs en interposant entre eux la conscience et le jugement personnel. La comtesse de Selve dira à son amant, dans un roman de Duclos : « Ce n'est pas à vos serments que je me suis rendue, ils engageaient votre probité ; mais ils ne sont pas la loi des cœurs. » Le serment n'engage plus immédiatement ni totalement le cœur.

Louis-Ferdinand, dauphin, pensait que le lien d'amour mutuel du roi et de la nation ne pouvait se former sans l'estime. La fidélité est donc elle-même tarifée, en quelque sorte, et fonction du mérite apprécié du souverain.

L'engagement de fidélité se modifie et se tempère en se rationalisant. On connaît la réplique d'Achille de Harlay au duc de Guise, en 1588, dans le Palais de justice assiégé :

– Mon âme est à Dieu, mon cœur est au roi, mon corps est aux mains des méchants, qu'on en fasse ce qu'on voudra.

Le marquis de Bologne s'en est inspiré pour produire son testament sur l'échafaud, le 6 janvier 1794 : « Je donne mon âme à Dieu, mon cœur au roi, et le reste à la République. » La tradition orale indique qu'il a en fait précisé la nature de ce reste qui serait un tout fort utile au cavalier. Ces deux petits textes donneront son sens à la phrase si admirée du même dauphin Louis-Ferdinand, alors tout jeune, auquel le cardinal de Fleury répétait un jour que tout ce qui était autour de lui était au roi, sans rien lui laisser :

– Eh bien! que le reste soit au roi; mon cœur et ma pensée sont à moi.

Le cœur est un foyer de liberté raisonnée. Le serment n'est plus l'engagement sans réserve envers et contre tous. Il devient le serment politique, partiel et occasionnel.

Mesurant au roi son amour, le cœur se veut innocent; anxieux, émerveillé ou nostalgique, il écoute les voix intérieures qui lui montrent la possibilité d'un salut laïc et d'un salut religieux. L'effacement du cœur royal dans l'ordre du don coïncide en revanche avec le désir insatiable de répandre le don que manifeste le cœur du poète, accessible par privilège aux grandes vérités qu'il fera partager. « Le cœur seul est poète », dira Chénier. L'écrivain est maintenant sacré, comme le montre Paul Bénichou, et le poète promis à un sacerdoce laïc, à une autre royauté.

Il est un autre cœur, qui rêve d'envahir le cœur des hommes qui soupire après le bonheur et le bien suprême. C'est celui du Christ, dont le culte se développe tout au long du xviiie siècle, à la fois dans les milieux populaires et dans les appartements de Versailles. Le cœur du Christ ne règne sur le cœur des hommes, comme le cœur d'un roi, que par la voie de la tendresse. Cette dévotion se présente comme la dernière ressource des temps modernes.

La rupture de la fantasmatique du don, sensible à travers la métaphore du cœur, l'est encore sur bien d'autres points, notamment dans le flottement des hiérarchies. La haute aristocratie – dont Lauzun et ses amis – s'est opposée à l'effort de justice, à la tarification des dons d'après le mérite, par une petite grève des dignités et une flambée volontaire des dépenses : ainsi une pléiade de jeunes gens, parmi les brillants, ont refusé la nouvelle donne.

Celle-ci reposait notamment sur le principe antinomique du don, sur le principe bourgeois de « nos pères » comme dit La Bruyère : la dépense doit être proportionnée à la recette.

Le Maître de Claville s'en fait, entre autres, l'écho : « Combien de remords on se prépare quand on ne veut point apprendre le grand secret de mesurer sa dépense sur sa fortune. »

Necker et Loménie de Brienne, au pouvoir, vont inciter le roi à refuser les pensions. Les grands seigneurs, comme les maréchaux de Broglie et de Clermont-Tonnerre, ou le duc de Croy, soulignent les effets désastreux de ces mesures sur l'aristocratie : « On ne parle que de banqueroutes, ce qui ôte tout crédit ! »

Tout un monde de préjugés laissait finalement peu d'autres choix à la noblesse que d'essayer de restaurer le vieux système du don dans son ensemble. Un monde d'autres préjugés lui interdisait du reste largement les secours, les palliatifs et les solutions entreprenantes.

Le siècle des Lumières s'est préoccupé expressément des superstitions et des préjugés. Ce sont quelques-uns des grands préjugés de l'ordre politique français que nous allons décrire ici, avant de les voir ultérieurement en action.

Parlons d'abord du préjugé de noblesse : « Le gouvernement monarchique suppose une noblesse d'origine », écrit Montesquieu. Rivarol dit « qu'il faut qu'elle soit pour les bourgeois une espèce d'idée innée ou du moins le premier et le plus puissant des préjugés ». Mirabeau rappelle que l'ambition générale que chacun a en France est de faire son fils noble.

Le noble est proprement le sujet du roi; à l'origine, il n'était justiciable que de lui. Il ne paie pas la taille, pour être en meilleur état de payer l'impôt du sang et de soutenir les charges militaires; en tant que seul gardien légitime du fief, le noble bénéficie de coutumes qui, dans les partages ou les ventes, favorisent le maintien du domaine qui fournit à l'entretien militaire. Privilèges de juridiction, exemption de charges personnelles, voire de quelques taxes indirectes; partage noble en certaines coutumes, préciput noble, garde-noble, retrait féodal, droit de chasse, droits honorifiques – autant d'éléments composites qui définissent cependant un statut coutumier devenu légal. Légaux aussi, les principes d'anoblissement : l'archaïque adoubement, la lettre de noblesse ; l'acquisition par des charges de judicature, d'abord « noblesse tierce », comme dit Voltaire, parce que la noblesse n'était parfaite qu'après vingt ans d'exercice de trois générations ; dans le courant du XVIIᵉ siècle, ces charges s'alignèrent sur celle du secrétaire du roi, anobli après vingt ans d'exercice, et faisant souche de noble. C'est cette noblesse que Regnard, dans *le Joueur*, qualifie de « mineure », en se moquant d'un financier qui, par l'achat d'une charge de secrétaire du roi (la savonnette à vilain), « s'était fait depuis peu gentilhomme en une heure ». Mineure s'oppose à majeure, c'est-à-dire à la noblesse ancienne, dont l'origine remonte très haut et dont la vocation est militaire.

Depuis 1750, il existe une nouvelle noblesse militaire ; elle ne peut s'acquérir dans la marine ; elle sera reconnue en droit après trois générations ayant fourni chacune, selon le grade atteint, de quatorze à trente ans de service dans l'armée, en ayant eu la croix de Saint-Louis. Tous les officiers généraux sont anoblis. Le statut privilégié de cette noblesse se limite toutefois à l'exemption de la taille.

La noblesse refuse cependant d'accepter les anoblis comme des égaux. L'anobli acquiert la noblesse juridique mais pas la race. A la quatrième génération seulement, l'opinion considère la race comme acquise.

Dans la vie de tous les jours, dans les villes, la distinction « qui sépare les nobles des roturiers devient imperceptible », écrit Vento de Pennes. Duclos pense même qu'on serait embarrassé pour faire la liste des grands seigneurs, et qu'on arriverait jusqu'à la bourgeoisie sans avoir distingué une nuance de séparation. Et Tocqueville met au jour le paradoxe : les conditions en France étant plus égales qu'ailleurs, c'est pourtant le principe de l'inégalité des droits et des conditions qui règle la société politique. Duclos soulignait déjà cet état de fait : « Les mœurs confondent et égalent dans la société [parisienne] les rangs qui sont distingués et subordonnés dans l'État. » C'est là que joue le préjugé ritualisé, postulant des différences significatives pour masquer la ressemblance des types humains.

Le noble, pour n'être pas confondu, adopte une attitude

107

hautaine, discriminatoire et affecte la morgue. Seul sujet à part entière, franc et libre, du roi, dit Loisel, il a seul un honneur, assure Montesquieu; le vilain n'en a point. Lisette, la servante du *Préjugé vaincu* de Marivaux, affirme que pour sa maîtresse (Angélique) entichée de noblesse « il n'y a que les gentilshommes qui soyont son prochain ». Chez Marivaux encore [1], Dorante, l'intendant bourgeois de la maison, est menacé de renvoi :

– Il est naturel que je sache mon sort, dit-il à Mme Argante, sa maîtresse.

– Son sort! réplique-t-elle, le sort d'un intendant, que cela est beau!

– Et pourquoi n'aurait-il pas un sort? s'exclame alors M. Rémy, le procureur, de surcroît oncle de Dorante.

La noblesse a pu former un seul corps au XVIe siècle, mais ce corps a éclaté parce que diverses sortes de noblesses se sont créées et définies. Il n'y a en fait que localement « corps de noblesse » sur une définition précise; par exemple, en Provence, il existe un corps sur la base de la possession du fief. « Je ne comprends pas, disait Le Maître de Claville, pourquoi la Cour, Paris et la Province pensent et parlent si différemment au sujet de la qualité. Est-ce donc la différence des gens, des lieux et des manières qui empêche de décider unanimement si tous les gentilshommes de vingt-quatre heures, de cent ans ou de cinq à dix siècles sont également gens de qualité quoiqu'ils ne soient pas d'une qualité également ancienne? »

On peut distinguer plusieurs sortes de noblesses. Il y a d'abord la noblesse de cour : « Il s'est introduit successivement, écrit le comte de Saint-Germain, et l'on peut dire malheureusement, un usage de distinction entre la grande noblesse et celle des provinces, entre la riche et la pauvre. La première classe obtient d'emblée les premiers grades comme de droit. La seconde classe est condamnée à croupir toute sa vie dans des grades subalternes. »

Au cœur de cette noblesse sont les familles des ducs et pairs, une quarantaine en 1708, comme en 1789. A la fois seigneurs et officiers du roi, ils ont pour fonction d'investir le souverain de son royaume lors de son sacre, et de juger

1. *Les Fausses Confidences*, III, 7.

les différends entre les vassaux; à ce titre, ils sont membres du Parlement. Ils occupent les grands offices de la Couronne.

Il y a autour d'eux une nombreuse noblesse qui s'est rendue riche en se dégageant de la terre. « On sait, dit Mirabeau, que toute la noblesse de France a été attirée à la capitale par l'ambition, le goût du plaisir et la facilité de réaliser les revenus en argent, depuis que les métaux sont devenus plus communs; chassée des provinces par l'exemple de ses voisins, par la chute de toute considération dans son canton, et par le dégoût d'obéir à certains préposés de l'autorité. Il n'est demeuré dans l'éloignement que ceux qu'un reste d'habitude de pauvreté y a retenus... Il n'y a pas une seule terre un peu considérable dans le royaume dont le propriétaire ne soit à Paris. »

Un certain nombre de familles séjournent toutefois passagèrement à la Cour pour y être reconnues. Il s'agit d'obtenir les honneurs de la Cour : admission des hommes dans les carrosses du roi pour aller à la chasse; présentation des femmes à la reine et au roi.

Cela donnait droit ensuite de prendre part aux cercles, aux bals, aux réceptions de la Cour. C'est devenu une question d'honneur pour les familles d'être reconnues dignes de cette participation. Cela a beaucoup agité la bonne noblesse de province comme le raconte Léontine de Villeneuve : toute la famille mobilisée, on finit par retrouver dans le pigeonnier du château de la Croizille un plein coffre de papiers qu'on avait caché là du temps des « grandes guerres ». Ensuite on alla voir Chérin. Ces Villeneuve eurent les honneurs de la Cour en 1781 et 1786.

Depuis 1732, on exige en effet des preuves de noblesse, qui seront définies plus rigoureusement en 1759 comme une filiation depuis 1400, après examen des titres originaux. Au total, mille familles furent admises aux honneurs, la moitié sans preuve régulière, mais sur agrément du roi, par exception, exemption ou simple passe-droit.

Les grands, la Cour ou le roi ne sont pas les seuls à s'intéresser à la dignité des titres de noblesse, les gens du commun y trouvent un vif intérêt.

Le peuple, auquel les grands ont à tenir tête, écrit La

Bruyère, c'est « la populace et la multitude ». « La prévention de ce peuple en faveur des grands, dit-il ailleurs, est si aveugle, et l'entêtement pour leur geste, leur visage, leur ton de voix et leurs manières est si général que, s'ils s'avisaient d'être bons, cela irait à l'idolâtrie. » Cette sorte de passion survivra même à la proclamation de la République : le 11 avril 1793, le duc de Montpensier, prince du sang, frère cadet de Louis-Philippe d'Orléans, est retenu à Aix-en-Provence ; on lui signifia que le peuple d'Aix avait grande envie de le voir... « qu'en conséquence dit-il, on allait ouvrir les portes, et que tout le monde entrerait pour m'examiner... Je pris seulement un livre par contenance ; mais bientôt, fatigué de leurs regards avides, je demandai à ceux qui s'approchaient le plus s'ils pensaient que mon nez, ma bouche et mes yeux fussent à peu près à la même place que les leurs... Cette promenade dura cinq à six heures. »

Marivaux souligne également le préjugé favorable et la curiosité : « Il y a des gens, écrit-il dont la vanité se mêle de tout ce qu'ils font, même de leurs lectures. Donnez leur l'histoire du cœur humain dans les grandes conditions, ce devient là pour eux un objet important ; mais ne leur parlez pas des états médiocres, ils ne veulent voir agir que des seigneurs, des princes, des rois. [...] Les bourgeois déshonorent la nature [1]. »

Le peuple, vigilant, se fait le gardien beaucoup plus exigeant que les intéressés eux-mêmes de la pureté de la race. « Les mœurs, dit Tocqueville, leur refusaient [aux grands] de s'approprier par des alliances la richesse acquise [à l'aide du commerce et de l'industrie]. Cependant ces unions n'étaient pas rares. Elles achevèrent d'enlever au corps de la noblesse lui-même la puissance d'opinion qui seule lui restait encore. » Restif de la Bretonne décrit bien la contamination qui va causer le discrédit : « Les financiers, comme des éponges, s'imbibent du sang des paysans et des vilains, pour être ensuite pressées par la haute noblesse. C'est une chose bien utile que les financiers [2]. »

La moyenne noblesse et la bourgeoisie ont des préjugés hostiles dont La Bruyère décrit le principe : « Nous avons

---

1. *La Vie de Marianne*, Gallimard, La Pléiade, 1966, p. 120.
2. *Tableaux de la vie*, cités par Yves Durand.

pour les grands et les gens en place une jalousie stérile ou une haine impuissante qui ne nous venge point de leur splendeur et de leur élévation, et qui ne fait qu'ajouter à notre propre misère le poids insupportable du bonheur d'autrui.» Rappelons le point de vue de Mirabeau sur cette haute noblesse «qui n'a presque plus, il faut l'avouer, conservé de l'antique générosité de ses ancêtres qu'une fade ostentation de ses vieux titres». L'abbé Coyer évoque «la hauteur, la licence, la belle fainéantise et les autres vertus de qualité».

L'ambivalence de ces sentiments est marquée par Jean-François de La Salle (1750) : «La nation française méprise ce corps avec autant de ridicule qu'elle s'occupe de ceux qui le composent.»

Duclos considère finalement le grand seigneur comme une race disparue : «C'était un homme, sujet par la naissance, grand par lui-même, soumis aux lois, mais assez puissant pour n'obéir que librement; il n'y en a plus.» Et ailleurs : «Les grands qui sont dépositaires de l'autorité ne sont pas précisément ceux qu'on appelle des seigneurs. Ceux-ci sont obligés d'avoir recours aux gens en place et en ont plus souvent besoin que le peuple.» Plus élevés que puissants, il leur faut bien des secours.

Passons à la robe : le premier président de Novion affirmait :

– Il n'y a qu'une sorte de noblesse; elle s'acquiert définitivement par les emplois militaires et ceux de judicature, mais les droits et les prérogatives sont les mêmes. La robe a ses illustrations comme l'épée.

En réalité, dit La Bruyère, la robe et l'épée se méprisent réciproquement.

La robe, écrit Montesquieu, se trouve entre la grande noblesse et le peuple. «Elle a toujours été inférieure à la haute noblesse, note Duclos, cela n'empêche pas qu'il n'y ait dans la robe plusieurs familles qui feraient honneur à quantité de ceux qui se donnent pour gens de condition. Il est vrai qu'on y distingue deux classes : l'ancienne qui a des illustrations et qui tient aux premières maisons du royaume; celle de nouvelle date qui a le plus de morgue et d'arrogance.»

111

Le peuple a, pour les magistrats, non pas la fascination qu'il a pour les grands, mais une sorte de respect, « dont le principe, écrit Duclos, n'est pas bien éclairci dans sa tête ». Le peuple regarde les magistrats comme ses protecteurs. Le rôle du préjugé est capital. Ainsi le Parlement se considérait comme l'égal de la noblesse d'épée mais celle-ci pensait que les parlementaires n'étaient que la frange supérieure du tiers état. C'était l'avis de Fénelon, de Mirabeau, de Saint-Simon. Voltaire, quant à lui, traitait en 1766 les parlementaires de « bourgeois cruels ». La noblesse rêvait donc de réduire le chancelier au rôle de premier personnage du tiers état.

Duclos nous assure, avec raison, de la supériorité de la robe sur la finance ; celle-ci fournit du reste la seconde robe. « Ce sont, écrit Mirabeau, les dernières classes qui font les fortunes pécuniaires, et qui par le moyen de l'apothéose de l'or, prennent le pas, et font sans qu'on y pense le monde renversé. »

Selon Mirabeau encore, ces financiers sont exposés à la haine, aux quolibets, aux chansons. Cette haine perdure dans le peuple, comme en témoigne un testament supposé de Louis XV (1787), qui conseille « de faire disparaître ces fastueux traitants dont tout le mérite est de s'engraisser du sang du peuple qu'ils insultent ensuite par un luxe scandaleux ».

Duclos a essayé de tempérer le préjugé, dans ses *Considérations* (1750). Il distingue des financiers d'autrefois, de première origine, auteurs de leur fortune, fiers orgueilleux et défiants. Ceux d'aujourd'hui, explique-t-il, sont en général entrés dans la finance avec une fortune faite. Ils ont eu une éducation soignée. Leur profession, leur art, peut-on dire, est nécessaire à l'État. Du reste, le préjugé à l'égard des financiers n'est plus ce qu'il était, quoique personne n'ait encore osé parler d'eux avantageusement. Selon lui, c'est moins à leurs vexations qu'à l'insolence de quelques-uns d'entre eux qu'était dû le décri où ils sont. Quant au pas qu'ils prennent, aux égards, aux respects même qu'on leur rend, cela vient de ce qu'ils occupent des dignités ou des places qui y donnent droit. Les financiers, on le sait, accèdent généralement à la noblesse par une charge de secrétaire du roi.

L'un des préjugés les plus forts est celui qui condamne l'enrichissement rapide, au motif que «les eaux qui croissent subitement sont toujours un peu bourbeuses». C'est vrai pour la finance. C'est vrai à l'origine pour toute l'activité commerciale.

Ainsi la jeune Angélique du *Préjugé vaincu* de Marivaux, d'une naissance très distinguée, refuse d'abord d'épouser Dorante, simple bourgeois à qui son père a laissé de grands biens, et qui va être revêtu d'une charge qui donne un rang considérable : « On a des places et des dignités avec de l'argent, elles ne sont pas glorieuses.» Elle finira par capituler parce que, après tout, Dorante n'a pas fait sa fortune, mais l'a trouvée toute faite.

Le préjugé était bien ancien; pour Aristote, tout ce qui vise à l'accumulation d'argent, en elle-même, s'oppose péjorativement à l'art du gain naturel [1]. La noblesse ne doit pas gagner sa vie dans une boutique, au marché, à la foire derrière un comptoir, à la disposition des chalands qui d'aventure seront de viles personnes. Le gain obtenu en vendant sa peine et son labeur est vil et sordide, dit Loyseau [2]; tirer ainsi argent d'autrui fait déroger à la noblesse. En France, la vie rustique est la vocation ordinaire de la noblesse à laquelle « la marchandise déroge [3] ». Qui vit « marchandement» mérite d'être mis à la taille. Toutefois, dira Mirabeau, le commerce est certainement plus honoré au fond que la finance.

La noblesse, dès les états généraux de 1614, a réclamé l'autorisation de faire au moins du commerce en gros par terre et par mer. Elle a trouvé devant elle l'opposition des marchands parisiens. Jalousie corporatiste et souci de monopole, sans doute, mais aussi objections techniques; le noble en tant que débiteur est privilégié; il est difficile de faire des affaires avec lui. « Commerce est profession de gens égaux», dit Montesquieu; il est vrai que le prestige ou l'autorité peuvent fausser les transactions; d'autre part, les

1. *Politique*, I, 9.
2. *Des ordres*, V, 106-110.
3. *Ibid.*, VIII.

nobles ont pris l'habitude d'user largement de la possibilité de substitution de leurs biens; ils constituent sur la tête d'un héritier choisi un domaine qui ne peut être démembré ni saisi. Les substitutions gênent le commerce; les nobles refusent aussi de donner publicité à leurs affaires en se faisant inscrire dans un corps de métier, en enregistrant leurs sociétés au greffe de la juridiction consulaire, et en se dérobant jusqu'en 1762 aux charges consulaires.

Pour eux-mêmes, les nobles, il faut le dire, craignent la flétrissure qui s'attacherait à une faillite, malgré l'article de l'ordonnance de 1629 qui en retire l'infamie. Ils haïraient la contrainte par corps prononcée par une juridiction commune, comme le tribunal consulaire.

Au total, le commerce de gros maritime, permis à la noblesse en 1629, en avril 1669, décembre 1701, restait dérogeant en fait au milieu du xviiie siècle. L'abbé Coyer publiant son pamphlet *la Noblesse commerçante*, pour obtenir une permission explicite, malgré un retentissement considérable, face à l'opposition des six corps parisiens et de la noblesse d'épée moyenne, ne put parvenir à un résultat. Tout au plus, l'arrêt du Conseil du 30 octobre 1767 prévoit-il l'anoblissement de deux négociants chaque année. Dans la pratique, cependant, nous le verrons, les nobles peuvent participer au commerce de gros au xviiie siècle, sans obligation de publicité en considération de leur qualité.

La principale opposition à l'exercice libre du commerce par la noblesse venait d'un préjugé nourri au sein de la noblesse elle-même.

La fin du règne de Louis XIV avait été très favorable à l'anoblissement par le commerce et la finance. La compagnie des secrétaires du roi semble avoir été, sous l'impulsion des négociants malouins, l'instrument d'une véritable campagne, appuyée par une noblesse libérale : d'Argenson, le futur maréchal de Luxembourg, dont le grand-père avait favorisé la création de l'ordre de mérite de Saint-Louis. En réaction, le duc de Bourbon, en 1724, avec l'appui de gens comme le marquis de Lassay, a rétabli la prééminence de la noblesse de race d'épée, et renforcé l'ordre du Saint-Esprit, pour l'obtention duquel il faut « quatre races » de noblesse.

La noblesse d'épée moyenne, la noblesse de « seconde

classe », qui vient parfois à la Cour, et qui rallie bon nombre de courtisans traditionnalistes, nous retiendra maintenant. Ce groupe postule que la noblesse est une. En 1719, Armand du Lau, marquis d'Allemans, avait demandé que les pairs de France déclarassent qu'ils se regardaient comme faisant un tout avec la noblesse. Le préjugé nobiliaire, tel qu'il apparaît à l'œuvre au début du siècle, dans les *Tables de Chaulnes* (1711), le *Télémaque* [1], *l'Essai philosophique sur le gouvernement civil* de Fénelon, marque déjà le souci de restaurer le vieil équilibre : les ruraux travaillant pour une noblesse qui combat.

D'abord il y a un rejet de l'anoblissement, parce qu'il donne au roi barre sur la noblesse ; il y aura un catalogue des nobles établi dans chaque province après vérification des preuves et un registre général de la noblesse à Paris. Les mésalliances seront interdites aux deux sexes.

La grande propriété nobiliaire sera maintenue par le développement systématique des susbtitutions. On transportera de la ville dans les campagnes les artisans superflus. On supprimera ainsi les agents du luxe ; on fera cesser les gabelles, les grosses fermes et la capitation. Les financiers disparaîtront du même coup, avec les vraies causes du luxe, et ils se convertiront dans le commerce. Pour le second volet essentiel, la vénalité des charges militaires sera abolie et les nobles seront préférés pour ces emplois aux roturiers. Les gouvernements militaires retrouveront une autorité et les intendants seront supprimés (deux mesures très favorables à la résidence des nobles à la campagne). On rendra les bailliages aux hommes d'épée. Les états provinciaux seront généralisés et les états généraux auront lieu tous les trois ans ; chaque diocèse y enverra son évêque, un seigneur élu et un homme considérable du tiers état.

Le commerce de gros et l'accès à la magistrature sont admis pour les nobles.

– *L'Ami des hommes*, dont nous savons qu'il incrimine les risques que la cupidité fait courir à la société, systématise, vers 1750, le programme de Fénelon.

Lui aussi veut déporter les artisans urbains surnuméraires à la campagne. Les substitutions seront généralisées, mais

---

1. LX et XVII.

pour les fiefs seulement, dont l'acquisition sera interdite aux roturiers. La noblesse doit rentrer dans ses terres, améliorer l'exploitation de ses domaines dans l'intérêt des paysans et dans le sien. L'agriculture, seule source essentielle de richesse, sera restaurée. On retrouvera le goût de la vie champêtre et le sens de la fête, galvaudé à la ville.

Mirabeau insiste plus fortement que Fénelon sur la vocation militaire de l'aristocratie. Il discute l'idée de la noblesse commerçante, « matière d'une importance absolue », pour l'écarter, comme le chevalier d'Arcq. Mirabeau demande à Coyer « s'il a senti que son système tendait invinciblement à renverser tous les principes fondamentaux de la monarchie, et à leur en substituer d'autres ».

Le salut de la noblesse est son identification à l'état militaire : *qui pugnant*. « Bien que n'ayant plus aucune sorte de juridiction ni de privilèges réels, il est impossible que la naissance d'une part, et le service militaire de l'autre, ne constituent le premier grade de citoyens »; le militaire a, dans l'opinion publique, le pas sur les autres états. La nation a confié à la noblesse le préjugé de la valeur et de la fidélité. Il faut supprimer la vénalité militaire et la noblesse seule remplira les armées du roi, sa garde et la marine militaire. « Il faut renvoyer les gens de fortune à leurs fonctions et leurs places naturelles, et réserver les distinctions, les places et la précieuse familiarité pour le mérite » (c'est-à-dire les vertus nobles).

Mirabeau veut faire disparaître la cupidité et restaurer la « sociabilité qui a inventé et placé par ordre l'attachement à ses proches, à ses amis, au public, à la patrie, au gouvernement et à toutes les vertus de détail qui illustrent la vie privée et rendent l'héroïsme aimable ». Il veut remplacer l'or par l'honneur : « Il ne faut à cette monnaie-là d'autre garde du trésor qu'un gouvernement économe d'honneurs et prodigue de considération et de louanges. »

Les *Tables de Chaulnes* prévoyaient des « lois somptuaires comme les Romains ». Fénelon règle « le mérite et l'autorité des emplois » en sept classes, dont chacune aura droit de posséder une quantité donnée de terre, et dont le rang se distinguera non par la matière ou la forme du costume, mais par la simple couleur et quelques détails : le premier rang aurait un habit blanc, avec une frange d'or, un anneau d'or, et au cou le portrait du roi ; le second rang, habit bleu, frange d'argent, anneau d'argent, point de portrait du roi, etc. Mirabeau, lui, souhaite qu'on établisse le degré d'estime dû à chaque profession. Les nobles auront droit à l'honneur et à la considération ; les moins nobles recevront protection et encouragement. Il voudrait fixer un tarif raccourci des différents emplois qui partagent la société. Il faut remettre en honneur la profession maternelle et nourricière (l'agriculture). Le xviiie siècle a fourmillé de ces tarifs de mérite et d'honneur, officiels ou confidentiels. Ils étaient censés aider à rétablir l'harmonie entre les États. L'idée était que la société serait sauvée si chacun donne et reçoit l'estime et le mérite qui lui sont dus. Tel est le sens profond de tarifs comme celui du marc d'or (1748) que nous venons de publier.

Cette passion des rangs, du plus honoré au moins honoré, a failli porter sa marque jusque dans le paysage parisien. L'Académie des beaux-arts mit au concours de Rome d'architecture en 1785 « un monument sépulcral pour les souverains d'un grand empire placé dans une enceinte dans laquelle on disposerait des sépultures particulières des grands hommes de la nation ». Fontaine n'obtint que le second prix, mais son projet [1] avait la préférence de l'opinion. Il voulait placer le monument au sommet de Montmartre ; des étages de portiques sous le bâtiment central distinguaient la sépulture des souverains, celle des princes, celle des grands. « Je consacrai dans un ordre méthodique et dans une disposition régulière le reste de la montagne jusqu'au boulevard extérieur, à la sépulture des habitants de la capitale », explique Fontaine.

Au total, la stérilisation du système ancien du don royal a entraîné, chez les nobles particulièrement, une réflexion sur la nécessaire réorganisation de la société, sur le modèle ancien de l'union et de la solidarité des trois ordres ayant chacun leur fonction.

---

1. Son esquisse est probablement conservée : Académie des beaux-arts, carton B. 20, esquisses datées des 2 et 5 mai 1785.

Le peuple devait pouvoir travailler dans les villes décimées et dans les campagnes vivifiées. Dans le schéma nobiliaire, les villes devaient être la proie d'une véritable révolution culturelle à la chinoise qui effaçat les ravages de la « révolution » occasionnée par l'or. A ce prix, le luxe et les inconvénients de l'argent disparaîtront. La noblesse retrouvera son rôle traditionnel dans les campagnes : « Paix et protection, tout est dit », écrit Mirabeau. C'est bien là un des vieux termes de l'échange dans le contrat médiéval. Il reste à la noblesse à retrouver son monopole militaire, défini par le *qui pugnant* du xii* siècle, pour être seule maîtresse de la guerre.

Ainsi la noblesse était-elle disposée à soutenir une « remise en ordre », une réformation royale.

5

LA QUATRIÈME RÉFORMATION ROYALE

*La restauration des ordres. – L'épée et la terre. – Noblesse,
commerce et finance. – La vie mondaine, les lettres et
l'argent.*

La monarchie a tenté de réagir en fondant à nouveau la
société sur ses bases politiques anciennes. Pour la noblesse,
il s'agissait de restaurer ses vieilles sources de revenu : par
l'agriculture et l'armée. Très naturellement aussi, la haute
noblesse a trouvé des « secours », des palliatifs à la défail-
lance du don royal, dans le commerce, et le mariage avec
les enfants de la finance. La haute société menacée s'est ouverte. La sociabilité et le
luxe prennent des formes nouvelles, dans une période de
mise en cause et de réformation, par l'accueil faits aux gens
de lettres et aux financiers.

Dans ce « monde renversé », comme dit Mirabeau, l'ordre
sera chahuté par l'argent ; le Faubourg, sans craindre encore
son élimination, cherche à s'adapter par l'ouverture.

En 1774, à l'avènement de Louis XVI, l'espoir de réformation s'affirme. L'administration centrale, et notamment la
chancellerie, comme en témoigne Lebrun, secrétaire de
Maupeou, était très consciente de la nécessité de cette
réforme. Peut-être trop ; et l'effort, par rapport aux réforma-
tions antérieures, fut anarchique. C'est ce qu'exprime
Lebrun : « Dans toutes les parties de la France, il y avait des

119

améliorations à provoquer, des lumières à répandre; mais il aurait fallu une direction constante, une tendance et une action commune; il n'y en avait point. C'étaient dans les différents départements du ministère des changements continuels de principes et de système. »

C'est bien une « réformation royale » qui est souhaitée et entreprise, comme celles de 1525, 1583 et 1665. Mais c'est beaucoup plus cette fois-ci une pétition de principe, un cadre abstrait qu'on peut théoriquement reconstruire, que la trace d'une véritable action politique que l'on peut vraiment déterminer. Le clergé, la noblesse, la monarchie se fondent alors sur une conception de la nation qu'ils puisent dans une certaine idée du Moyen Age.

Elle se fonde ici sur l'idée d'un âge d'or amené par le jeune souverain; cette idée, que traduira l'iconographie du sacre de Louis XVI, avec la double ascension du soleil et de la vierge ou d'Astrée, est médiévale. C'est dans un Moyen Age dont la « barbarie féodale », le caractère « gothique » fait alors horreur aux philosophes, que la réformation royale va chercher ses sources.

La noblesse, plus ou moins convaincue de son origine franque, regardait de plus en plus le Moyen Age comme sa grande époque. Les têtes nobles étaient farcies de chevalerie : châteaux forts mystérieux, ruines gothiques construites à grands frais, coursiers, casaques aux couleurs, coupes d'or offertes aux dames, et champs de courses où l'allure inhabituelle et folle des chevaux a dû évoquer de sauvages et « gigantesques chevaleries », croisades, loges maçonniques « chevaleresques »; en 1781, Lacurne de Sainte-Palaye publie ses *Mémoires sur l'ancienne chevalerie*. Les mots de « fief » et « féodal », sans grand rapport avec leur sens primitif, deviennent à la mode. Lauzun avait, jusque dans la vie quotidienne, le réflexe médiéval : « Mme de Coigny, parfaitement bien mise, avait une grande plume de héron noire à droite sur le devant de son habit; voir cette plume et la désirer fut l'affaire du même instant : j'en attendais du bonheur et du courage; jamais chevalier errant ne désira rien avec plus d'ardeur et de pureté. »

Il y a un mouvement qui porte la sensibilité vers les origines médiévales; songeons aux vers de Dormont de Belloy :

Ah! de ses fils absents la France est plus chérie
Plus je vis d'étrangers, plus j'aimai ma patrie [1].

On sait que le succès en fut plus grand à Versailles qu'à Paris.

– Vous n'êtes donc pas bon français? demandait Louis XV au duc d'Ayen qui n'estimait pas la pièce. Rappelons-nous le troubadour Blondel, qui chante au pied du château fort où est enfermé Richard Cœur de Lion :

Un troubadour est tout amour, fidélité, constance,
Et sans espoir de récompense [2].

Saint-Germain conseillait, du reste, aux militaires, la lecture des mémoires du chevalier Bayard.

Le sacre de Louis XVI fut volontairement dans la tradition médiévale autant qu'on pouvait. Il eut lieu à Reims, et non à Paris, comme le voulaient les gens des lumières; pour insister sur l'idée du droit divin, on se passa du rite d'approbation populaire; le roi toucha les écrouelles. Le sacre fut, dit Hermann Weber, le premier acte d'une réforme politique de l'État.

Dès les obsèques de son grand-père, Louis XVI avait été proclamé « restaureur des mœurs ». Dès cette cérémonie, à vrai dire, l'Église, par le canal de Jean-Baptiste de Beauvais, évêque de Senez qui fit le sermon, lui dictait le programme. C'était la défense de la religion, bien sûr, et le rétablissement des conditions du vieux pacte du tiers état et des nobles. Il faut d'abord « restaurer » les ordres de la nation. Le premier point concerne le tiers état, dont les parlements sont considérés, par les nobles, comme la tête. Il faut donc rétablir les parlements supprimés par Maupeou, pour que le peuple, et notamment le peuple des villes, retrouve ses protecteurs. Donc, le 27 juillet 1774, à Saint-Denis, l'orateur demande le pardon pour les parlementaires :

– Plaignons ces citoyens chers à la patrie par leurs anciens services de s'être laissés entraîner par l'impulsion des circonstances au-delà de leur premier but.

---

1. *Le Siège de Calais*, II, 3.
2. *Richard Cœur de Lion*, 1784.

Un peu plus tard, comme forçant la main au roi, et anticipant en quelque sorte le rappel des parlements, Beauvais demande à l'assistance un serment politique qui ouvre la voie à une révolution cléricale, monarchique et nobiliaire, et qui pourrait bien constituer la borne de l'Ancien Régime qu'Edgar Faure plaçait un peu plus tard dans le sacre de Louis XVI :

– Français, prêtons aujourd'hui un serment solennel de concorde et de fidélité ; oui, nous jurons en ce moment, au nom de tous les ordres de l'État, nous jurons sur le tombeau de Louis XV, à son auguste successeur, que tous les rivaux vont déposer leurs inimitiés aux pieds du trône ; nous jurons qu'il n'y aura plus désormais qu'un seul vœu dans l'État, la gloire du roi, inséparable du bonheur du peuple.

Le public a-t-il dit : « Nous le jurons ! », c'est à voir ? Ce serment fondateur peut être interprété sans doute en parallèle avec l'absence voulue de la clameur d'approbation populaire à Reims. Le règne aurait été inauguré par un serment des élites réformatrices.

Maurepas, Malesherbes et le roi ont lancé le programme de réformation ; ils ont restauré le tiers état en rappelant le Parlement. Montesquieu et Joseph de Maistre permettent de comprendre que le rétablissement de la vénalité, qui garantissait l'indépendance des magistrats, rendait aux Français du tiers état leurs représentants, en période de suspension des états généraux. Le rétablissement des parlements peut alors se comprendre comme la restauration du tiers état : selon le préjugé, on lui rend ses protecteurs. Les notes de Louis XVIII, qui était opposé au rétablissement, montrent que les arguments favorables, au Conseil du roi, se fondaient sur l'illégalité de la suppression, les magistrats étant inamovibles sans forfaiture, mais surtout sur l'espoir d'un sentiment de reconnaissance de la part des magistrats rétablis.

Quant à l'affinité des parlements et du tiers, Maistre, dans le *Mémoire sur la vénalité* de 1788, la reconnaît ; pour lui, les chevaliers ont déserté le Parlement. C'est de la substitution « des légistes aux pairs qu'est venu en France le préjugé de la noblesse contre les magistrats qu'elle a toujours repoussés. Cette distinction a fait une impression qui n'est pas encore effacée. Il y a sans doute des hommes très nobles dans la robe; mais tandis que les magistrats sont nobles, la magistrature est roturière... En vain les publicistes croient qu'il n'y a qu'une noblesse en France, la noblesse militaire répond : il y en a deux en France et celle de robe n'est pas la bonne. »

Choisir Turgot comme contrôleur général et le comte de Saint-Germain comme secrétaire d'État à la Guerre, c'était afficher un programme restaurateur.

N'oublions pas, encore qu'elle s'achève, la tentative de pure restauration du don royal que fut l'établissement du parlement de Maupeou : les offices y étaient réellement donnés, sans contrepartie vénale, et, très logiquement, comme ces offices accordaient la noblesse, on a renforcé la charge de « reconnaissance » en doublant le vieux marc d'or – valable dès lors pour le don de la fonction – par un marc d'or de noblesse, pour remerciement du don de la noblesse. Cela apparaît comme une réforme de détail par rapport à la réformation entreprise en 1774. On l'avait sacrifiée à une restauration des ordres.

Examinons maintenant l'état militaire dont on veut faire le bien exclusif de la noblesse. Avant d'en venir aux réformes, il faut entrer dans le détail des carrières.

Extrayons des dictionnaires biographiques une centaine de ces carrières, en sachant bien que c'est le nom privilégié de la famille qui justifie les articles. Essayons, cependant après François Bluche, de distinguer quelques types de carrières.

L'âge d'entrée à l'armée semble s'être abaissé en moyenne dans la dernière moitié du XVIII⁰ siècle, comme s'il fallait prendre rang plus tôt dans une carrière encombrée; l'accès au grade de colonel demande deux fois plus de temps que dans la première moitié du siècle (douze ans contre six). Pour des officiers nés entre 1650 et 1700, l'âge d'entrée était de seize ans et demi; on était colonel à vingt-trois ans, brigadier après une dizaine d'années, vers trente-quatre ans, maréchal de camp à quarante ans, lieutenant général à quarante-six ans et demi. Pour ceux qui étaient nés

123

entre 1701 et 1750, l'entrée avait eu lieu à seize ans; ils étaient colonels à vingt-trois ans et demi, brigadiers à trente-deux ans, maréchaux de camp à trente-sept ans, lieutenants généraux à quarante ans, maréchaux de France à cinquante ans.

Les carrières de la seconde moitié du siècle ne sont guère comparables, interrompues qu'elles ont été par l'émigration à des stades divers.

Il semble bien cependant que l'âge d'entrée y ait été plus précoce, vers treize ans, et que le grade de colonel n'ait été atteint qu'environ douze ans après, vers vingt-six ans. On peut donc penser que la concurrence était plus forte qu'au début du siècle. Bien que le nombre de roturiers fût très faible dans cette armée (de l'ordre de 5 pour cent) comme l'a montré David D. Bien, l'avancement nobiliaire ne pouvait guère supporter de concurrence. La mesure qui réservera l'armée à la noblesse en 1781 a dû, ainsi, pour une grande part, dériver simplement de la logique interne des carrières; elle était en accord avec la partie de l'opinion favorable au monopole militaire de la noblesse et se plaçait dans la perspective de la réformation. Elle a pu n'être pas prise directement contre un groupe social nommément concurrent.

Il semblerait qu'on puisse distinguer quatre vitesses de carrières différentes selon la qualité de la noblesse de l'officier.

Les hobereaux, très gênés par la vénalité des grades, parviennent à cinquante ans au grade de lieutenant-colonel et terminent quelquefois brigadiers vers cinquante-cinq ans, sans parvenir à un grade d'officier général.

Il y a des carrières lentes aussi de familles de très bonne noblesse, sans grande illustration : pas de ducs et pairs, pas de maréchaux. Chez les Chabrillan, les des Cars, les Boisgelin, les Galliffet, les Castellane, on est colonel vers vingt-cinq ans, brigadier entre trente-cinq et quarante ans, maréchal de camp vers quarante-cinq ans, sans accéder le plus souvent au grade de lieutenant général.

Dans les familles de ducs et pairs, ou de maréchaux, compte tenu de notre faux échantillon, les grades sont atteints aux âges moyens que nous avons indiqués, et la lieutenance générale est de règle.

Enfin, les officiers de sang royal comme les Fitz-James ou les princes du sang français gagnent en général cinq à dix ans sur la moyenne. La haute noblesse riche est favorisée par la vénalité. Théoriquement taxés en 1714, les prix des régiments d'infanterie fixés à 40 000 livres sont en réalité plus hauts, avec des dessous-de-table. Lauzun dut payer 120 000 livres le Régiment Royal. Les régiments de cavalerie sont les plus chers. Il y a une cinquantaine de régiments qui portent les noms des grands qui les ont levés, et dans lesquels les membres de leur famille ont assez souvent le privilège de faire une partie de leur carrière, sous un commandement familial. Il y avait à la fois inflation du nombre des grades élevés et cependant embouteillage. Vers 1770, Saint-Germain décrit le « chaos des colonels » : à côté des deux cent cinquante ou trois cents colonels, il y a des colonels en second, des colonels à la suite. Il y avait sept cent cinquante officiers généraux et quatre cent cinquante brigadiers. Tous n'ont pas de commandements. Ils ne sont payés que lorsqu'ils exécutent une mission. Jamais plus du tiers de ces officiers n'est en service actif. Certains, comme Jean-Paul François de Noailles, duc d'Ayen, semblent n'avoir jamais été payés. Toutefois, il était prévu 10 millions de livres, soit 10 pour cent du budget de la guerre, pour ces paiements. Il semble, dit Claude C. Sturgill, que les membres de la haute noblesse aient été mieux traités que ceux de la noblesse provinciale. Il y avait des pensions pour les services rendus, des pensions en attendant un gouvernement. Les appointements et émoluments des gouvernements sont un bon revenu : François d'Harcourt-Beuvron (1727-1797), lieutenant général, touche, en 1781, 50 000 livres pour la lieutenance générale en Bas-Poitou et en Normandie, et comme gouverneur de Rouen. En 1787, le maréchal de Ségur (1724-1801) reçoit 103 000 livres : 30 000 livres comme gouverneur général du pays de Foix; 30 000 livres de pension comme gouverneur général de première classe; 3 000 livres comme inspecteur de la cavalerie; 1 800 livres comme lieutenant général en Brie; 20 000 livres comme ministre; 13 000 livres comme maréchal de France.

Pour éviter l'étalage du luxe et la réussite des « intrus »

Saint-Germain réforme la maison du roi; pour moraliser les dons du roi, il réduit la vénalité, ce qui favorise la noblese pauvre; il règle les bienfaits royaux en fonction du mérite.

Saint-Germain supprime les deux compagnies de mousquetaires de la maison militaire. Il ne peut venir à bout de la petite gendarmerie qui était la grande porte des intrus. Son but est ici double; d'abord il veut obtenir que la haute noblesse acquière une formation sérieuse :

– En France, disait le maréchal de Saxe, un jeune homme regarde comme un mépris que la Cour fait de sa naissance si on ne lui confie pas un régiment à l'âge de dix-huit ou vingt ans... Le premier fat venu réclame un régiment.

Saint-Germain, de même, s'indigne que la noblesse de cour « ait tout sans rien mériter, alors que la noblesse de province ne parvient à rien quelque chose qu'elle mérite ». Lauzun traduit bien cet état d'esprit du jeune noble, à douze ans, entrant dans le régiment des gardes : « Je sus à cet âge que j'étais destiné à une fortune immense et à la plus belle place du royaume, sans être obligé de me donner la peine d'être un bon sujet. » Plus tard, le comte de Guibert, dans la même ligne, astreindra la noblesse de cour à une préparation technique, à partir de 1787.

Dans ses Mémoires, le comte de Saint-Germain dénonce la concurrence pour les places de colonel, « débouché nécessaire à ce qu'on appelle la haute noblesse destinée à parvenir au commandement des régiments, surtout si l'on veut écarter de cette prérogative les gens protégés qui usurpent ce titre; les fils de gros négociants de Lyon, des fermiers généraux et des receveurs des finances, qui, à la faveur de leur argent ou des alliances contractées avec les grandes maisons, osent se placer sur la même ligne et réclamer les mêmes droits qu'on leur a souvent accordés de préférence et au préjudice des jeunes gens de qualité. » Saint-Germain voulait aussi supprimer les grands postes de la cavalerie et des états-majors, parce que « les charges attachées à ces grandes places, sous le titre de maréchaux ou aides-maréchaux des logis, donnaient le droit et la certitude de parvenir au grade d'officier général à des hommes de la lie du peuple, qui avaient assez d'argent pour les acheter, sans qu'ils eussent besoin de servir ni d'essuyer des coups de fusil ». Il y eut sur ces points de très sérieuses oppositions. La vénalité n'avait jamais été officialisée dans l'armée par un droit de résignation comparable à la paulette des offices civils. Le roi a donc gardé plus de contrôle sur une transmission des charges militaires ; souvent il accorde aux héritiers d'un officier mort en charge un brevet de retenue pour que la famille ne perde pas tout le montant de l'office. Les compagnies (grade de capitaine), et les régiments (grade de colonel), se vendent, ainsi que les gouvernements. L'édit du 25 mars 1776 interdit « qu'il se donne par la suite aucun emploi à prix d'argent dans les troupes du roi », ni qu'il y ait « aucune finance attachée aux emplois militaires ». Il s'agit de « faire jouir la noblesse dénuée de fortune des récompenses qu'elle peut mériter par ses services distingués ». Les charges ne seront pas remboursées ; le roi n'en a pas les moyens. Il est prévu que la finance des compagnies et régiments s'éteindra sans remboursement par une diminution de quart du prix payé initialement à chaque mutation. A la quatrième mutation, il n'y aura plus de finance.

Une semaine avant, le roi avait publié un règlement qui classe « les grâces militaires », en fixant un revenu en rapport avec la prérogative, la considération et l'importance de la charge, en mettant l'honneur en accord avec l'argent. Les gouvernements sont désormais répartis en classes. Les gouvernements de première classe auront 60 000 livres d'appointements et émoluments, ceux de seconde classe 30 000 livres. Les classes sont maintenant mises en rapport avec un grade ou une dignité. Seuls les princes de sang et les maréchaux pourront prétendre à un gouvernement de première classe. Les lieutenants généraux accéderont à la seconde classe. Les mêmes principes sont appliqués aux gouvernements particuliers, places fortes et châteaux du roi, avec interdiction de cumul. Le règlement prévoit l'extinction de la vénalité dans les mêmes conditions que pour les autres charges militaires.

Ainsi fut par exemple corrigée cette anomalie que Mirabeau avait cru devoir signaler : le Château-Trompette, fort de Bordeaux, rapportait 5 000 livres de plus par an que le gouvernement de la province de la Marche ; à cause de cela,

127

et malgré le plus grand honneur, celui-ci était méprisé. Après la réforme de 1776, le Château-Trompette apporte 12 000 livres et le gouvernement considéré 30 000.

Saint-Germain tient beaucoup à restaurer la dimension honorable de don royal : « Le terme de pension doit être inconnu et aboli dans l'état militaire. » On accordera seulement des gratifications. La récompense des officiers n'est pas l'argent mais l'avancement.

De plus en plus, le roi réglant sa « bienfaisance » veut soumettre les carrières à des règles communes. Il renonce à l'arbitraire de la faveur. Le Conseil de la guerre que Saint-Germain voulait établir, et qui ne le fut qu'en 1787, avait pour but « la dispensation juste des grâces et des récompenses ». Dans la suite logique de cette réforme se trouve l'anecdote plus tardive rapportée par François XIII de La Rochefoucauld (1765-1848). A la mort de son père, Charles X lui dit :

– Demandez-moi une faveur, je vous la donnerai.
– Sire, je suis maréchal de camp ; faites-moi lieutenant général.
– Mais vous n'êtes maréchal de camp que depuis trop peu de temps.
– Mais, Sire, où serait sans cela la faveur ?

Saint-Germain, hostile à l'École militaire, selon lui trop luxueuse, fait approuver la création de dix écoles militaires préparatoires, pour l'éducation et les débouchés de la noblesse pauvre. Enfin, le ministre diminue le rôle des financiers en réorganisant le service des vivres aux armées.

La réformation militaire de Saint-Germain a été appuyée par des officiers qu'il voulait placer au Conseil de la guerre ; parmi eux, trois futurs maréchaux, nommés en 1783 : Charles-Just, prince de Beauvau (1720-1793) ; Charles-Eugène, marquis de Castries (1727-1801) ; Jacques-Philippe de Choiseul, comte de Stainville (1727-1789) ; puis le marquis de Caraman – tous quatre alors lieutenants généraux ; parmi les maréchaux de camp : le comte de Puységur, le duc d'Ayen, le comte d'Haussonville et le marquis de Jaucourt. Philippe de Ségur (1724-1807), futur maréchal en 1783, lui aussi était favorable à l'expérience.

Ces noms évoquent une bonne noblesse provinciale de

Guyenne et Gascogne, avec un noyau lorrain et comtois, base solide pour une réaction nobiliaire qui mettait en jeu les positions acquises des courtisans. Le milieu lorrain, dressé par les exigences des chapitres nobles d'Allemagne, était spécialement attentif à la race : il y fallait trente-deux quartiers dans les lignes paternelles et maternelles. Joseph Louis Cléron d'Haussonville avait épousé la petite-fille du maréchal d'Harcourt, petit-fils lui-même d'une Le Tellier.

– Nous étions, disait d'Haussonville devant les Harcourt, des gens assez comme il faut avant que nous ne fussions alliés avec ces Harcourt qui nous ont fait fermer Remiremont.

Saint-Germain trouva en face de lui des opposants de deux types.

Les premiers se groupèrent autour de Victor-François de Broglie (1718-1804), maréchal de France depuis 1759, second métis de robins et de financiers, époux d'une Crozat de Thiers, lui-même fils et petit-fils de maréchal de France, arrière-petit-fils d'un immigré, considéré comme le meilleur général de son temps, sensible sans aucun doute à l'éviction des talents que causerait le monopole de la race.

Les seconds opposants furent les d'Argenson, alliés aux Montmorency-Luxembourg, partisans de la noblesse de mérite militaire instituée par d'Argenson en 1750, et de l'ouverture de l'armée à la noblesse du Conseil et de robe. L'œuvre de Saint-Germain, disparu en 1778, fut facile à ridiculiser pour ses adversaires parce qu'il avait prescrit la punition par les coups de bâton, puis le plat du sabre. Au moment où Necker publiait le compte rendu qui montrait que les pensions représentaient 28 millions de livres sur un budget de 254 millions, soit 11 pour cent et faisait appel à l'opinion pour les réduire au détriment de la haute noblesse, Ségur avalisa la décision du comité technique de l'armée qui exigeait quatre quartiers de noblesse pour l'accès à une sous-lieutenance, cinq quartiers pour les gardes du corps (22 mai 1781). Necker venait d'être renvoyé le 17 mai. On peut penser qu'il s'était opposé à une mesure qui peut apparaître comme une compensation à la baisse des pensions, et que Ségur, ami de Necker, a dû accepter après son départ.

Le maréchal de Ségur réforma les états-majors en créant un corps spécial. Après 1781, l'accès de la bourgeoisie au grade d'officier fut insignifiant. L'ordre du Saint-Esprit avait exigé trois races de noblesse paternelle pour les futurs chevaliers. Il en faut quatre maintenant pour être officier. L'ordre du Saint-Esprit, qui reste le grand phare, demande maintenant, pour s'adapter aux exigences du temps, une noblesse depuis 1300. En 1779, la chancellerie de l'ordre de Saint-Louis créée par le Régent est démantelée.

Les « faiseurs » du Conseil de la guerre ont encore supprimé en 1788 les deux dernières compagnies militaires de la maison du roi, et par la suite polarisé les reproches. Sénac de Meilhan et Rivarol en sont témoins; on a été incité à parler de « réaction » à propos de ce mouvement. Il s'agit plutôt d'une réformation militaire, partie d'une réformation royale. La monarchie dans ces périodes a souvent prononcé des exclusives : monopole de la chasse attribué au seigneur, interdiction d'accéder librement à la noblesse (1583). Mais cette réformation ne doit pas être non plus être dite « aristocratique » si l'on veut lui donner son sens. C'est le discours royal du 17 avril 1788 qui a popularisé le mot. Louis XVI y disait que « la monarchie ne doit pas être une aristocratie de magistrats ». Le peuple en a conclu que les parlementaires étaient des aristocrates, et qu'il pouvait y avoir – qu'il y avait – des aristocraties de partisans, de fermiers généraux, de ducs et pairs. L'aristocrate finalement s'est défini par son genre de vie, et le sens révolutionnaire est à peu près : « citoyen qui va en carrosse ».

Nous considérons donc que l'aristocratie est la société composée par les diverses robes, la finance, la haute noblesse d'épée, le haut clergé, la bonne noblesse : c'est une notion sociologiquement composite dont les éléments vivent du reste séparément au faubourg Saint-Germain, au Marais ou au Palais-Royal.

Le mouvement de la réformation militaire fut strictement sous le contrôle de la noblesse d'épée; s'il n'a pas été expressément dirigé contre les autres éléments de l'aristocratie, jugés d'une insuffisante noblesse, il a eu du moins pour effet de les écarter des grades de l'armée.

Une réformation royale est toujours violente car elle se

fonde sur des principes – ou prétendus tels – et s'appuie en fait sur les préjugés du milieu politiquement dominant.

Louis XVI, en tout cas, a incontestablement voulu faire une réformation plutôt que des réformes, et le bonheur paysan, dans la bonne entente avec les nobles, était l'un de ses grands buts.

Le roi était entré depuis longtemps dans la carrière de protecteur de la « sainte agriculture ». Étant dauphin, il avait poussé la charrue ;

L'humanité sourit et toute la nature,
En voyant travailler l'objet de notre amour.

« Paix et protection à l'agriculture, tout est dit. » Arrivé au trône, Louis XVI refuse la tête laurée sur ses monnaies et rejette son second prénom d'Auguste. On ne pouvait mieux remplir les « Augures d'Innocence » de William Blake [1].

Le plus mortel poison connu
Venait des lauriers de César.
Rien n'altère la race humaine
Comme l'attache de l'armure.
Si la charrue s'orne d'or et de gemmes
L'envie s'inclinera devant les arts paisibles.

Les cahiers de doléances de la noblesse, pour les états généraux de 1789, dépouillés par Guy Chaussinand-Nogaret, nous montrent qu'une partie de la noblesse s'est engagée, au début sous la direction de Turgot, dans la voie d'une réformation rurale.

Un grand nombre des prescriptions des *Tables de Chaulnes* ou de *l'Ami des hommes* restent d'actualité ; on réclame la permanence ou la périodicité des états généraux, des états provinciaux chargés de l'assiette des impôts, et du recouvrement ; la suppression de l'intendant est très généralement demandée. Necker avait mis en place quelques assemblées provinciales qui furent supprimées en 1781. Calonne voulut généraliser les assemblées.

---

1. *Poèmes ou manuscrit Pickering*, Flammarion, Paris, 1977, t. 2, p. 157.

Durant cette période, les seigneurs cherchent à bénéficier de la hausse des prix agricoles en faisant rendre à plein le vieux système, rebaptisé féodal, avec le concours de spécialistes, les feudistes. En même temps, la réserve seigneuriale, la part que le seigneur exploite directement et dont il est propriétaire total – à la différence de la censive où il n'a que la propriété éminente – est systématiquement accrue.

Dans la perspective qui est la nôtre, celle des relations organiques, nées du don et du contre-don, il est bien certain qu'il y avait des nobles très conscients de la disparition de toute compensation de leur part à la perception des droits : c'était maintenant le roi qui assurait les services, la paix et la protection. Ils savaient, comme Tocqueville, qu'ils n'avaient conservé que les privilèges qui font haïr.

L'attitude des anciens seigneurs fut beaucoup moins « féodale » que celle des nouveaux. Georges Lizerand souligne que les paysans l'ont bien remarqué. Le fermier général Helvétius se signalait au contraire par sa dureté sur sa terre de Voré, en Normandie.

Ces droits féodaux, sauf en Auvergne, en Bourgogne ou en Bretagne où ils atteignent 25 à 30 pour cent du revenu des seigneuries, ne dépassaient pas ailleurs 5 à 10 pour cent et, le plus souvent, ne faisaient pas 6 pour cent du revenu total des grands seigneurs. La perception en était souvent assurée par des receveurs peu fidèles. Boncerf, dans son *Traité des inconvénients des droits féodaux* (1776), assure que, « pour de médiocres résultats, ils offrent mille embarras et difficultés tant au seigneur qu'au vassal ».

Supprimer les droits ou les faire racheter, c'était donner ou vendre au paysan la part éminente de la propriété, et le faire maître absolu de sa terre – à la dîme ecclésiastique près – c'était remplacer théoriquement la haine par la reconnaissance. Il est évident qu'on pouvait attendre aussi d'une telle opération que certains paysans cédassent quelques terres au seigneur pour sa réserve, afin de se libérer de leur dette.

Cela eût assuré, pour la noblesse, une rentrée de fonds pour financer la nouvelle croisade en Amérique, que les paysans étaient tout prêts à approuver puisqu'elle était faite contre les Anglais.

Condorcet rapporte que Turgot souhaitait supprimer les droits féodaux, les justices et la mainmorte sans indemnité, tous les autres droits étant rachetables. Il n'est pourtant pas parvenu, compte tenu des oppositions, à supprimer la corvée royale plus de sept mois en 1776. Vingt-deux cahiers de la noblesse, sur cent trente, demandent expressément le maintien des droits seigneuriaux en 1789. Cela signifie qu'on les croyait menacés. Dans dix cahiers, on réclame leur suppression ou leur rachat. En considérant que ce n'est pas strictement une doléance, puisque les nobles n'avaient pas à souffrir de ces droits, mais un élément de programme politique, la proportion paraît intéressante.

On comprend donc que les nobles libéraux, Noailles, d'Aiguillon, Clermont-Tonnerre qui, le 4 août 1789, ont fait décréter la suppression de la corvée et de la servitude, et le rachat au denier trente des autres droits, ont eu l'impression de faire ce sacrifice, ce don, dans la ligne de la réformation nobiliaire. Ils entendaient par là, sans grand dommage pour eux, calmer l'agitation des campagnes et restaurer le prestige de la noblesse. Ils n'ont simplement pas compris, dans ces conditions, que, pour le tiers état, c'était une seconde Bastille qui venait de tomber.

La réformation royale comportait encore l'idée d'une « vivification » des provinces disgraciées. On imagina de les « unifier au corps de la monarchie française » en les faisant bénéficier d'assemblées provinciales. Ce fut le cas en 1778 de la Haute-Guyenne, du Dauphiné, du Bourbonnais, du Berry, considéré, lui, comme une Sibérie.

Les assemblées devaient agir surtout par une meilleure répartition des impôts. Le premier tiers de leurs membres était nommé par le roi, le reste coopté. Le tiers état occupait la moitié des places, mais le Conseil du roi avait prévu que la moitié de ces sièges serait occupée par des « propriétaires habitants les campagnes ». La noblesse favorable à la réforme prévoyait ainsi une alliance avec les « habitants des campagnes », comme le légitimisme plus tard, favorable au suffrage universel. Les intendants firent tout pour se débarrasser de ces assemblées et y parvinrent en juillet 1781, après le renvoi de Necker, mais l'idée fut reprise par

Calonne. L'action des assemblées sur le développement des routes et des canaux fut utile au désenclavement des régions.

Il faudrait pouvoir apprécier le rôle des nobles agronomes, philanthropes, voire amis des jardins qui acceptèrent alors de revenir sur leur domaine : Armand-Joseph de Béthune-Charost (1738-1800), dans le Berry; François-Alexandre de La Rochefoucauld-Liancourt (1747-1827) en Ile-de-France et Beauvaisis.

Béthune-Charost définit un programme qui est dans le prolongement de *l'Ami des hommes* : rôle régénérateur de l'agriculture et action motrice des grands propriétaires. « S'il est une science parfaite pour unir tous les hommes, c'est sans doute celle de la culture d'une terre dont tous habitent une portion [...] C'est du zèle des grands propriétaires qu'il faut attendre qu'au lieu de prodiguer aux excès de luxe un superflu qui, bien employé, deviendrait une nouvelle source de richesses, ils se livreront à des essais que le cultivateur, souvent peu aisé et toujours timide, n'ose entreprendre le premier, et dont seuls ils peuvent donner un exemple vraiment utile [1]. » Charost abolit dans ses terres la corvée et les péages, fit réparer les chemins, introduisit le lin et les prairies artificielles, perfectionna les assolements, encouragea la culture du mûrier et l'élevage bovin sur ses domaines du sud du Haut-Berry; il créa une société d'agriculture à Meillant.

Le duc, qui allait devenir maire du Xe arrondissement de Paris, venait personnellement « visiter ses attelages et ses champs de blé », et les colons en étaient « profondément émus », comme en a témoigné longtemps la mémoire populaire. Lui se souvenait bien d'être un parent de Sully.

Le retour vers la campagne de la noblesse, la reconquête foncière, se double, comme l'a montré Raymond Williams, d'une transformation des jardins dans le style pittoresque et sentimental qui traduit une volonté de pouvoir sur l'environnement, dissimulée sous les apparences du naturel. Certains mêmes, rejetant le jeu du jardin, comme La Rochefoucauld-Liancourt, mirent tout en culture et de surcroît créèrent une faïencerie et une manufacture de toiles. Le duc

---

1. Compte rendu de la Société royale d'agriculture, 1786.

avait prévu toutefois un « rond de la danse » pour les ébats villageois : les terres étaient pour lui de vraies terres, et les paysans avaient une existence.

Le prince de Ligne rappelait : « Amateurs de jardins, soyez amateurs de l'humanité... C'est dans les champs que vous apprendrez à soulager ses besoins. » Le parc sera toutefois champêtre, chez le duc d'Harcourt, qui aime les grands gazons, avec, pourquoi pas ? des bœufs et des moutons. L'humanité est présente dans les jardins à travers de grands souvenirs : temples et ruines antiques ou médiévales, parfois construits sur des croquis d'Hubert Robert, avec des devises de Lacurne de Sainte-Palaye, à Betz, Ermenonville, à l'Ermitage du duc de Croÿ. La paysannerie est pourtant absente; elle laisse son rôle aux acteurs qui viendront peupler les fabriques champêtres d'Auteuil ou de Trianon au *Bailli* de Sedaine, au *Vicaire de Wakefield*. Le Dr Poumiès raconte qu'à Trianon, Louis XVI jouait le seigneur, Provence le bailli, Artois le maître d'école; le cardinal de Rohan le curé, le maréchal de Richelieu le garde-champêtre, et la reine la fermière.

Tout cela, symbole ou réalité, est cependant la marque d'un très sérieux effort de développement rural. On en attendait, entre autres choses, l'amélioration du sort de la noblesse, l'amélioration de ses rapports avec la paysannerie, et donc un progrès de l'harmonie générale.

Le mouvement de rapprochement a été suffisant pour que la noblesse, aux états généraux, ait eu l'espoir de s'entendre avec les représentants des habitants des campagnes, dont elle pensait qu'ils seraient aussi nombreux que dans les assemblées provinciales. Le doublement du tiers ayant été décidé et appliqué avant la rédaction des cahiers, on n'y revint apparemment pas; la question était de savoir si l'on appliquerait le vote par ordre, comme aux derniers états généraux. *L'Ami des hommes* n'en était pas d'avis.

Cinquante-trois cahiers de la noblesse en étaient partisans, mais cinquante ont exigé ou admis ce vote par tête; si l'on compte les mandats, le vote par tête était préféré au vote par ordre. La noblesse ouverte comptait vraisemblablement sur une alliance avec cette partie du tiers état sensible aux problèmes de la propriété foncière. Il est improbable que cette noblesse ait prévu l'éviction des ruraux des assemblées primaires, et mesuré l'influence de la bourgeoisie urbaine.

Le comte de Provence, qui avait fait partie de « l'imposante minorité » de l'Assemblée des notables favorable au doublement du tiers, avec Dillon, archevêque de Narbonne, et le duc de Mortemart, se justifiera en disant « Je crus qu'il ne restait, à l'autorité royale, de ressources que dans le tiers état. » Il avoue qu'il n'avait pas pensé que la double représentation entraînerait la délibération en commun : « Je crus que la réunion ne pouvant se faire que par le vœu séparé des trois ordres, il n'y avait rien à craindre. » Il considère qu'il a été poussé par les adresses des communes : « Plût à Dieu que ces perfides adresses eussent été l'expression sincère des sentiments. » Bref, il confesse son erreur d'appréciation politique.

La réformation royale au cours des temps avait sérieusement changé de couleur. Le roi, « restaurateur des mœurs » en 1774, était devenu, pour la noblesse, le « restaurateur des libertés ». La haute noblesse a été partagée sur les deux points qui touchaient ses ressources en profondeur. Très réservée sur la réforme de l'armée qui se faisait en partie contre elle, et pouvait l'empêcher d'y faire entrer ses protégés, la haute noblesse se trouve d'accord avec les tendances de l'ordre, dont les cahiers montrent qu'il était plus hostile que favorable à l'ordonnance de 1781 : elle a mis plutôt ses espoirs dans la guerre d'Amérique pour restaurer son prestige.

Au contraire, le faubourg Saint-Germain s'est volontiers engagé dans la tentative de vivification des campagnes, et a joué là le rôle d'entrepreneur et de guide. Il y était certainement préparé par une réflexion économique, une certaine pratique commerciale, et par ses contacts, voire ses liens familiaux, avec les milieux de négociants financiers.

Les nobles en effet sont largement entrés dans le circuit de l'argent. Ils y trouvèrent ce qu'on a parfois appelé des « secours », dans une situation que la modification du don royal rendait difficile. Il s'agit, d'une part, de la fructification de l'avoir dans le commerce et, d'autre part, du mariage avec un conjoint riche.

Le revenu des grands seigneurs est assez bien connu, souvent grâce à leurs papiers séquestrés lors de leur émigration. L'essentiel des ressources nobiliaires venait de la possession de la terre et de la rente foncière. On pense que la noblesse détenait le quart des terres. Dans tout le royaume il y a cent soixante, peut-être deux cents familles qui ont 50 000 livres de revenu par an.

Le duc de Mortemart dispose de 500 000 livres; Chevreuse de 400 000; Gramont de 300 000 livres de revenus domaniaux, auxquels s'ajoutait les appointements des charges de la Cour, ou des missions militaires. Comme grand maître de la garde-robe, La Rochefoucauld-Liancourt reçoit 30 000 livres; sa charge valait 700 000 livres, c'est un rapport de 4 pour cent, très satisfaisant pour une place aux xviiiᵉ siècle. Le comte de Choiseul-Gouffier avait un revenu de 250 000 livres; le prince de Montmorency-Robecq, de 215 000 livres; le duc de Saulx-Tavannes de 90 000 livres.

Un quart d'entre eux fait quelque économie, la moitié n'y arrive pas, emprunte à toutes mains; un quart vend ses terres.

Malgré l'obstacle théorique, la haute noblesse s'est engagée dans la voie commerciale. « En France, dit Mirabeau, la noblesse et les plus grands seigneurs commercent non seulement de leurs denrées, comme tous les autres possesseurs de fonds, mais encore en s'intéressant aux entreprises du commerce tant extérieur qu'intérieur que font les négociants et les entrepreneurs en titre. »

L'exploitation de mines, de forges, de verreries, simple valorisation des droits domaniaux, était considérée comme une activité commerciale permise aux nobles. L'arrêt du Conseil du 30 octobre 1767 autorise la création par les nobles de manufactures, en les assimilant, ainsi que la banque, au commerce de gros.

Les nobles participèrent à des sociétés en commandite. « Le plus souvent, dit Jousse, ces sortes de sociétés se font avec des personnes qui ne sont point négociants par état et quelquefois même avec des officiers et des personnes de distinction. » Les nobles participent à la gestion discrètement, sans se désigner.

La société de capitaux par actions a eu aussi du succès : Compagnie du Sénégal (1784) ; Compagnie de la Guyane française ; Société du commerce du Nord. On y trouve les Duras, Jumilhac, Saisseval, Rochedragon, Salm-Kirburg, Rohan-Rochefort. On a pu dire que ces sociétés par actions auxquelles participe la noblesse ont pris le relais dans certains domaines (Baltique, par exemple) d'une bourgeoisie marchande défaillante.

La commandite traditionnelle permettait cependant aux nobles de s'intéresser à la spéculation immobilière à Paris, au Roule, ou rue Coq-Héron ; à la conversion du vin en vinaigre, etc. on y trouvait les marquis de Trans, de Colbert-Chabanais, de Vichy, les comtes de Sevran et de Boisgelin et le duc de Nivernais.

La compétence nécessaire au commerce et l'esprit d'entreprise ont été acquis, entre autres, par les grands nobles au contact des financiers, dont ils étaient souvent les héritiers.

C'est en effet encore une matière « d'importance absolue » que la mésalliance de la haute noblesse, interdite par les *Tables de Chaulnes*, prohibée par Mirabeau, qui rejette ce « secours ». C'est d'abord la mystique de la race qui crée le problème. Elle caractérise la noblesse française. Celle-ci est convaincue, avec saint Thomas, que « dans chaque fils ce qu'il y a de principal vient du père, et ce qui est secondaire de la mère ». Il en va tout différemment en Allemagne où l'on n'est pas noble si les deux parents ne le sont pas ; ni dans la bourgeoisie française, où la femme est considérée autant que l'homme. Le préjugé reste entier dans la noblesse du XIXe siècle : la duchesse de Maufrigneuse pourra dire à son neveu, Savinien de Portenduère [1] : « Épousez qui vous voudrez, vous anoblirez votre femme, voilà le plus solide des privilèges qui restent à la noblesse française. » Les jeunes nobles prenaient pour femme, comme un don du ciel, des filles de marchands et de financiers, un peu savonnées de noblesse, au tablier rempli d'écus, comme on prend des villes ennemies. C'est ensuite le mépris du commerce qui fait question. Ces mariages n'étaient pas sans histoire,

---

1. Balzac, *Le Cabinet des antiques*.

pourtant, ils se multipliaient. « L'aristocratie, écrit le comte de Ludre, avait trouvé dans les mariages d'argent une large compensation à la parcimonie royale. »
Sociologiquement, si l'on peut dire, de telles alliances ne posaient aucun problème. « Les grosses fortunes s'étaient confondues avec les hautes naissances », dit Frénilly. Le milieu de la haute noblesse d'épée, de la haute robe, de la haute finance est le même : éducation, niveau de revenus, habitation, tout est identique. L'ensemble forme bien une aristocratie; toutefois, la localisation de l'habitat, en trois groupes séparés, est déjà l'expression d'un préjugé politique.
C'est en effet politiquement, vis-à-vis de l'opinion, du préjugé, de ce que Tocqueville appelle « les mœurs », qu'apparaissent les difficultés. La comtesse de Boigne résume bien, par une anecdote, le paradoxe de la société française : « La noblesse et la finance vivaient en intimité et en camaraderie, en garnison et dans toutes les sociétés de Paris... Les bals de Versailles ramenaient la démarcation de la façon la plus tranchée. M. de Lusson, jeune homme d'une charmante figure, immensément riche, bon officier, vivant habituellement dans la meilleure compagnie, eut l'imprudence d'aller à un de ces bals. On l'en chassa avec une telle dureté que, désespéré de ridicule dont il resta couvert, il se tua en arrivant à Paris. Cela parut tout simple aux gens de la Cour. »
L'opinion populaire – qui n'a pas, elle, le préjugé de la supériorité de la ligne masculine – se fait gardienne et comptable de la race, mais à son aune, et considère qu'une alliance avec la roture tout d'abord entraîne une dégénérescence, et même une souillure si c'est dans la finance. Le propre du préjugé raciste est d'amplifier le phénomène dénoncé, sans rapport avec ses proportions initiales. L'image de la haute noblesse a été ainsi contaminée par la vieille haine du financier buveur de sang du peuple. « Ils saliront leur titre dans ce tas de fange, de sang et d'iniquité », écrivait Mirabeau. Le noble c'est « l'homme qui s'est engraissé en affamant le peuple », concluait radicalement Marat.
Beaucoup de nobles et de fermiers généraux se succédèrent sur l'échafaud. « Ce sang, dira-t-on au début, était-il

139

donc si pur? » On finira par faire boire aux nobles des verres de sang de noble. Qui donc a bu le sang du peuple ou simplement fait alliance avec les buveurs du sang du peuple? Dans les matières d'État, il y a des métaphores qui tuent.

Dans l'étude des carrières militaires, ce sont les indications sur les bas niveaux qui faisaient défaut; pour l'examen des mariages, ce sont les alliances des filles qui nous manquent. Les dictionnaires généalogiques français ne s'intéressent guère qu'aux hommes.

Prenons cent soixante-deux mariages de mâles issus de quinze grandes familles au cours du xviiiᵉ siècle; 80 pour cent se font dans la noblesse : 34 pour cent dans la haute noblesse, 32 pour cent dans la moyenne. 20 pour cent sont célébrés avec des filles issues de la puissante robe de Cour (8,6 pour cent), de la robe (5,5 pour cent) et de la noblesse financière et commerçante (6,8 pour cent).

Les mariages dans la même famille ne peuvent être ici repérés qu'entre cousins de même nom. Il y en a 13 pour cent en moyenne, mais 30 pour cent chez les Lévis, 25 pour cent chez les Montmorency. Ici, les aînés épousent les cousines, les cadets des filles de finance. Certaines familles n'ont à première vue aucune alliance hors de la vieille noblesse : les Croÿ, les Gramont.

Les échanges sont certainement très déséquilibrés à l'intérieur de l'aristocratie. La noblesse de robe (Le Tellier, Colbert, Nicolaï) recrute 18 pour cent des partenaires féminines dans la haute noblesse dite d'épée. Les mariages de l'épée avec la finance sont peu de chose. Ils touchent deux ou trois membres souvent éloignés de plusieurs générations du financier fondateur : deux ou trois membres de la famille de Bullion, cinq membres de la famille Crozat, une fille Prondre, Ollivier de Sénozan ou Tavernier de Boullongne. Si ce sont des mariages d'argent, il s'agit le plus souvent, comme eût dit Thackeray, d'argent lavé, dont les nobles oublient beaucoup plus vite l'origine que les peuples qui ont eu à souffrir éventuellement des malheurs du fait des enrichissements. La noblesse est méfiante cependant à l'égard des filles qu'elle appelle de bourgeoisie : on les accuse d'avoir de grands goûts et d'être dépensières. On prévoit inversement que la jeune fille noble vendue à une famille roturière – cas rare mais non exceptionnel – mépriserait la famille de son mari et transmettrait le mépris à ses enfants. La bourgeoisie reçoit souvent au contraire avec faveur une héritière noble : « Une suite de mères nobles achève de purifier toute la masse de sang; elles transmettent en nous tout le mérite de leurs pères, qui deviennent les nôtres : exemples, leçons, protections, parents respectables, on est en droit de tout attendre d'un mariage qui fait honneur. » Par ces mariages, dit Duclos, les financiers conservent les dignités dont ils ont besoin dans des familles étrangères. Inversement, en suivant Sénac de Meilhan, on soulignera que « les richesses des financiers devenaient la ressource des grandes familles ». « Les gens de condition, écrit toujours Duclos, doivent regarder les fortunes des financiers comme des biens qui leur sont substitués, et destinés à remplacer un patrimoine qu'ils ont dissipé souvent sans avantage pour l'état. » Un homme de qualité vend par nécessité son nom « qu'il n'a pas eu la peine d'illustrer ».

Mirabeau, indépendamment du préjugé, évoque les avantages de l'intermariage : « Ces alliances, dit-on, relèvent l'ancienne noblesse, dégraissent [c'est-à-dire : savonnent] les gens à argent, les civilisent d'une part, et de l'autre rapprochent de la société privée la morgue de la noblesse, remettent en circulation l'argent engorgé dans un petit nombre de caisses, et diminuent insensiblement l'opposition et la haine invétérée entre deux ordres d'autant plus difficiles à amener à la concorde que la profession bien analysée de l'un est de tout demander, et celle de l'autre de tout prendre. » « La Cour et la finance portent les mêmes deuils, dit encore Duclos, les gens de condition ont déjà perdu le droit de mépriser la finance puisqu'il y en a peu qui n'y tiennent par le sang. »

Tocqueville dénonce le scandale et le danger qu'il y a à faire litière d'un préjugé par intérêt : « Les nobles avaient eu le tort de croire s'avilir en épousant les filles des roturiers, et ensuite le tort plus grand peut-être de les épouser ayant cette croyance. »

Indépendamment de ce racisme, dont Antoine de Becque a bien montré qu'il était le partage de la noblesse et du peuple, la bourgeoisie, de son côté, considérait les mésalliances avec mépris : « Toutes les fois qu'un grand tombe, écrivait l'abbé Coyer, il ne se trouve pas là à point nommé dans la finance une héritière de la nation pour lui donner la main, service qu'il n'accepte qu'à condition de rougir et de mépriser sa bienfaitrice. »

L'attitude de la Cour manifestait clairement les préjugés d'État : Catherine Tavernier de Boullongne, fille de finance, devenue en 1766 vicomtesse de Montmorency-Laval, désirait passionnément une place à la Cour. Elle lui fut durement refusée. « La famille de Montmorency se tint pour offensée et cet affront à une femme qui n'était plus Mlle de Boullongne mais Mme de Laval », rapporte la comtesse de Boigne.

Il fallut attendre jusqu'à la fin du siècle dernier – le temps que, par le jeu des mariages, il n'y eût pratiquement plus de famille de haute noblesse qui pût se dire exempte de l'apport du sang des financiers – pour qu'il fût rendu justice à ces héritières qui ont évidemment transmis les qualités éminentes de leurs pères à leurs héritiers. C'est d'Avenel, pour qui la mésalliance est une sélection et une régénération de l'espèce, une infusion de qualité supérieure d'intelligence et de volonté. Les qualités de la fille dérivent de celles du père : énergie, habileté, hardiesse, et quelquefois les qualités de l'aïeul roturier passent aux petits-enfants gentilshommes.

Léontine de Villeneuve reconnaît, à la fin du siècle dernier, que le nom de Villeneuve doit sa restauration à la fille d'un commerçant retiré de Saint-Pons, opportunément épousée à la fin du xviiie siècle : Rose Amblard : « C'est elle qui stimula l'orgueil permis d'une famille qui s'était laissé envahir peu à peu par l'obscurité d'une trop humble existence. » Rose avait été élevée dans un couvent de Toulouse avec les filles des premières familles de la région; ainsi la famille de Villeneuve reprit-elle sa place éminente dans le monde toulousain.

Élisabeth de Gramont souligne que les qualités d'organisateur de Gaspard de Clermont-Tonnerre, ministre de la Guerre qui prépara l'expédition d'Alger, lui venaient de son ancêtre Samuel Bernard. C'est encore Alix de Choiseul-Gouffier qui, en 1882, vante les qualités des financiers du xviiie siècle, par opposition à ceux de son temps.

Ces financiers d'Ancien Régime ont su détourner en plusieurs occasions les nobles de la seule participation aux affaires du roi et les intéresser au développement du commerce.

Pour ne pas rester sur une image trop abstraite du faubourg Saint-Germain, caste idéalisée de haute noblesse d'épée, mais tout irriguée du sang des autres noblesses, noyau lumineux attirant les particules les plus brillantes de la nébuleuse aristocratique, nous terminerons par la description de quelques types d'usages et d'effets de l'argent au cœur de ce milieu.

Reconnaissons d'abord le type du fastueux de position, comme Lauzun qui se dit lui-même « magnificent ».

Arrière-petit-fils du négociant financier Antoine Crozat, il perdit sa mère à sa naissance, et aurait dû hériter, de plus, de la sœur de celle-ci, si le duc de Choiseul, son époux, n'avait mangé tout son bien.

Neveu d'autre part du maréchal de Biron, Lauzun dispose d'une fortune de 4 millions de livres, soit un revenu de 200 000 livres par an, plus 150 000 livres du fait de sa femme.

Il eut une carrière militaire sérieuse : colonel à vingt ans, maréchal de camp à trente-six – donc très tôt, dans les deux cas – il devra attendre neuf ans sa nomination de lieutenant général (en 1792!). Il en est mécontent : « Moi à qui l'on permettait à peine de bien servir à l'autre bout du monde. » Ses amis disent qu'il est « dans un pays où l'on sait peu ce qu'il vaut ». Ayant levé et entretenu des régiments à ses frais, il se formalise, après une expédition au Sénégal, « de ne recevoir ni grade ni traitement ».

Lauzun dépense beaucoup; il veut que sa femme soit « magnifique » elle aussi. Il entretient des filles dans sa petite maison de la rue Saint-Pierre. Il se passionne pour les courses de chevaux et contribue, avec son ami Guéménée, avec le comte d'Artois et le duc de Chartres, à les établir publiquement en France. Ils y parviennent le 9 mars 1775.

A Fontainebleau, le 30 octobre 1776, Lauzun et ses amis signent un contrat qui jette les bases de ce qui ressemble fort, dit Nicole de Blomac, à une nouvelle « loge », ou à une version française du Jockey Club anglais, fondé en 1752, auquel ils appartiennent tous. Il faut faire courir des chevaux « de race française, nés et élevés en France ». Mais une écurie coûtait cher, les courses ne rapportaient rien et le roi n'acceptait guère cette « humiliante imitation de l'Angleterre ».

Lauzun constata un beau matin qu'il devait 1 500 000 livres; « Cela n'était pas, dit-il, fort extraordinaire ». De même le prince de Poix (1752-1819), dira sa petite-fille, « n'avait à se reprocher que le désordre d'argent qui, dans ce temps-là, était une chose presque générale ». C'est vrai si l'on songe aux 12 millions de la banqueroute de Guéménée, qui va aider son ami cette fois à sortir du mauvais pas. Et Lauzun doit faire exactement ce que Mirabeau dénonçait : vendre ses terres, payer ses dettes et placer l'argent qui reste en rentes viagères, sur sa tête et sur celle de Mme de Lauzun.

Toutefois, il ne se conduit pas exactement comme le courtisan corrompu par l'argent, selon Mirabeau. Il se fait gloire en effet d'avoir refusé une gratification en argent que le ministre de Sartine voulait lui donner pour régler ses dettes : « Sa Majesté avait l'intention de me donner une somme d'argent considérable et une forte pension. » Lauzun dit qu'il refusa les deux; qu'il n'en avait pas besoin, et que ce qui lui restait était plus que suffisant à son ambition.

C'est aussi le duc Anne-Joseph de Montmorency-Laval (1747-1817), caractère « réellement original », intime de Lauzun, qui avait juste le même âge, célèbre pour ses mots; c'est lui qui parlait des quatre coins de la cour ovale, qui montait à cheval pour arriver *currente calamo* « au fil de la plume »; qui croisait sa belle-fille à pied sous la pluie, et lui disait le soir : « Caroline, vous avez dû être horriblement mouillée ce matin; je vous aurais bien fait monter dans ma voiture mais j'ai craint l'humidité si on ouvrait la portière. » Égoïsme ou fatuité? C'était un joueur qui vivait de son jeu, dit Adèle d'Osmond : « Il comptait sur cent mille écus de rentes en fonds de cartes, comme il aurait compté sur un revenu en terres. » Il était le plus beau joueur et le plus juste qu'on pût rencontrer. N'oublions pas que le gain des cartes est aussi un gain sacré, un don de Dieu.

Lauzun et ses amis se rattachent au groupe animé par le marquis de Voyer, et que Talleyrand appelait « les corrompus ». Pas toujours irréligieux, ils se sont montrés souvent déçus par le service dans l'armée. Sous le ministère d'Argenson, mécontents sans doute de la montée des mérites, plusieurs ont démissionné, nous l'avons dit, comme Antonin VII, duc de Gramont, cousin germain de Lauzun, ou le comte de Lauraguais. Lauzun, « fat célèbre », comme il le dit lui-même, vivait dans un monde à part, qu'il s'était construit, héroïque d'une certaine façon. « Un fastueux, dit Le Maître de Claville, craint de se communiquer aux hommes, il ne veut commercer qu'avec des demi-dieux. » Lauzun, lui, jouait les chevaliers servants auprès de Marie-Antoinette ; ainsi rêvera-t-il en toute fatuité : « Je m'attachai sincèrement à la reine, dont les bontés et la confiance me touchaient. Je voulus lui faire gouverner un grand Empire, lui faire jouer à vingt ans le rôle le plus brillant qui pût à jamais la rendre célèbre. Je voulus enfin qu'elle devînt l'arbitre de l'Europe ; mais plus je désirais la couvrir de gloire, plus il me semblait que je devais rendre facile la route qui devait la conduire à l'immortalité. »

On appelait ces jeunes gens les « brillants », les « merveilleux ». Ils ont vécu intensément en faisant la mode. La dépense de luxe entraîne un redoublement du train de maison, signalé par Mirabeau. Choiseul-Gouffier a dix-sept domestiques, dont deux valets de chambre et cinq laquais ; il entretient dix chevaux. Le prince de Lambesc a treize domestiques. « Les grands seigneurs et grandes dames, écrit Jacques de Bouillon, étalent les plus grands fastes, qui jettent beaucoup de poudre aux yeux des sots ; cela consiste à avoir de fort beaux habits brodés d'or ou d'argent [...], des centaines de fainéants appelés valets de chambre habillés superbement. On voyait dans les antichambres, vautrés sur des banquettes, des grands coquins de deux cents pieds de haut ; ces gaillards-là étaient des laquais. » Cela nous fait souvenir des « colosses » de la « meute éparse, magnifique et désœuvrée des grands valets de pied qui dormaient sur des banquettes et des coffres » à l'hôtel de Saint-Euverte chez Proust.

La Bruyère a défini le luxe de substitution, dans sa période de parfaite simplicité; celui-là cohabite avec la magnificence : « Les grands en toutes choses se forment et se moulent sur de plus grands, qui de leur part, pour n'avoir rien de commun avec leurs inférieurs, renoncent volontiers à toutes les rubriques d'honneurs et de distinctions dont leur condition se trouve chargée, et préfèrent à cette servitude une vie plus libre et plus commode; ceux qui suivent leur piste observent déjà par émulation cette simplicité et cette modestie. Tous ainsi se réduiront, par hauteur, à vivre naturellement et comme le peuple. Horrible inconvénient! » Une telle attitude permettait de conserver toute sa distinction en se déclarant le disciple de Rousseau dont *la Nouvelle Héloïse* et l'*Émile* eurent une immense influence. Rousseau souhaite restaurer une sociabilité qu'il dit naturelle, en s'inspirant des mœurs paysannes : familiarité cordiale et modérée sans grossièreté, sans fausseté, sans contrainte. La conversation se ferait dans un « conflit badin, plus charmant cent fois que la politesse, et plus fait pour lier les cœurs ». « Nous serions nos valets pour être nos maîtres; chacun serait servi par tous. »

Ce style évoque la famille royale, et Louis XVI à Versailles. « Ils se sentaient le besoin de se retrouver comme de bons bourgeois autour de la même table, dit Siguret; personne n'entrait qu'il ne fût appelé par la petite sonnette placée près du roi. »

Charles François Frédéric de Montmorency-Luxembourg (1702-1764), maréchal de France en 1757, fut spécialement sensible au message de Rousseau et abandonna, avec lui du moins, toute forme de distance. « La perte ce se bon seigneur me fut d'autant plus sensible que c'était le seul vrai ami que j'eusse en France; et la douceur de son caractère était telle qu'elle m'avait fait oublier tout à fait son rang, pour m'attacher à lui comme à mon égal [1]. »

C'est ici qu'il faudrait évoquer maintenant le type sadien de sociabilité – ou plutôt d'insociabilité; l'amour de soi, l'intérêt particulier exacerbé en intérêt personnel conduisent à la recherche de l'impunité, du « crime le plus public » et qui reste le « plus privé », à l'intérieur de la reli-

---

1. *Confessions*, XII.

gion catholique sans laquelle, comme le souligne Jacques Domenech, les sacrilèges et les profanations n'ont aucun sens. Sade installe le climat de déshonneur : « Ce serait à tort que l'on imaginerait que la roture seule s'était occupée de maltôte. Elle avait à sa tête de très grands seigneurs. Le duc de Blangis, l'évêque de..., le président de Curval, le financier Durcet » qui fondent une société en commandite pour l'exercice du luxe, de la bonne chère et des « débauches sourdes » de la lubricité. Le budget en est de deux millions par an. Mais nous sommes ici aux frontières du « monde renversé » dans le domaine de « l'insensé » eût dit d'Holbach. Revenons à la « sociabilité ».

La caste du faubourg Saint-Germain s'est ouverte, la Cour reçoit la Ville. Elle n'a plus guère les moyens financiers d'un luxe d'ostentation qui puisse créer de loin des liens de prestige avec le peuple ; Lauzun, qui prit pourtant cette voie, était d'une famille de finance ; il est vrai qu'il était acclamé aux courses et que « le public l'applaudissait longuement », comme plus tard Sagan ; c'est là un style de luxe anglais, avec clubs ; c'est là la grande fatuité, la « fatuité célèbre ».

À l'opposé, dans une perspective de substitution, à certains égards rousseauiste, s'ouvrent les grands salons, pour les hommes de lettres, pour les financiers, pour les hommes d'Église aussi évidemment, tel celui de la maréchale de Luxembourg. Parallèlement, les académies s'ouvrent aux grands seigneurs. La perspective de cette fusion est tout à fait française et hostile à l'anglomanie : « Il faut que les grands soient bien supérieurs à leur propre grandeur quand ils peuvent deviner les plaisirs de l'égalité », dit l'abbé de Voisenon.

Le tableau du grand monde, avant son ouverture en quelque sorte, est donné par le regard décapant de La Bruyère : « Ces hommes si grands ou par leur naissance, ou par leur faveur, ou par leurs dignités, ces têtes si fortes et si habiles, ces femmes si polies et si spirituelles, tous méprisent le peuple, et ils sont peuple. [...] Le fond y est le même que dans les conditions les plus ravalées : tout le bas, tout le faible et tout l'indigne s'y trouvent. [...] Ici [...], l'on se dit des injures plus poliment, et en meilleurs termes, l'on n'y

147

blesse point la pureté de la langue, l'on n'y offense que les hommes ou que leur réputation. »

Il semble que « l'ouverture » ait entraîné un armistice entre les hommes de lettres et les grands nobles. L'abbé de Voisenon célèbre longuement le « mélange des hommes de cour et des gens de lettres qui leur devint réciproquement utile. [...] Ils se communiquèrent ce qui leur manquait. [...] Les gens de cour apprirent à raisonner, les gens de lettres apprirent à converser, etc. » Mirabeau, nous l'avons vu, décrivait déjà les bénéfices mutuels du contact entre les financiers et les hommes de cour.

Un feu sacré d'urbanité française, comme dit le duc de Lévis, brille sur ces salons. « Dans le grand monde, écrit Sébastien Mercier, on ne rencontre point de caractères outrés. [...] Une noble familiarité y déguise avec adresse l'amour-propre, et l'homme de robe, l'évêque, le militaire, le financier, l'homme de cour, semblent avoir pris quelque chose les uns des autres : il n'y a que des nuances et jamais de couleur dominante [1]. » D'Allonville dira plus tard des salons : « Tout tendait à s'y niveler, les mœurs comme la fortune. [...] Ce ton, dont j'ai déjà si souvent parlé? C'était la constante habitude de ne choquer en rien les règles de la décence et de la plus exquise politesse, de se montrer, selon les rangs et les âges, respectueux sans bassesse, gai sans licence, galant sans prétention, spirituel sans afféterie, d'éviter une expression trop vulgaire, toute manière trop commune, de ne permettre que rarement des peintures trop vives, mais en les voilant de la pudeur des expressions, d'émousser aussi les traits de la plaisanterie pour éviter de la rendre choquante [2]. »

On comprend qu'il s'est créé un code de sociabilité, « d'urbanité française » qui vise à satisfaire, dans l'ordre, aux convenances, aux bienséances, aux préséances. Les manquements s'appellent impertinence, indélicatesse qui blessent le sentiment et irritent; indécence ou imprudence qui blessent la moralité et causent l'indignation; insolence, enfin, qui touche à la préséance et à l'honneur, qui vexe et provoque l'offense.

---

1. *Tableau de Paris*, IV, cité par François Bluche.
2. *Mémoires secrets*, cités par Yves Durand.

C'est sous l'angle du bouleversement de cette hiérarchie des règles, de cette politesse, causé par l'apothéose de l'or et de la montée des parvenus, que Mirabeau, dans *l'Ami des hommes*, a choisi, lui, de décrire le grand monde. Son angle d'attaque est la fatuité, comme plus tard le snobisme sera celui de Proust. L'analogie s'établira sur pièces, dans le détail, mais les conclusions seront opposées : le narrateur de Proust utilise le snobisme pour pénétrer le milieu aristocratique ; apparemment, le jour où il comprend que ce qui caractérise le Faubourg c'est « sa prodigieuse aptitude au déclassement », il cesse d'y croire. Mirabeau, lui, cherche à restaurer, par son « renversement », la sociabilité détruite par la cupidité. Il traque la fatuité responsable du déplacement de la société, et cherche à réduire la montée de l'or, qui devient abusivement « principe de distinction, de plaisir, et d'honneur ».

La fatuité, qui est à l'opposé de la délicatesse, est une folie (fat est le même mot que *fadat*), une inadaptation qui se situe, selon La Bruyère, entre l'impertinence et la sottise. La fatuité n'atteint généralement pas au niveau de l'insolence, mais elle choque les convenances et la bienséance, puisque l'affectation, qui est une volonté de sortir de son naturel pour imiter de nouvelles manières, est essentiellement condamnable, et de la nature du déguisement – ce qui est, à la lettre, l'affectation dans la parure, le geste et le langage. Le fat sera donc tragi-comique, tragique parce que fou d'ambition, comique parce que déguisé. Toutefois, dira plus tard Louis de Bouillé (1769-1850) : « Il y eut un temps où la fatuité était un mérite et même un art parmi les hommes du grand monde. Elle avait ses principes, ses règles, sa théorie et sa pratique. Le vicomte de S... [Ségur?], qui y excellait, disait à ce sujet : "n'est pas fat qui veut". »

Mirabeau constate que la politesse telle qu'il l'a définie [1] « ne peut être observée dans une société composée de gens tous déplacés, ou par leur succès ou par leur désir ». Duclos a bien montré qu'on devait rendre aux financiers, compte tenu de leurs dignités, les mêmes égards, les respects mêmes, qu'on a pour ceux qui sont dans les places auxquelles on les rend par devoir. Quant au « désir », à la pré-

---

1. Voir chapitre III, p. 88.

tention, ils vont rendre impertinents des financiers qui n'ont vu longtemps que des protecteurs dans les gens de condition, et qui maintenant y voient des rivaux. La présence des parvenus, le contact avec eux enclenchent le mécanisme de la surenchère du luxe, de la dépense et de la ruine.

La fatuité est contagieuse. Le grand seigneur, côtoyant les parvenus, est obligé de composer avec la politesse. « C'était autrefois, dit Duclos, une espèce de bonté de ne pas humilier les financiers. Aujourd'hui qu'ils tiennent à tout, le mépris pour eux serait, de la part des gens de condition, injustice et sottise.

« Si les raisons de décence ne répriment pas la hauteur des gens de condition à l'égard de la finance, celles d'intérêt les contiennent... Quelquefois, ils se permettent avec les financiers ces petits accès d'une humeur modérée, d'autant plus flatteuse pour l'inférieur qu'elle ressemble au procédé naïf de l'égalité. Ceux qui jouent ce rôle désireraient que les spectateurs désintéressés le prissent pour de la hauteur. »

Mirabeau reprend, et décrit la suite : « L'homme de cour qui, soupant chez le financier, se donne, par composition avec sa vanité souffrante, des airs d'aisance et de fatuité, reçoit à peu près l'équivalent de sa mise en monnaie de plus bas aloi, et cependant d'égale valeur. On se met à l'aise avec lui, comme il ne se gêne pas avec les autres. Cet état forcé de part et d'autre devient, par l'habitude, une façon d'être. Ce nouveau genre de politesse devient bientôt général; les gens sages resserrent chaque jour leur société. » « Il me semble, conclut – en quelque sorte – Proust, que dans une société égalitaire, la politesse disparaît, non, comme on croit, par le défaut d'éducation, mais parce que chez les uns disparaîtrait la déférence due au prestige, qui doit être imaginaire pour être efficace, et surtout chez les autres l'amabilité qu'on prodigue et qu'on affirme quand on sent qu'elle a, pour celui qui la reçoit, un prix infini, lequel dans un monde fondé sur l'égalité, tomberait subitement à rien, comme tout ce qui n'aurait qu'une valeur fiduciaire. »

Si l'argent devient un principe de distinction, il met en cause les vieilles hiérarchies du respect, toute la fantasmatique de la politesse, rendant le luxe de substitution inutile, stérilisant l'amabilité protectrice « cultivée à l'encontre des bourgeois, que cette noblesse méprise assez pour croire que sa familiarité les flatte ».

L'argent, l'intérêt, le luxe endurcissent le cœur : le grand seigneur vend son nom, récrimine contre son père qui ne lui cède pas assez vite l'héritage : « J'ai resté, dit le dernier duc de Bouillon, avec mes petits quatre mille livres depuis 1772 jusqu'en 1782, à cause du tigrissisme despotisme que cet homme-là avait dans l'âme. » Les amis même, dit Mirabeau « sont appréciés au tarif de l'espérance plus que du mérite ». Le sentiment disparaît, le milieu se dessèche : « Admis au sommet, dans des réduits particuliers, et fréquent de ma nature, je me disais en sortant : ces gens-là ont bien des choses à se dire quand ils sont seuls, car ils n'en disent guère devant un tiers. En persévérant, il m'est arrivé de me trouver de l'intérieur absolu ! A l'exception de quelques traits contre des rivaux, du récit de quelque anecdote secrète, d'une sorte de relâchement enfin de cette prudence sèche que l'intérêt prodigue sans effort à ses moindres adeptes, ils n'avaient rien de plus à dire. Rien de soi, de son cœur, de son esprit, de ses sentiments. Tout cela était engourdi, et mort par l'habitude d'être en écharpe et j'ai cru longtemps que les gens du monde n'avaient pas de cœur. » Qui n'évoquerait immédiatement le passage de *Du côté de Guermantes* [1] : « A plusieurs reprises déjà j'avais voulu me retirer. [...] Mon départ allait permettre aux invités [...] de célébrer les mystères pour la célébration desquels ils étaient réunis. On ne disait que des riens sans doute parce que j'étais là ! » La fatuité, eût dit Vauvenargues, dédommage du défaut de cœur ! Ils sont « peuple », dit La Bruyère ; « Je les avais trouvés vulgaires », dira Proust, et Mirabeau déplorait la disparition de la « noblesse de mœurs ». Toutefois *l'Ami des hommes* ne baisse pas les armes : battons-nous, dit-il, pour la vivification de la noblesse, « pour la confiance entière que j'ai en cet unique objet : la liberté », contre la cupidité. C'est un des enjeux qui donnaient, pour les nobles, à cette période réformatrice et constituante, le « plaisir de vivre ».

1. La Pléiade, *A la recherche du temps perdu*, t. II, 191, p. 543.

Les mesures mal coordonnées qu'on a prises pour remettre ce monde en harmonie montrent pourtant toute l'importance du principe du don, véritable source de l'honneur, et la gravité d'une perturbation de ses applications dans un gouvernement monarchique, qui suppose le préjugé de l'honneur.

Les mœurs bousculent les rangs, égalisent les conditions ; les gens se concurrencent dans le domaine du luxe ; la liberté le leur permet ; les lois somptuaires ne sont plus de mise. La substance de la société est largement ordonnée par l'argent qui crée des égalités que le préjugé ne reconnaît pas.

La dignité et la prérogative, l'inégalité des ordres est donc rappelée par le gouvernement. Ce n'est pas la société, la substance, qui fonctionne d'après les ordres, c'est la forme, le gouvernement, dont les principes sont des principes d'ordre.

À l'argent qui régit tout, la noblesse a essayé d'opposer à nouveau l'honneur comme régulateur de la société.

6

LA RÉGÉNÉRATION

La régénération spirituelle. – Nouveaux rapports sociaux. –
Reconstitution des fortunes.

Le fait central, premier, qui commande tous les rapports
de la noblesse revenue, avec la société, y compris son état
d'esprit à l'égard de l'argent, c'est sa nouvelle adhésion religieuse, dont la lancée se fera sentir pendant un siècle au
moins. La dévotion militante au Sacré-Cœur joua un rôle
essentiel. Très souvent déprécié en tant qu'il se serait dis-
sous dans une « sentimentalité pieusarde », ce culte, simple
et complexe, a rapproché la haute noblesse du peuple et
engendré toutes sortes d'actes de solidarité.

La restauration des ordres de l'Ancien Régime ne pourra
se faire, mais c'est finalement sous la forme d'une aristocratie de cœur que la haute noblesse retrouvera sa place en
adoptant comme mode d'influence le « patronage », type de
gestion étranger au capitalisme.

Le Faubourg n'a pas négligé pour autant les moyens de
reconstituer sa fortune sérieusement entamée.

Nous nous attacherons d'abord à décrire les effets moraux
de la Révolution sur la haute noblesse et particulièrement,
et en premier lieu, de l'émigration. C'est encore d'un échantillon que nous partirons pour en dire maintenant quelques
mots : échantillon toujours trop réduit; soit quarante-deux
familles et cent quarante-trois individus.

63 pour cent ont émigré ; à examiner les classes d'âge, on voit que ceux qui étaient nés entre 1701 et 1730 ont émigré une fois sur deux ; les natifs des années 1731-40 ont tous émigré ; la proportion décroît ensuite : 1741-50, 82 pour cent de départs ; 1751-60, 80 pour cent ; 1761-71, 77 pour cent ; 1771-80, 61 pour cent ; 1781-90, 22 pour cent ; finalement 78 pour cent des plus jeunes ne sont pas partis : « On ne pensait, dit Léontine de Villeneuve, que toucher barre à Coblenz. »

De ces enfants de 1790, 80 pour cent (31 sur 39) ont servi l'Empereur, de gré ou de force, dont 20 pour cent au moins dans l'armée. La durée moyenne de l'absence de France des émigrés fut supérieure à quinze ans. C'est dire que la proportion des membres du « dernier carré » d'irréductibles fut encore forte ; ici 40 pour cent de retours en 1814 ; 60 pour cent sont donc revenus avant, dont l'essentiel – 80 pour cent – entre 1799 et 1803 ; c'est ce qu'on a appelé le « grand retour », consolidé par le sénatus-consulte du 26 avril 1802, qui accordait l'amnistie. De ceux qui sont rentrés alors, un quart a accepté de servir Bonaparte.

Il y a des familles qui ont émigré en bloc, y compris les enfants : Bouillé, Caraman, Castellane, Chambrun, Croÿ, Damas, Duras, Fitz-James, des Cars, d'Haussonville, Polignac. Inversement, n'ont que peu ou pas émigré les Bauffremont, les Beauvau, les Clermont-Tonnerre, les Montesquiou, les Montmorency-Laval, les Ségur. Il y eut aussi des familles partagées non pas seulement parce que les plus jeunes ont dû servir, mais à cause de convictions différentes ; certains payèrent de leur vie le fait d'être restés, parfois après avoir soutenu des positions « démocrates » : Broglie, Clermont-Tonnerre, Lauzun, Noailles. Qui dira ce qu'a pesé dans cette attitude le fait de descendre de Crozat (pour Lauzun et Charles de Broglie), de Samuel Bernard (pour les Clermont-Tonnerre) ou de Le Bas de Montargis (pour les Noailles). « On ne sait pas assez aujourd'hui, disait en 1850, Anne Paule Dominique de Noailles, marquise de Montaigu, avec quelle chaleur et quelle bonne foi la noblesse et nombre de seigneurs de la Cour avait embrassé l'idée d'une réforme générale de l'État. »

Indépendamment des risques proprement militaires

qu'encouraient les participants aux guerres, la haute noblesse avait eu à subir les effets de la Terreur.

Ce furent les massacres de septembre 1792 ; deux cent treize des prêtres qui avaient rejeté la Constitution civile et refusé de prêter serment, parfois publiquement, comme le curé de Saint-Sulpice en présence « des personnes les plus connues par leur aristocratie », réunis dans les neuf prisons de Paris, sont massacrés du dimanche 2 septembre au mardi 4 au soir. Ils ont été béatifiés en 1926. Parmi eux, deux frères, membres de la famille de La Rochefoucauld, les évêques de Saintes et de Beauvais, et l'archevêque d'Arles Jean-Marie du Lau, avec son vicaire général Armand de Foucauld, parent de Charles de Foucauld : « Pour déconcerter les menaces de l'étranger, il faut faire peur aux royalistes, disait Danton, oui, leur faire peur ! » Mais recevant en émigration la lettre qui lui donnait un récit des journées de septembre, Mme de Montagu dit : « Le courage des victimes m'inspire des sentiments de joie et de reconnaissance qui surpassent l'horreur du forfait. »

Ce fut la Grande Terreur. Et l'exécution de Lauzun, le 31 décembre 1793 ; Lauzun finissait une douzaine d'huîtres quand le bourreau arriva :

– Citoyen, permets-moi d'achever.

Il lui donne les restes de sa bouteille de vin :

– Bois, tu dois avoir besoin de courage, au métier que tu fais.

Et l'exécution de trois des membres de la famille de Noailles, le 22 juillet 1794 : Catherine Charlotte de Cossé Brissac, épouse du maréchal de Noailles ; Anne Louise Henriette d'Aguesseau, sa belle-fille, duchesse d'Ayen ; Louise de Noailles, épouse de son cousin Louis-Marie ; et le père de celui-ci, le maréchal de Mouchy : « J'ai monté à l'assaut pour mon roi à quinze ans ; je mourrai bien pour mon Dieu à quatre-vingts ! »

Les filles de la duchesse d'Ayen composèrent ensemble des « litanies de nos mères » : « Cherchons, diront-elles, à entrer dans les dispositions de ces chères victimes, lorsqu'elles se préparaient au supplice, pénétrées de résignation et animées d'une si ardente charité. Prions pour leurs ennemis, à leur exemple, et, comme il est dit dans les dernières lignes de leur testament, non seulement pardon-nons-leur, mais prions Dieu de les combler de ses miséri-cordes. Espérons recueillir de nouvelles bénédictions pour l'accomplissement des devoirs de notre état. » Ces disposi-tions si remarquables au pardon font écho à la demande de Louis XVI à son fils : « Qu'il ne cherche pas à venger notre mort. »

Ce fut encore l'échec de l'expédition de Quiberon en 1795, où deux cents prisonniers sommairement jugés sont exécutés après la reddition : ainsi disparurent, souvent dans le cri de « Vive la religion, vive le roi! », Charles de Som-breuil, Joseph, comte de Broglie, Louis de Talgouët, le comte de Soulanges, le comte de Rieux, le comte de Kerga-riou de Locmaria qui dit : « Comme votre ancien, je réclame l'honneur de marcher le premier au supplice », et comme on attache les prisonniers : « Faisons mieux et marchons pieds nus pour imiter la passion de Notre-Seigneur. »

> *On dit que, de nos jours, viennent, versant des larmes,*
> *Prier au champ fatal où ces preux sont tombés,*
> *Les vierges, les soldats fiers de leurs jeunes armes,*
> *Et les vieillards lents et courbés.*
> *Du ciel sur les bourreaux appelant l'indulgence,*
> *Là, nul n'implore la vengeance,*
> *Tous demandent le repentir,*

écrira Victor Hugo dans *Quiberon*.

S'ajoute encore l'exécution du duc d'Enghien, en 1804, qui creuse un fossé et entrave bien des retours. On remar-quera que dans presque tous les cas, soit les victimes, soit leur famille, soit les deux, expriment leur pardon aux bour-reaux dans un puissant esprit de religion. La souffrance a remué les cœurs.

En France, parfois dès son retour d'émigration, la haute noblesse avait dû servir, pratiquement sur réquisition dans bien des cas, et sans qu'il soit possible de refuser si l'on pou-vait craindre que les restitutions de biens séquestrés ne soient interrompues.

— Qui est-ce? disait l'Empereur.

— Sire, c'est X ou Y, le comte de Périgord, Alexis, comte de Noailles, Hippolyte de Bonneval, etc.

– Qu'on lui envoie un brevet de sous-lieutenant!
Malheur au jeune noble qui ne voulait pas servir.

Il fallut recevoir des titres de noblesse impériale. Subis au début, ils furent acceptés sans dérision après Iéna où Bonaparte s'était montré capable de battre les invincibles Prussiens. « Je ne vois rien de plus beau, de plus digne d'envie, écrira la baronne de Montet, que de léguer à sa patrie un nom nouveau à ajouter aux annales de sa gloire. » « Un jour, disait le comte de Mailly, mes petits-enfants seront aussi fiers de mes services sous Napoléon que nos aïeux sous les croisés. » Léontine de Villeneuve ajoute que cette noblesse, outre les privilèges incontestables de la gloire militaire, fut en quelque sorte consacrée par la justice de la vieille royauté à son retour en France (article 71 de la charte de 1814).

Dans l'émigration, hors les rares cas où les revenus des femmes pouvaient parvenir en exil, il fallut travailler pour vivre.

Le roi, dans son immense bonté, ironisait Mme de Boigne, avait permis de travailler sans déroger. Les hommes devinrent précepteurs, peintres d'éventails, de miniatures, vendeurs d'onguents, accommodeurs de salades... Les femmes cousaient. « Des femmes de la plus haute volée travaillaient dix heures de la journée pour donner du pain à leurs enfants. » Elles se dénigraient mutuellement, se jalousaient « en véritables ouvrières ». Il est certain qu'elles ont acquis dans ces temps-là une bonne « idée de la valeur des choses ou de l'argent » et une connaissance du « matériel de la vie », comme dit encore Mme de Boigne.

Quant aux hommes à la guerre, à l'armée des Princes, ou dans une armée étrangère, autrichienne, anglaise, russe, confrontés à un nouveau style militaire, il leur fallait parfois combattre des Français. Olivier de Vérac (1768-1858) décrit son isolement. Après Castiglione, il déplore son existence agitée, la vie épouvantable à laquelle il est livré, les spectacles affreux qu'il a sans cesse sous les yeux, la solitude de son âme. Sa souffrance est si visible que son père exige qu'il quitte l'armée et rentre.

En France, dans la période de la Terreur, la vie des suspects était intenable. S'ils restaient en disant : « On nous égorge dans les prisons, on brûle nos manoirs; faut-il périr sous les combles embrasés de nos propres édifices? », il s'en trouvait, comme Kératry, pour leur répondre : « Tout un peuple a été mis en irritation, toutes les espérances, même celles des méchants, ont été déchaînées, en partie au moins par vos torts. Vous voudriez que l'on vous eût répondu d'un doux repos? Croyez-vous donc que nous ayons été sur des roses? »

Exposé à la délation, le suspect l'était aussi à l'abandon : Brumauld de Beauregard, futur évêque d'Orléans, alors prêtre du diocèse de Luçon, dit son amertume car son « évêque, et surtout le doyen de Luçon, son ami avec lequel il partageait son logement, l'abandonnèrent la surveille des massacres, et s'évadèrent de Paris sans lui avoir donné le moindre avis ».

Il s'établit une solidarité des victimes désignées. Brumauld raconte qu'au cours d'un voyage, il ne put supporter sans réagir le récit de l'assassinat de la princesse de Lamballe fait par un sous-officier qui y avait assisté. Remarquant son émotion, cet homme lui dit : « Si je croyais que tu fusses noble, prêtre ou financier, je te passerai mon sabre dans la poitrine, je te jetterai par la portière, et il n'en serait rien. »

L'exécution des évêques, des prêtres, des nobles, des fermiers généraux ès qualité, a effacé bien des barrières à l'intérieur de l'aristocratie. « La noblesse remontée du fond du gouffre de la Révolution en sortit peut-être plus fière d'elle-même », écrira Léontine de Villeneuve. « Toute croyance se fortifie par la persécution, dira Delphine de Girardin, le 17 janvier 1840, l'orgueil s'engage par la lutte, le cœur s'attache par la douleur; on n'abandonne jamais la cause pour laquelle on a longtemps souffert. Comment voulez-vous qu'une femme ne soit pas fière d'être comtesse ou marquise, quand elle se rappelle toutes ces femmes qui ont eu la tête tranchée parce qu'elles étaient comtesses ou marquises? La noblesse en France n'était qu'une institution; à force de lâcheté et de haine, vous en avez fait une religion, vous lui avez donné le baptême du sang; et vous aurez beau faire, la noblesse ne périra pas, parce qu'elle a eu ses martyrs comme la liberté. »

Une fois de retour, les parents des victimes assurèrent la dignité des cimetières. Mme de Montaigu retrouva l'endroit où reposaient sa grand-mère, sa mère et sa sœur. Il appartenait depuis 1796 à la famille de Salm dont un membre avait été exécuté, lui aussi, à la barrière du Trône. Une société fut créée qui racheta le couvent voisin et le reste de l'enclos qui furent confiés, en 1805, à des religieuses des Sacrés-Cœurs de Jésus et Marie de l'adoration perpétuelle et, plus tard, à des prêtres du Sacré-Cœur. L'enclos devint lieu d'inhumation pour les familles des victimes.

En 1797, la mère Camille de l'Enfant Jésus acheta le couvent désaffecté des Carmes (actuellement Institut catholique) où son père avait été incarcéré. Elle abrita dans le couvent le clergé de Saint-Sulpice ; elle fit restaurer la chapelle des martyrs où tous les ans, jusqu'en 1830, on célébrait une cérémonie expiatoire ; puis le couvent fut vendu à l'archevêque de Paris qui voulait y établir l'Institut catholique.

Vérac évoque la solidarité des émigrés de retour à Paris. Revenu en 1800, il est logé dans une chambre de domestiques par sa cousine la comtesse de Charost. Son mobilier, confie-t-il, consistait en une chaise et un lit à tiroirs. « L'absence de luxe, d'étiquette, de tout devoir de cour, donnait à la société de cette époque un cachet de noble simplicité. » La baronne de Montmorency-Fosseux (Anne-Louise de Goyon-Matignon), femme de l'aîné de la famille, lavait et repassait elle-même sa robe de mousseline ; elle avait un cabriolet par moitié avec son beau-frère ; si elle dépassait minuit, le cabriolet n'étant plus à elle, elle rentrait à pied.

Les épreuves de la haute noblesse lui ont rendu plus qu'agréables, nécessaires peut-être, les retrouvailles au coude à coude dans l'espace amical du faubourg Saint-Germain.

Le prince d'Arenberg, à la mort d'Élie-Charles de Talleyrand, prince de Chalais, duc de Périgord, qui se trouve être depuis peu son beau-père, prononce l'oraison funèbre à la Chambre des pairs le 2 mars 1829 : « Au bonheur qu'ils éprouvaient dans leur intérieur de famille s'était joint celui d'une réunion d'amis qui, après la tourmente révolutionnaire, s'étaient groupés ensemble pour se prêter un mutuel appui, et qu'il faut avoir connus pour comprendre combien la supériorité des qualités du cœur et de l'esprit peut donner de consolidation dans le malheur. Les modèles de l'amitié la plus vraie, de l'urbanité la plus délicate sont bien rares. »

La comtesse de Boigne a connu ce groupe. Les liens d'amitié y étaient renforcés par des alliances : le second fils de la princesse de Poix avait épousé la fille du prince de Chalais ; on y voyait Sylvie de Rohan-Chabot, maréchale de Beauvau, sa belle-fille la princesse de Poix, les Chalais, les Montesquiou, la princesse d'Hénin, un des Damas, le fils de Lally-Tollendal, toujours pleurnichant ; on se réunissait tous les soirs.

De par leur âge, les personnages centraux de cette coterie inspiraient le respect et la considération qui les a entourés jusqu'à leur fin. Ils avaient conservé, « ayant peu subi l'influence de la Révolution », le ton de l'ancienne Cour que les plus jeunes, comme la comtesse de Boigne, venait goûter auprès d'eux, tout en les jugeant un peu frivoles.

« Notre génération, dira Mme de Boigne, a été rappelée à la simplicité par l'importance des événements. » C'est apprécier bien légèrement les souffrances de la princesse de Poix, belle-fille du maréchal de Mouchy, belle-sœur de Louise de Noailles, alliée aux Laborde, et qui fut donc au cœur du massacre. Simplement, elle n'avait pas émigré. On voit ici à l'œuvre une sorte de snobisme gradué de la souffrance, bien arbitraire naturellement, mais qui rendit inhabitable le faubourg Saint-Germain à ceux dont on pensait qu'ils n'avaient pas assez souffert : ce fut le cas de la famille de Ségur, établie rue de la Boétie ; la rancœur de la comtesse d'Armaillé, née Ségur, à l'égard du faubourg Saint-Germain vient de là.

Léontine de Villeneuve, qui a bien décrit les problèmes auxquels s'est heurtée la noblesse à son retour d'émigration, voit dans le royalisme un premier élément de restructuration : « Dépouillée de ce qui la constituait, cette noblesse était groupée et renfermée dans le camp retranché de ses opinions politiques... » Et, là, on traitait bien souvent Louis XVIII de jacobin. La régénération de la noblesse, sur la longue durée, vint certainement de la renaissance du catholicisme : « Ce grand fait du commencement du xixᵉ siècle fut l'œuvre de la noblese, dit toujours l'Occitane, du moins l'impulsion vint d'elle. »

Malgré la persistance du jansénisme dans quelques familles de la haute noblesse, on a considéré alors que cette doctrine avait plutôt éloigné les fidèles de la religion, en diminuant la part de l'amour au profit de la crainte ; « La doctrine de la non-universalité de la Rédemption tue l'amour [1]. » On estimait généralement que le jansénisme avait pris une grande part, pour la forme et pour le fond, à la Constitution civile du clergé.

Officiellement, le Saint-Siège, dit Louis Châtellier, reconnut la religion sensible qui avait été diffusée par les missionnaires dans les campagnes.

Un des premiers signes en avait été l'autorisation de la fête du Sacré-Cœur en 1765 ; Mgr Languet, frère du curé de Saint-Sulpice, biographe de Marguerite-Marie Alacoque à qui fut délivré le message du Sacré-Cœur en 1675, écrivait en 1729 : « Sous le nom du Cœur sacré de Jésus-Christ fait homme pour nous, on entend principalement les sentiments qui occupaient ce Cœur divin sur la terre, et qui l'occupent encore dans le Ciel, soit à l'égard de Dieu, pour la gloire duquel il s'est fait homme, soit à l'égard des hommes mêmes dont il a fait ses frères... A l'égard de Dieu, son Cœur était embrasé du plus pur et du plus parfait amour ; à l'égard des hommes, c'était, ce sont encore des sentiments de bonté, de tendresse, de compassion et de miséricorde. » « Trop souvent, dira Mgr Mermillod, on ne prend le culte du Sacré-Cœur que pour une forme de sentimentalisme. » Il se rattache à une spiritualité réparatrice : « Pesons dans une juste balance d'un côté l'amour du Cœur de Jésus pour nous dans l'Eucharistie, et de l'autre nos ingratitudes envers le Cœur de Jésus dans ce mystère, disait Vincent Beurrier, eudiste, en 1785. Pardonnez Seigneur, à votre peuple les blasphèmes, les profanations, les sacrilèges par lesquels il a si horriblement outragé votre aimable cœur... »

Huit écoles, dit le père Édouard Glotin [2], se réclamaient au XVIIIe siècle de la spiritualité moderne du Cœur de Jésus :

---

1. P. Pourrat.
2. *Dictionnaire de spiritualité*, article « réparation ».

Eudistes, Franciscains et Passionnistes, Chartreux, Bénédictines du Saint-Sacrement, Visitandines, missionnaires de Grignion de Montfort, Jésuites et Rédemptoristes. Il y avait à Paris quelques confréries du Sacré-Cœur : à Saint-Chaumont, Sainte-Madeleine-de-la-Cité, Saint-André-des-Arcs, Saint-Sulpice. Le parlement janséniste en fit supprimer deux ; la chapelle du Sacré-Cœur fut même détruite à Sainte-Madeleine en 1764. C'était en même temps une dévotion aristocratique, qui avait la protection de la reine Marie Leszczynska et de son fils le dauphin Louis-Ferdinand. La Révolution renforça la vocation réparatrice. Les temps révolutionnaires furent marqués par des conversions ou des « retours » : les plus célèbres concernent Joseph de Maistre, Chateaubriand, Mathieu de Montmorency, Mme Svétchine.

Camille Jordan raconte la conversion, en 1792, d'une dame parisienne : elle admire le parti de la résistance spirituelle qui refuse les serments : « Il régnait dans ce parti une fraternité très étroite et une joie toute singulière » ; elle considère les persécutés, « leur paix, leur joie de vivre » ; un prêtre réfractaire l'invite à sortir de son « étourdissement funeste » ; elle en sort, on l'accueille avec joie, son mari qui l'avait d'abord couverte de mépris se convertit peu après.

La haute noblesse conduite par les évêques, presque tous réfractaires, soutient la cause des non-jureurs et se rapproche de l'Église.

Un certain nombre d'anciens jésuites se trouvaient d'accord pour envisager la régénération mystique au lendemain de la Révolution sous l'étendard du Cœur de Jésus.

Le père Picot de Clorivière fonda à Paris l'association du Cœur de Jésus et celle du Cœur de Marie. Il écrivait à Adélaïde de Cicé le 30 avril 1791 : « Le temps d'entreprendre quelque chose de grand pour le Seigneur est venu. Il faut sauver avec nous du naufrage le plus de personnes que nous pourrons. » Le même jour, exactement, le père Lenfant écrit : « La dévotion au Cœur de Jésus fait de grands progrès. » Il commence à distribuer des sauvegardes à l'image du Sacré-Cœur qui seront considérées comme le « signe contre-révolutionnaire » par excellence. « La dévotion qui a pour objet celui que les images représentent est regardée, dit le père Lenfant, comme devant être le salut de l'Empire. »

Le culte du Sacré-Cœur fut encore renforcé par le bruit qui courut que Louis XVI, en 1792, à l'instigation de M. Hébert, un eudiste, son confesseur, aurait promis, s'il recouvrait sa liberté et sa puissance royale, de vouer la France au Sacré-Cœur. Certains, en 1815, par le canal de la brochure *Le Salut de la France*, demandèrent « comme le remède le plus sûr pour guérir et cicatriser les plaies que l'impiété a faites à ce royaume » que cette consécration fût faite au Sacré-Cœur, « dévotion sublime et tendre qui, pendant les temps les plus orageux, a rallié les fidèles serviteurs du roi ».

A la fin du siècle, les anciens Jésuites, y compris ceux qui s'étaient réfugiés en Russie, se regroupèrent d'abord sous l'égide de Nicolas Paccanari dans la Compagnie de la foi de Jésus fondée à Rome en 1798 ; le 7 mars 1801, le bref *Catholicae fidei* permit le retour au titre de Compagnie de Jésus.

Plusieurs instituts sont alors fondés en France, pour instruire les enfants et « satisfaire pour les excès commis ».

L'institut consacré à l'adoration perpétuelle et aux Sacrés-Cœurs de Jésus et de Marie, fondé par la mère Aymer de La Chevalerie, avec le soutien du père Coudrin, et qui quitta Poitiers pour Picpus, en 1805, comme nous l'avons dit, avait lui-même une vocation éducative.

Pour les garçons, fut fondé le collège de Saint-Acheul, près d'Amiens. « On y célèbre toutes les fêtes supprimées, sans compter la fête du Sacré-Cœur qui revient tous les mois », dit *La Minerve*, en 1819. Mme de Boigne assure que toutes les personnes qui voulaient se faire bienvenir aux Tuileries confiaient leurs fils aux Jésuites de Saint-Acheul, et leurs filles aux Dames du Sacré-Cœur. Les Jésuites s'établirent ensuite rue des Postes, à Paris (rue Lhomond), puis rue de Vaugirard.

Madeleine-Sophie Barat, avec l'appui du père de Tournély, du père Varin, secrétaire du père de Clorivière, établit l'institut des Dames du Sacré-Cœur qui devint un ordre, approuvé par le pape le 22 décembre 1826. Son pensionnat, fort de cent cinquante élèves, s'installa en août 1820 dans l'hôtel de Biron (actuellement musée Rodin), sous la direction de la mère de Gramont d'Aster, rue de Varenne. « Je visais, écrira la mère Barat, la classe privilégiée de la société, celle qui, du moins en ce qui concerne les femmes, reste indépendante sous le rapport des études ; je me proposais de former pour elle, au moyen de programmes supérieurs libres, des éducatrices destinées à exercer la haute direction philosophique, morale et religieuse qui fait une élite. » En même temps, elle souhaite associer ces élèves comme « une foule d'adoratrices » à « une petite communauté qui, nuit et jour, adorerait le Cœur de Jésus outragé dans son amour ecclésiastique ». L'attraction exercée par ce couvent était considérable dans l'aristocratie. Adélaïde Délie de Cossé Brissac, fondatrice des Bénédictines du Saint-Sacrement de Craon, racontait qu'elle aurait dû, dans sa jeunesse, rencontrer à Paris le père de Clorivière : « Certainement, si nous fussions restées à Paris et que j'eusse pu voir le père, ma place eût été au Sacré-Cœur. »

A l'angle du 106 de la rue de Sèvres et du boulevard des Invalides, dans l'hôtel des Oiseaux, où le marquis du Lau avait jadis établi une volière, s'établit la congrégation de Saint-Pierre-Fourrier dite de Notre-Dame, encouragée par les pères Varin et Ronsin. La mère Sophie expose les visées de son Institut : « Ce ne sont pas les grands talents, de la naissance ou du bien, qu'il nous faut : tout cela n'est rien devant Dieu : ce n'est pas là ce qui fait la religieuse... Nous avons toujours redouté la richesse, pensant que le bonheur d'une communauté religieuse consiste plutôt dans le travail et l'activité que dans une aisance d'où pourrait résulter une sorte de repos. » Joli courage dans la vie, intelligence éveillée, gaieté (la « liesse » de saint Pierre Fourrier), sens chrétien, telles sont les vertus que René Bazin reconnaissait aux âmes formées aux Oiseaux ; la fête du Sacré-Cœur ayant été instituée authentiquement à Paris, par Mgr de Quélen en 1822, sur les intentions de son prédécesseur Mgr de Talleyrand-Périgord, l'archevêque autorisera des religieuses du monastère des Oiseaux à y célébrer le premier mois du Sacré-Cœur en 1833. Entre-temps, le 21 juin 1823, une humble religieuse du couvent y aurait reçu du Christ l'instance renouvelée de consacrer la France au Sacré-Cœur : « Je prépare à la France un déluge de grâces lorsqu'elle sera consacrée à mon divin Cœur. »

En 1848, les émeutiers se répandirent dans le Faubourg en criant :

– Le feu au Sacré-Cœur et aux Oiseaux!

Un autre établissement d'enseignement faisait aussi étroitement corps avec l'image du Faubourg. Il s'agit du collège Stanislas fondé par l'abbé Liautard en 1804, collège de plein exercice en février 1821; il prit son nom le 13 février 1822 de l'un des saints protecteurs du roi Louis XVIII, saint Stanislas, protecteur de la Pologne, mais aussi d'un jeune saint apparenté au roi : Stanislas Kotska, canonisé le même jour que Louis de Gonzague en 1726 :

> *Exemple de la jeunesse chrétienne...*
> *Ange par l'innocence de votre vie*
> *– O Stanislas, patron de la jeunesse*
> *L'amour divin brûlait votre poitrine.*

Un peu plus tard, à l'école Saint-Louis de Gonzague, on proposera à la jeunesse comme un exemple de pureté et de réparation l'autre de ces « jeunes héros du christianisme », auxquels le père de Clorivière avait consacré deux neuvaines dans les années 1780. Avec Berchmans, ce sont là les trois patrons de la jeunesse et de la Société de Jésus.

Au cœur même du Faubourg se trouvait encore le couvent des Missions étrangères, où, sous la direction de David de Rauzan, s'organisait la Mission de France qui voulait évangéliser le pays. Elle recrutait des hommes de combat comme l'abbé de Forbin-Janson qui, lui, invitait au repentir personnel pour l'expiation des fautes de la Révolution...

Le père Glottin conclut son article sur la « réparation » en disant que « la charge affective liée dans le subconscient français aux mots Révolution et Restauration ne permet pas encore l'approche sereine de la question réparatrice, intimement liée à la naissance de l'antichristianisme, puis à l'expiation du régicide. »

Ainsi l'action de Bertier de Sauvigny, fondateur des Chevaliers de la foi, se rapporte-t-elle à plusieurs plans. En 1801, « sa pensée, dit-il, se porta vers la fondation d'un ordre religieux, politique et chevaleresque secret, pouvant devenir public ». Il s'agissait de pénétrer les méthodes de la franc-maçonnerie et d'en faire un « jacobisme antirévolutionnaire ».

Bertier avait prévu cinq degrés : associé de charité, écuyer, chevalier, chevalier hospitalier, chevalier de la foi, avec, à leur tête, un chapitre de six membres dont un grand maître qui fut Mathieu de Montmorency, Bertier étant grand chancelier. Il y avait aussi parmi les membres les deux cousins germains du grand maître : Adrien et Eugène de Montmorency-Laval ; les deux Polignac Armand et Jules ; le comte de La Roche-Aymon, Hippolyte de Solages, Puyvert, Victor de Vibraye, puis en 1813 les ducs de la Trémoille, de Fitz-James, de Duras, Bruno de Boisgelin, Chateaubriand, après Gaspard de Clermont-Tonnerre, Alexis de Noailles, Lévis Mirepoix, Contades, Croÿ, Rivière, Frénilly, Vitrolles, Rougé, Villèle.

Dans l'été de 1815, l'ordre secret fut réorganisé ; une section, comme il y en avait dans les provinces, dite bannière, fut établie dans les deux Assemblées. Les députés affiliés se réunissaient chez l'un d'entre eux, Piet, rue Thérèse. Il y avait là deux cent vingt-huit députés, dont la majorité était Chevaliers de la foi ; Villèle estimait qu'il y en avait quatre-vingts dans la Chambre de 1823. En 1824, une lettre de Mathieu de Montmorency à Bertier permet de penser qu'ils étaient plus de cent. Ce fut l'armature du parti ultra, jusqu'à la dissolution des Chevaliers de la foi en janvier 1826.

Chateaubriand aura rétabli le prestige des valeurs religieuses par la publication en 1802 du *Génie du christianisme*. Paul Bénichou a montré que l'ouvrage concourt à la conservation de l'homme sensible en replaçant le sentiment dans le mystère ; déçu par le présent, l'homme perd l'espérance du bien terrestre. On se tourne logiquement vers la religion. « La mélancolie moderne se naturalise chrétienne. » Ainsi se font entendre les vers de Fontanes rapportés par Chateaubriand :

Et la religion, le front voilé, descend.
Elle approche ; déjà son calme attendrissant,
Jusqu'au fond de votre âme en secret s'insinue ;
Entendez-vous un Dieu dont la voix inconnue
Vous dit tout bas : « Mon fils, viens ici, viens à moi ;
Marche au fond du désert, j'y serai près de toi ? »

L'action des hommes d'Église consiste à orienter les cœurs déçus par rapport aux choses créées, et blessés de mélancolie, vers l'ouverture à l'amour divin, et l'éclosion de la charité, selon l'espoir d'Alphonse de Liguori. Cette charité préconise Chateaubriand restera, comme les sentiments, mystérieuse. Les vertus « les plus angéliques sont celles qui, découlant immédiatement de Dieu, telles que la charité, aiment à se cacher aux regards, comme leur source. » Ainsi le père de Clorivière avait fondé ses sociétés des Sacrés-Cœurs, un peu comme la Compagnie du Saint-Sacrement qui, au xviie siècle, restait cachée dans la société « comme Jésus au Sacrement de l'autel ».

Le père Delpuits, de la Société de Jésus fonda à Paris en 1801 sous le patronage du père de Clorivière une congrégation de la Sainte-Vierge, dont s'occupait l'abbé Legris-Duval et le père Ronsin. Elle se réunissait dans une chapelle du séminaire des Missions étrangères. La plus grande réunion de l'année avait lieu le jour où l'on célébrait à Paris la fête du Sacré-Cœur. La devise de l'association était : *Cor unum et anima una* (un seul cœur et une seule âme). Cette société avait des buts exclusivement religieux et charitables. Il s'agissait d'abord de s'encourager mutuellement à s'acquitter exactement des devoirs religieux. Tout naturellement, les élèves et anciens des collèges religieux y prirent place. Par la force des choses, on reconnaît les noms des Chevaliers de la foi. « Il se trouvait, il est vrai, dans les réunions, plusieurs personnages politiques quelques-uns très haut placés ; mais il était entendu qu'ils n'étaient là que comme personnes privées. » Moins secrète que l'association des Chevaliers de la foi, la congrégation lui fut identifiée en octobre 1824. Montlosier dénonce cette « puissance mystérieuse au-dessus du ministère ». Dans cette campagne anticléricale où les Jésuites sont renvoyés, les Chevaliers de la foi disparaissent, et la Révolution de 1830 met un terme à l'existence de la congrégation qui ne survit que par les sociétés d'œuvres qu'elle avait suscitées.

Ce sont d'abord des confréries du Sacré-Cœur comme celle de Saint-Thomas-d'Aquin, dont Thiers indique au baron Cotta que Mathieu de Montmorency était le fondateur (lettre du 28 mars 1826). Puis, la Société des bonnes œuvres, dirigée par l'abbé Desjardins (œuvre des hôpitaux, des prisons, des petits savoyards); enfin la Société des bonnes études (1823), et la Société catholique des bons livres (1824).

La Restauration aura donc procuré à la haute noblesse de nouveaux cadres religieux, dans lesquels sa fonction politique et charitable sera prépondérante, et qui relaient largement les académies et les loges maçonniques du XVIIIᵉ siècle; la dévotion est à la mode parmi les plus grands seigneurs. L'un d'eux, rapporte Mme de Boigne – il s'agit d'Eugène de Montmorency-Laval – parle de son groupe en disant : « Nous autres saints... » Il est loin le temps où l'on allait à la messe – comme les parents de Mme de Boigne à Hautefontaine, chez l'archevêque Dillon – pour faire honneur au caractère de son hôte, mais en emportant des ouvrages légers, voire scandaleux au lieu du livre de prières; le temps où l'on pouvait contracter un ridicule définitif pour un simple réflexe religieux, comme le vicomte de Chabannes, qui avait juré « Jésus Marie » en tombant à un bal de la reine.

D'une façon générale, on a admis dans le Faubourg la signification divine de la Révolution française; beaucoup y virent avec Joseph de Maistre un châtiment de Dieu et un grand crime pour lequel il fallait une expiation, et qui devait être suivi d'un effort de relèvement de la vieille société voulue par Dieu.

Peu d'entre eux interprétaient la mort du roi comme un rachat qui eût libéré les voies de l'avenir, ainsi que faisait Ballanche, considérant que le temps du pardon était venu et que la nation française n'avait plus rien à expier. Il prônait une politique libérale : il ne faut pas « relever ce qui n'existe plus ». Pour lui, la loi de Dieu était le changement [1].

Soit ultras, voire pointus tel Castelbajac ou La Bourdonnais, et membres de la réunion Piet, soit centre droit, ou du moins modérateurs des ultras, comme les pairs qui se réunissaient chez le cardinal de Bausset ou chez le duc de Mor-

---

 1. Paul Bénichou.

temart, soit même doctrinaires, éclectiques pas plus partisans du droit divin que de la souveraineté du peuple, et
qu'on pouvait rencontrer chez Sainte-Aulaire ou chez
Royer-Collard, le faubourg Saint-Germain abrite la moitié,
nous l'avons dit, des membres nobles d'Ancien Régime des
deux Chambres, en 1827 : soit 232 personnes.

Ces nobles sont titrés pour 84 pour cent d'entre eux. Dix-
huit départements français sont représentés à 80 pour cent
par des députés nobles. De ceux-là, treize ont les trois quarts
de leurs députés (soit 41) habitant le faubourg Saint-
Germain : ce sont l'Eure, le Gard, le Gers, le Maine-et-Loir,
la Manche, la Mayenne, l'Orne, le Pas-de-Calais, la Seine-et-
Marne, le Tarn-et-Garonne, la Vendée et la Vienne.

Plus précisément, les familles dites du faubourg Saint-
Germain, que nous avons citées, ont produit 106 nobles sur
les 232 présents dans le Faubourg : 61 à la Chambre des
pairs – sur 105 habitant le Faubourg, et sur 258 nobles pairs
– 32 à la Chambre des députés – sur 127 nobles d'Ancien
Régime députés habitant le Faubourg, et 412 députés.

Au total, pour tout Paris, on trouve 106 membres de ces
familles du Faubourg à la Chambre des pairs, 58 à la
Chambre des députés, donc 164 parmi les 447 parlementaires nobles d'Ancien Régime, soit 37 pour cent.

Dans le Faubourg lui-même, 93 parlementaires « auto-
chtones » entraient en contact avec 139 pairs et députés
habitués dans les départements, et de surcroît représentant
parfois des mêmes départements que les grands nobles du
Faubourg. Si l'on considère que, sur la liste des 106 députés
de 1824 établie par Mathieu de Montmorency, on n'en voit
que 11 qui soient vraiment du Faubourg parmi les Chevaliers de la foi, selon toute vraisemblance le Faubourg était
majoritairement de centre droit. La haute noblesse est plutôt modérée ; elle l'était déjà à la fin du XVIIIe siècle.

Le problème que rencontra la noblesse à son retour fut le
nouveau statut que lui octroyait la Charte : la Constituante a
aboli toute noblesse en juin 1790. Le principe de base était
maintenant l'égalité des citoyens devant la loi ; l'égale
admission de tous à tous les emplois, le partage égal des

charges et des devoirs [1]. La noblesse existe pourtant. Elle consiste maintenant en des titres, des rangs, des honneurs ; le roi peut les accorder à qui il veut.

Posons d'abord que les choses n'ont guère dû changer dans la pratique, et que pour le préjugé, la noblesse existe toujours et qu'elle existera jusque vers 1880.

Il fallait maintenant être titré pour être noble. Il y eut donc multiplication des titres. Sous l'Ancien Régime, il suffisait de pouvoir produire la qualité d'écuyer, les titres n'étant qu'une qualité de plus, titres alors vaguement hiérarchisés. A partir des ordonnances du 25 avril 1817, sur la Chambre des pairs, les titres furent « déclinés ». Le fils aîné d'un duc prit le titre de marquis ; le fils du marquis, comte ; le fils du comte, vicomte ; le fils du vicomte, baron ; le fils du baron, chevalier ; quant aux fils puînés, ils porteraient le titre immédiatement inférieur à celui de leur aîné. Par voie de conséquence, usurper la noblesse, c'est maintenant usurper un titre.

Cette hiérarchie nouvelle des titres fut renforcée par Louis XVIII et aboutit à la prééminence des maisons ducales, contre laquelle s'élève Marsay, et qui leur donne en fait pouvoir de régler les préséances : pour Louis XVIII faisant le tour de la salle du trône, les seules personnes titrées étaient les duchesses.

Marsay montre bien que cette hiérarchie des titres nobiliaires se référait directement à une hiérarchie des fortunes et oblitérait volontairement la question de la naissance. Il y avait en fait trois catégories de privilégiés dans la société de la Restauration : les pairs, les éligibles (mille francs de cens et quarante ans), les électeurs (trois cents francs et trente ans). Depuis, l'établissement des majorats à l'appui de la nouvelle noblesse, le 14 août 1806, un titre devait être appuyé d'une dotation. Le décret du 1er mars 1808 distinguait les majorats de propre mouvement, institués par le chef de l'État, c'est-à-dire des libéralités avec substitutions, et les majorats sur demande que le chef de famille pouvait constituer avec le revenu de ses propres biens pour assurer son titre et sa pairie. Les majorats sont des fideicommis perpétuels qui se transmettent à l'aîné. Ils existaient sous

---

1. Articles 1, 3, 71 de la Charte.

l'Ancien Régime dans les pays frontières ayant subi l'influence espagnole : Franche-Comté, Roussillon, Artois, Flandre, le modèle du majorat étant la transmission de la couronne d'Espagne. Les ducs devaient justifier d'un revenu annuel de 200 000 francs ; les comtes de 30 000 francs, les barons de 15 000, les chevaliers de 3 000 ; le tiers de ce revenu suffisait pour constituer un majorat ; par exemple, pour un titre de comte : majorat de 10 000 francs pour un revenu réel de 30 000 ; le 8 mars 1808 fut créé le Conseil du sceau des titres « pour concourir à l'érection des majorats ». Maret, duc de Bassano, écrira en 1834 : « Les grandes familles appartenant à l'Ancien Régime se tenaient à l'écart du nouveau gouvernement. Si la plupart n'étaient pas évidemment hostiles, beaucoup d'entre elles usaient de l'opulence qu'elles avaient conservé pour exercer une influence ennemie. Napoléon voulut opposer à ces familles puissantes des familles qui seraient aussi puissantes qu'elles ; à des fortunes dont l'emploi inquiétait le gouvernement, des fortunes qui, lui devant leur origine, auraient les mêmes intérêts que lui. » Bonaparte expliquait clairement ses intentions à son frère Joseph, dans une lettre du 5 juin 1806 : « Dites-moi les titres que vous voudriez donner aux duchés qui sont dans votre royaume. Ce ne sont que des titres ; le principal est le bien qu'on y attache : il faudrait y affecter deux cent mille livres de rente... Je veux avoir à Paris cent fortunes toutes s'étant élevées avec le trône, et restant seules considérables, puisque ce sont des fideicommis, et que ce qui ne sera pas elles, par l'effet du code civil, va se disséminer. Établissez le code civil à Naples (c'est-à-dire le partage égal entre les enfants) ; tout ce qui ne vous est pas attaché va se détruire alors en peu d'années... Il faut qu'il ne reste plus de grandes maisons que celles que vous érigez en fief. » A l'origine, d'après un second décret du 1er mars 1808, le majorat avait en effet un aspect féodal : le titre ne se transmettait qu'avec autorisation de l'Empereur, et le titulaire devait prêter serment. Cela se perdit.

L'ordonnance du 25 août 1817 précise que nul ne peut être pair de France s'il n'a, avec l'autorisation du roi, institué un majorat. Ceux-ci sont divisés en trois classes ; ceux de duc, d'un revenu net de 30 000 francs, ceux de marquis et de comte : 20 000 francs ; ceux de vicomte et baron : 10 000 francs. Bonaparte avait créé 212 majorats, cela correspond aux 131 barons, 37 comtes, et à la quarantaine de ducs et princes créés héréditaires. Frain de La Gaulayrie rappelle que trente-huit majorats napoléoniens de propre mouvement existaient encore en 1905 dont le capital était évalué à 28 millions. Considérant que l'État n'était pas propriétaire du majorat, qui est la réunion d'un titre et d'une dotation, mais seulement des biens majoratés, les titulaires furent alors indemnisés, malgré ceux qui réclamaient la suppression pure et simple, ou ceux qui conseillaient de laisser les majorats s'éteindre. L'indemnité fut calculée hors de la valeur de la nue-propriété, défalquée par l'État, et sur la base de quinze fois le revenu annuel. Les titres impériaux personnels étaient beaucoup plus nombreux : 1 600 chevaliers, 1 500 barons, 388 comtes.

Inversement, les libéralités octroyées aux maréchaux et dignitaires dépassent de beaucoup l'équivalent des 2 millions de revenu annuel garanti par les majorats impériaux (soit 40 millions en capital au moins). Cambacérès mourut avec 7 millions en 1824. Le total des libéralités impériales doit se placer dix fois au-dessus, probablement vers 400 millions.

Théoriquement donc, un titre transmissible doit être appuyé sur un majorat. La Restauration en a créé, hors de la pairie, à peu près autant que l'Empire, et pour le même revenu total de 2 millions de francs. Les majorats attachés à la pairie représentent un million (total : 300 majorats créés, tous sauf 5 sur demande). Leur revenu annuel moyen est de 10 000 francs, et logiquement le revenu réel attesté, comme le montre David Higgs, est de 37 453 francs.

La plupart de ces majorats ont été utilisés surtout par des nouveaux anoblis qui souhaitaient transmettre le titre qu'ils avaient récemment acquis.

La partie traditionnelle de la noblesse ancienne, animée par les Chevaliers de la foi, souhaitait le rétablissement des trois ordres. Les biens du clergé, notamment les bois, qui n'étaient pas encore vendus, lui seraient restitués. Castelbajac demandait que le clergé puisse recevoir des donations et faire des acquisitions. Il s'agissait de reconstituer l'Église comme personne morale. Les querelles s'animaient quand il s'agissait de savoir de qui dépendait cette Église : du pape, pour les tenants de Joseph de Maistre ou de Lamennais ; du roi, qui avait signé un concordat en juin 1817, tels Bonald, les cardinaux Bausset et de La Luzerne, gallicans.

La noblesse aussi serait reconnue comme ordre dans l'État ; on rétablirait ses anciens privilèges – du moins, le plus possible. La Chambre des pairs serait élue par des nobles ; elle serait la Chambre représentative de la noblesse qui formerait, comme l'Église, un corps dans l'État, à l'imitation de la Chambre des lords, mais avec, en plus, cette vieille revendication nobiliaire de la Chambre de noblesse, où l'élection des membres par la noblesse moyenne retire la prééminence aux ducs et pairs ; le corps de la noblesse, coopté en somme, évite ainsi toute addition de capacités qu'il n'agrée pas.

Il est clair que les nobles qui avaient servi les Bourbons en exil attendaient une récompense de leur fidélité. Il n'était plus question toutefois de monopole des places ; la Charte y veillait ; la pratique aussi, car, depuis la Révolution, d'autres y avaient eu part : « Le premier article des Droits de l'homme en France, disait Mme de Staël, c'est la nécessité pour tout Français d'occuper un emploi public. » Tout le monde prétend s'anoblir en servant la société. Bonald revendique encore pour la noblesse la vieille exclusivité : « La noblesse reste, selon lui, la force morale de l'armée. »

Enfin, il y a dans le programme nobiliaire l'affirmation de la prééminence de l'agriculture. Bonald s'indigne qu'on traite les propriétaires d'hommes oisifs. « En fait, ce sont les seuls qui soient utilement occupés. [...] Ils produisent les choses les plus nécessaires à la subsistance des hommes (le blé, le vin, la laine...) qui sont plus nécessaires que les dentelles. » Le vieil air nous est bien connu : « L'agriculture qui disperse les hommes dans les champs réunit les hommes sans les rapprocher, le commerce qui les entasse dans les villes les rapproche sans les réunir... La partie agricole est le peuple de l'État, la partie industrielle est la populace... Les inventions modernes de l'industrie tendent à employer les forces mortes de la matière bien plus que les forces vives de l'homme et des animaux. Les machines à vapeur, les chemins de fer, les mécaniques de toutes espèces économisent les hommes dont on ne saura bientôt plus quoi faire... » Ou encore : « Tout développe l'intelligence de l'agriculteur et dévie sa pensée vers celui qui donne la fécondité à la terre. Tout tend à rabaisser l'intelligence de l'industriel. L'un attend tout de Dieu ; l'autre ne reçoit que de l'homme », ce qui est exactement dans la lignée de Fénelon, du marquis de Mirabeau, et de l'idée du gain légitime d'origine divine.

Louis XVI avait été considéré successivement comme restaurateur des mœurs, puis des libertés. Louis XVIII serait le restaurateur tout court.

Du point de vue militaire, le roi avait trois soucis : il désirait garder la maison militaire établie par Bonaparte, tenant compte des griefs qu'on avait faits aux secrétaires d'État à la fin de l'Ancien Régime, d'avoir, en supprimant cette maison, à la fois diminué le prestige du souverain, mécontenté de nombreux nobles évincés, et dangereusement exposé la personne du roi. Deuxièmement, il souhaitait éviter la vieille concurrence entre deux noblesses, la « présentée » et la « seconde », pour les grades militaires. Enfin, il ne voulait pas être le « roi de deux peuples » et entendait garder la paix entre la France venue de l'Ancien Régime et celle qui sortait de la Révolution.

La maison militaire fut reconstituée par Blacas. Parmi ces 6 000 hommes, Lamartine, Vigny, Géricault. La proportion des effectifs ayant servi sous l'Empire variait selon les corps de la garde entre le tiers et la moitié. Cette proportion dans la maison civile – 300 personnes – n'était plus que de 15 pour cent. Les nobles fournirent 70 pour cent du corps préfectoral, 40 pour cent des sous-préfets. Le conseil d'État, la Cour des comptes, la Cour de cassation gardèrent, surtout les deux dernières, un personnel d'origine impériale.

Techniquement, il fallait réduire l'armée de 530 000 hommes à beaucoup moins de la moitié, et réaliser en même temps l'amalgame avec l'armée des émigrés. On n'accueillit finalement que 10 pour cent des officiers d'Ancien Régime. Les autres, les officiers généraux surtout, reçurent un avancement à titre honoraire et des pensions ; ils représentaient alors 15 pour cent des officiers généraux.

Restait à remplir les promesses de l'article 12 de la Charte : « La conscription est abolie : le mode de recrutement de l'armée [...] est déterminé par une loi. » Le maréchal Gouvion Saint-Cyr organisa le recrutement en admettant des exemptions définitives, et en fixant un contingent, à tirer au sort, de 40 000 hommes par an ; le service étant de six ans, l'armée comprendrait 240 000 hommes. Exigeant des sacrifices de tous, il fallait donner les mêmes garanties d'avancement par la même loi : les conditions d'ancienneté exigées étaient de quatre années par grade. Le roi pouvait cependant nommer au choix un tiers des officiers mais jusqu'au grade de lieutenant-colonel seulement. Tous les grades élevés étaient soumis à l'ancienneté [1].

Le roi, au fond, n'était d'accord qu'avec la disposition qui obligeait les officiers à avoir servi d'abord pendant deux ans comme sous-officiers, en suivant des cours. Pour le reste, disait-il, « c'était par voie d'ordonnance qu'il fallait procéder ; c'était un bienfait ; la loi donne un droit, le bienfait seul excite la reconnaissance ». Le duc de Richelieu lui-même regretta d'avoir empêché, par cette loi, le roi de pouvoir agir sur les cadres de l'armée : « Je suis criminel, disait-il, de n'y avoir pas regardé de plus près. »

Les Chevaliers de la foi, Bénigne Bertier de Sauvigny, les deux Polignac, Gaspard de Clermont-Tonnerre étaient, eux, très attentifs et très hostiles. La loi passa pourtant par 147 voix contre 92 chez les députés, et 96 contre 72 chez les pairs. Dans son discours du 26 janvier 1818, qui fit un effet prodigieux, où le Faubourg dénonça la marque de l'ancien acteur qu'il était, le maréchal Gouvion glorifia la confiance mutuelle du roi et de la nation : « Les Empires ne se fondent pas sur la méfiance ; le roi le sait, le roi ne veut pas qu'il existe en France une seule force nationale qui ne lui appartienne, un seul sentiment généreux dont il ne fasse la conquête. Nos soldats ont beaucoup expié, car ils ont beaucoup souffert. »

Gaspard de Clermont-Tonnerre, plus tard détaché des ultras, écrivait : « La noblesse aujourd'hui ne peut, quoi qu'on fasse pour elle, se relever que dans les individus qui

---

1. Loi du 12 mars 1818, titre VI, art. 27-29.

sauront rendre à leur nom l'éclat qu'il eut sous leurs ancêtres. C'est un malheur pour eux mais il est inévitable. » Et Guizot, à propos des admissions à l'École polytechnique (5 pour cent des admis sont titrés entre 1815 et 1830) : « On peut préciser que certains nobles, sous la Restauration surtout, cherchaient à acquérir les mêmes moyens de succès que la bourgeoisie et à reprendre par l'intelligence et le travail leur place dans l'État [1]. » En tout cas, Gaspard de Clermont-Tonnerre, ministre de la Guerre, organisa soigneusement l'École de cavalerie de Saumur : que le meilleur gagne !

La loi Gouvion, en éliminant totalement le privilège nobiliaire dans le domaine si sensible de l'armée, a fourni à la noblesse l'occasion d'une adaptation capitale : on n'arrive plus à tout sans rien faire, par seul droit de naissance. Leçon précieuse, mais périlleuse : on a bien remarqué que le maréchal Gouvion fut le seul maréchal de France auquel la Restauration refusa le cordon bleu du Saint-Esprit.

Le duc de Lévis proposa, dans un discours du 22 avril 1820 à la Chambre des pairs, de rétablir le droit d'aînesse et les substitutions. En réalité, il ne s'agissait pas seulement de rétablir de vieux droits ; le droit d'aînesse ne s'appliquait sous l'Ancien Régime qu'aux terres nobles ou plus précisément féodales, que les coutumes donnaient suivant les cas dans la proportion des deux tiers (Paris) voire en totalité (Saint-Quentin, Noyon) à l'aîné ; les substitutions existaient bel et bien à nouveau depuis 1806, sous la forme de majorats, appliqués depuis 1815 à la Chambre des pairs et à la transmission héréditaire des titres. Toutefois, la substitution sous l'Ancien Régime pouvait s'appliquer à une succession collatérale ; c'est là qu'elle avait joué son rôle dans le maintien des noms et des fortunes : Richelieu, Bouillon, Bauffremont, la Trémoïlle, Ludre, etc. Il s'agit ici d'un projet politique auquel Le Play, par la suite, donnera partiellement son adhésion [2], et pour lequel Bonald a bien évidemment voté.

1. *Mémoires*, cités par Adeline Daumard.
2. *Réforme sociale*, 4e édition, 1872, p. 322-348 : « Histoire de nos régimes de succession ».

Le projet fut soutenu par le ministre de la Justice, le comte de Peyronnet, appuyé par le rapporteur Malleville, le comte de Saint-Roman et le baron de Montalembert. La discussion eut lieu à la Chambre des pairs du 11 mars au 8 avril 1826.

Le droit de participation à la vie politique doit reposer sur la propriété de la terre. La propriété foncière, fondement de l'éligibilité et même de l'électorat (on sait qu'il fallait payer mille francs d'impôt pour être éligible, trois cents francs pour être électeur), doit être défendue. La famille qui repose sur cette propriété, modérée, prévoyante est la base de la continuité du régime. « La grande propriété, dira dans un autre débat (23 décembre 1831), Claude Antoine de Choiseul-Stainville, l'élément le plus populaire de tout système représentatif, parce que c'est autour d'elle que la plus grande masse du peuple est groupée, trouvait naturellement sa place dans une assemblée destinée à représenter les plus grands intérêts, comme à réunir les plus grandes lumières. C'est d'elle que viendront toujours les plus patriotiques comme les plus nobles inspirations; car, que l'on ne s'y trompe pas, Messieurs, malgré les sophismes des hommes de monopole, il y a dans la possession de la terre une éducation politique qui ne s'acquiert ni dans les camps ni dans les exercices du barreau, et il ne me serait pas difficile de prouver, à quelques exceptions près, que les plus grands hommes d'État, comme les plus grands orateurs, ont dû à la propriété, à l'agriculture, leurs premières inspirations. »

Il s'agit de lutter contre la montée de la propriété mobilière issue du commerce et de l'industrie, qui favorise l'individualisme, et incline, comme à son insu, à favoriser la démocratie – voire la république. Cette richesse offre un spectacle scandaleux, par l'étalage d'une « soif inextinguible de gain et de richesse » et des « fureurs aveugles de la spéculation ».

Ce sont les fortunes foncières auxquelles il faut accorder les moyens de s'accroître. Le projet prévoit de donner la quotité légale disponible selon le code civil au fils aîné, et d'autoriser la substitution de ce bien à deux degrés, pendant deux générations. De médiocres, les fortunes croissantes deviendront « étendues ». Ainsi va naître et se renforcer

177

dans le pays une « classe politique intermédiaire », classe « politique par excellence » qui a « assez d'aisance et de loisir pour s'occuper des affaires publiques ».

Le morcellement des terres provoqué par le partage égal des successions est très dangereux, dit le baron de Montalembert : « Voyons la France enfin comme une vaste " garenne ", si je puis me servir de cette expression, où chaque individu, chaque malheureux paysan aura son réduit, dont il ne sortira que pour se procurer, à la sueur de son front, une misérable et chétive existence. Plus de sociabilité, plus d'esprit de famille, plus de grands propriétaires ; partant plus de soulagement pour le pauvre ; nulle bienveillance mutuelle, nul fond commun de bonheur. » Au contraire, l'arbitraire de l'administration, la dictature du fisc auquel ne pourraient plus s'opposer des « familles identifiées avec le sol ».

Les comtes Roy et Molé, le duc de Broglie parlèrent entre autres contre le projet (avec Pasquier, Barante, Siméon, Cornudet, Choiseul, Daru, d'Aramon).

La loi, dit Roy, a pour objet « d'amener la concentration des terres et des fortunes ». Il y aurait risque que la Chambre des députés ne soit plus que l'expression des intérêts fonciers. Les cadets de famille n'auraient plus la compensation qu'ils avaient dans l'ancienne société, et qu'ils gardent encore en Grande-Bretagne, d'être présentés à des charges ecclésiastiques ou civiles plus ou moins réservées. « D'ailleurs dit Molé, cette inamovibilité des grandes propriétés est-elle donc si désirable ? » Il fait allusion à la désertification des campagnes chez les Anglais. La loi laissait supposer qu'on allait rétablir l'Ancien Régime par morceaux : après les majorats viendront les canonicats, les bénéfices, les prébendes, et puis certains petits changements à la loi de recrutement, insinuait Kératry.

L'essentiel, le duc de Broglie le dit clairement, c'est que « ce qui se prépare ici, c'est une révolution sociale et politique, une révolution contre la Révolution qui s'est faite en France, il y a quarante ans. [...] Cette loi n'est pas une loi mais une déclaration de principes. [...] Le droit de primogéniture, c'est le fondement de l'inégalité des conditions, c'est le privilège pur, absolu, sans déguisement ni compensations ». De fait, Peyronnet avait dit que l'inégalité devait être la règle légale de la succession dans les monarchies. Molé avait répliqué que « rien n'est plus monarchique que ce qui est juste ».

– Au degré de civilisation où nous sommes parvenus, s'exclamait Molé, il ne peut y avoir d'aristocrates sans richesses, et il n'y a d'autres moyens de conserver la richesse que l'économie, d'autres moyens de la produire que l'industrie. [...] Au train dont va l'industrie, à l'accroissement rapide des capitaux et des impôts, on peut prédire que la disette d'électeurs n'obligera jamais de recourir au droit d'aînesse pour conserver le gouvernement représentatif[1].

Le projet fut rejeté. Il n'en resta qu'un croupion sans signification. Le faubourg Saint-Germain vota pour, par 94 voix, dont 28 ducs. Il y gagna le surnom de « gothique faubourg ». Il y eut 120 voix contre, dont toute la noblesse d'Empire, et 6 ducs : Brancas, Broglie, Choiseul-Stainville, Choiseul-Praslin, La Rochefoucauld-Liancourt et Decazes. La rue Saint-Denis illumina.

La question qui se pose évidemment à travers ces discussions est celle de la place qui serait faite au commerce et à l'industrie dans la société.

La haute noblesse n'emploie guère le mot aristocratie. « Nous avons trois mots dans la langue française qui, à eux trois, forment un levier à la faveur duquel, longtemps encore, on pourra soulever notre monde politique. Ces trois mots sont féodalité, aristocratie et privilège », disait Édouard de Fitz-James. Pour lui, « l'ancienne aristocratie française » avait été « absorbée par le soleil de la Cour ». Il n'y avait plus en 1789 d'aristocrates en France. « Les meneurs de 1789 le savaient très bien, mais prévoyant le parti qu'ils pouvaient en tirer, ils retirèrent le mot de dessous les débris de la chose, et s'en servirent très habilement pour mettre en mouvement les passions du peuple, qui saisit toujours avec avidité les mots qu'il ne comprend pas bien. Une seule chose restait vraie : les prétendus aristocrates étaient riches pour la plupart ; on convoitait leurs richesses ;

---

1. Chambre des pairs, 28 mars 1826.

on dit au peuple qu'en les faisant disparaître, c'était lui qui allait en hériter. Le peuple le crut; il devait le croire. » Le mot aristocrate fut successivement appliqué « à toutes les sommités qui surgissaient du tourbillon révolutionnaire; après l'aristocratie de naissance on attaqua celle de l'argent, puis celle du talent, puis celle des vertus ».

Pour la noblesse, il était clair que la loi des substitutions devait créer une classe qui viendrait en soutien de la Chambre des pairs. « La classe aristocratique [...] est et ne peut être que dans la Chambre des pairs. » Le comte Roy est partisan d'une Chambre des pairs prestigieuse : « Autrefois, l'ordre de la noblesse était le lien intermédiaire entre le monarque et le peuple : la noblesse formait un corps, elle avait dans l'État une existence politique et nécessaire. [...] Aujourd'hui la Chambre des pairs est mise à sa place. [...] Hors le corps privilégié créé par la loi fondamentale [la Charte] entre la puissance royale et le corps qui représente les intérêts populaires, tous les citoyens sont égaux en droits. » Il est donc d'accord avec tout ce qui maintient la force et l'éclat de la Chambre des pairs : le fait qu'elle soit héréditaire avec transmissibilité de mâle en mâle par ordre de primogéniture, et serait favorable, dit-il, à tout ce qui peut le soutenir.

Le comte Molé déclare « qu'on s'entendrait plus aisément sur l'aristocratie, si elle était une fois bien définie ».

Cet héritier de la noblesse de robe va se souvenir de ses origines pour rappeler que l'aristocratie des temps barbares était celle de la force brutale. « Les aristocrates de tous les temps ne sont autres que les plus forts : seulement, l'esprit ayant remplacé le bras, la force est tenue à se justifier; les plus forts sont les plus habiles et les supériorités morales deviennent la base principale de l'aristocratie. [...] Nous vivons dans un temps où le talent confère l'aristocratie avec l'indépendance, où le descendant d'une maison illustre, l'héritier d'un nom aussi ancien que la monarchie, serait un aristocrate plus encore par les vertus que par l'éclat de sa naissance. » On croirait entendre Antoine Le Maistre vantant la noblesse de Pierre Séguier.

Précisément, une Chambre dont l'accès était soumis à des conditions de mérite, de talents, où la vertu nobiliaire transmise par le vieux sang n'avait pas de prééminence évidente, n'avait pas, de prime abord, l'agrément de la haute noblesse, pour laquelle il n'y a aucune commune mesure possible de qui que ce soit avec un duc. La principale critique qu'elle portait était que la Haute Chambre était trop ouverte à l'influence du roi qui pouvait changer la majorité en nommant des fournées de pairs, comme ce fut le cas trois fois, sous Decazes, puis sous Villèle en 1823 et 1827. Balzac a donc eu raison d'accuser une partie du Faubourg de n'avoir pas soutenu la Chambre des pairs. Cependant, dans la plus haute noblesse, beaucoup avaient compris, comme Diane de Maufrigneuse, « qu'il n'y a plus de noblesse ; il n'y a plus que de l'aristocratie ; le code civil de Napoléon a tué les parchemins ». Ou comme la princesse de Blamont-Chauvry : « Je m'en vais de ce monde à temps. La noblesse est morte. » Le duc de Montmorency, nous le verrons, était de l'avis de celle-ci. La duchesse de Maillé, comme celle-là, en concluait qu'il faut se battre pour ses neveux et ses enfants.

Balzac considère que Louis XVIII avait « jeté les fondements d'une nouvelle aristocratie, non plus seulement honorifique et privilégiée, mais active et puissante, ayant enfin cette valeur politique sans laquelle la noblesse, comme institution, est un véritable non-sens [1] ».

Un des principes les plus fixes du comte de Fontaine, vendéen [2], devenu modéré sous l'influence personnelle du roi, consistait à ne plus reconnaître en France d'autre noblesse que la pairie dont les familles étaient les seules qui eussent des privilèges. Il obtint du reste la pairie, « récompense due autant à sa fidélité pendant les mauvais jours qu'à son nom, qui manquait à la Chambre héréditaire. Une noblesse sans privilèges, disait-il, est un manche sans outil ». Il pensait que les emplois militaires, administratifs et gouvernementaux finiraient par revenir dans la logique de la constitution « aux cadets des familles nobles de la pairie ». Le tiers état occuperait les places de la magistrature, de la finance, les professions indépendantes et industrielles.

Logiquement, dans cette perspective de complémentarité et de réconciliation, le comte avait donné sa première fille,

---

1. Jean Forest, *l'Aristocratie balzacienne*, Corti, 1973, p. 23.
2. *Le Bal de Sceaux*, 1829.

sans dot, à un receveur général; la seconde, sans dot non plus, à un magistrat. Son fils aîné, lieutenant général, épousa la fille d'un riche banquier; le second fils, magistrat inamovible, se maria à la fille d'un homme qui s'était enrichi à deux ou trois millions dans le commerce du sel; son dernier fils s'allia à la fille unique du receveur général de Bourges. Restait la petite Émilie...

Joseph Othenin d'Haussonville (1810-1884) raconte qu'il avait pour amis dans sa jeunesse Hélie-Louis Roger de Talleyrand-Périgord (1809-1883), et Georges-Douglas, marquis d'Harcourt-Olonde (1808-1883). Tous trois étaient fils aînés de pairs héréditaires. Le père de d'Haussonville avait été secrétaire d'ambassade à Londres sous un parent de Georges d'Harcourt, dont la fille Pauline épousera le fils d'Haussonville. Les trois amis, avec Armand de Jumilhac semble-t-il, firent leurs études à Louis-le-Grand, puis à la faculté de droit. Pendant ce temps, les fils du duc d'Harcourt et du marquis de Gontaut étudiaient à Saint-Louis. Henri d'Harcourt (1808-1846) entra en 1827 à Polytechnique. D'Haussonville précise que les pères de ces jeunes gens voulaient qu'ils soient dignes de siéger. Chalais, d'Haussonville et d'Harcourt prirent les leçons de déclamation avec Michelot, du Théâtre français, qui fut plus tard le créateur du rôle de Charles Quint dans *Hernani*.

Balzac n'a pas assez pris en compte la pleine acceptation de la Chambre des pairs par le Faubourg modéré : il y a eu bon nombre de comtes de Fontaine.

Le père de d'Haussonville ne recevait pas d'ultras, aucun partisan de Villèle. Son cœur était, comme celui de son fils, avec l'opposition monarchique de centre droit (dans le style d'Hyde de Neuville); il pouvait accepter le « libéralisme mitigé » de Martignac. Secrétaire de la réunion la plus modérée de la Chambre des pairs, il accueillait chez lui Chateaubriand, Molé et Pasquier. « Se mettre à l'étranger sur le même pied que les membres de la Chambre des lords, telle fut pendant toute la Restauration, alors que la pairie française était héréditaire, la visée de la plupart des collègues de mon père », dit d'Haussonville, qui note que « la prétention, à moitié justifiée quant à l'importance politique, était tout à fait excessive sous le rapport de la fortune et la position

sociale ». On considérait généralement que les pairs dépendaient trop des pensions, traitements ou dotations du roi
pour être vraiment indépendants. « Songe, disait le comte
de Fontaine à sa plus jeune fille Émilie qui voulait épouser
le fils d'un pair de France, que la pairie est un ressort trop
nouveau [...] pour que les pairs puissent posséder de
grandes fortunes. Ceux qui sont riches veulent le devenir
encore plus. Le plus opulent de tous les membres de notre
pairie n'a pas la moitié du revenu que possède le moins
riche lord de la Chambre haute en Angleterre. Or les pairs
de France chercheront tous de riches héritières pour leur
fils, n'importe où elles se trouveront. La nécessité où ils sont
de faire des mariages d'argent durera plus de deux siècles. »
Le témoignage d'Haussonville montrerait plutôt que, si
l'argent venait obligeamment vers les fils de pairs, ceux-ci
pensaient autant aux titres qu'à l'argent. « Il n'y avait pas de
notaire à Paris qui n'eût quelque fille de banquier à offrir
avec une dot très considérable, à l'héritier d'un siège héréditaire à la Chambre des pairs. » L'idée de la mère de d'Haussonville était de découvrir « soit parmi les anciennes
familles ducales du faubourg, soit parmi celles qui avaient
obtenu cette distinction sous l'Empire, quelque héritière
dont les titres joints aux nôtres auraient décidé Sa Majesté
Charles X à mettre une couronne de duc dans la corbeille ».
Cette dame jeta son dévolu sur la fille du duc de Broglie, et
le mariage se fit en effet. Beaucoup de ces héritiers étaient
encore très jeunes, lorsqu'en 1830 ils perdirent leurs plus
belles plumes, puisque l'hérédité disparut.

Les préjugés s'exacerbèrent. Déjà sous la Restauration, la
vie dans l'intérieur du comte de Fontaine n'était pas toujours rose. La comtesse et Émilie tenaient la dragée haute
aux pièces rapportées. Inversement, la petite banquière
devenue vicomtesse devenait impertinente ; et la femme du
second fils, jadis marchande, maintenant baronne, s'amusait
à dénigrer les toilettes d'Émilie.

Celle-ci est une « belle ennemie des comptoirs ». Elle
n'aime ni les gens gras, ni les gens de finance, ni les roturiers. Elle rencontre un jour, au bal de Sceaux, un bel
inconnu, de taille svelte et dégagée, avec de beaux cheveux
noirs naturellement bouclés. « Jamais la difficile Émilie

n'avait vu les yeux d'un homme ombragés par des cils si longs et si recourbés. » Il n'est pas habillé comme un Lovelace de comptoir, son vêtement n'est pas surchargé : « Seulement un ruban noir auquel était suspendu son lorgnon flottait sur un gilet d'une coupe distinguée. » Émilie pourra lui demander quelque temps après s'il est noble, sans obtenir de réponse. Elle enquête alors et retrouve le jeune homme, dans une « odieuse boutique » de la rue de la Paix, assis dans le comptoir, « tenant à la main quelques échantillons de lingerie » qui ne laissaient aucun doute sur son honorable profession. Émilie est saisie d'un frisson glacial ; elle tourne le dos avec impertinence. Le bel inconnu « resta debout et les bras croisés », dans l'attitude d'un homme supérieur au malheur qui l'atteignait si subitement. Leurs yeux se rencontrèrent et se lancèrent deux regards implacables. Émilie épousa son oncle, amiral septuagénaire, qui l'aimait comme son enfant, précisément, disait-il, « parce que vous êtes la seule de la famille qui ayez cet orgueil légitime que donne une haute naissance ». Elle ne put échapper à une « sourde mélancolie » ; puis, lorsqu'elle eut appris que le « bel inconnu » – par la mort de son père, nommé dans une fournée membres de la Chambre haute pour soutenir les opinions aristocratiques, et enfin par celle de son frère aîné – était devenu lui-même pair de France et vicomte, « elle jeta les yeux sur l'amiral... et maudit les erreurs de son enfance ».

Le préjugé hostile au commerce et à la banque sera renforcé dans les milieux nobiliaires par la révolution de Juillet.

C'est par un mécanisme d'action lente, mais aux conséquences politiques a priori favorables au conservatisme, que la haute noblesse et ses alliés avaient pensé consolider la société monarchique en rappelant le droit d'aînesse.

C'est beaucoup plus naturellement par l'exercice du « patronage » que la haute noblesse a gardé son influence au XIXᵉ siècle. Le duc de Choiseul affirme encore en 1831 les vertus du patronage : « Il y a des influences naturelles et légitimes qui ont leur point d'appui dans la conscience publique. [...] S'il ne peut y avoir aujourd'hui d'intérêt col-

lectif distinct des intérêts généraux, certains hommes se
trouvent cependant à portée de prendre en main la cause de
tous; et ce rôle est réservé à la propriété. [...] Que ceux qui
possèdent sachent préférer à de vains honneurs et à des distinctions un pouvoir basé sur la vertu; qu'ils établissent leur
empire sur des bienfaits, en améliorant sans cesse la condition des classes populaires; qu'ils s'occupent de leurs
affaires; qu'ils dépensent en leur faveur le superflu de leur
fortune et de leur temps, et je leur prédis un pouvoir bien
autrement puissant que celui qui peut être fondé sur des lois
de circonstances.» C'est là le patronage tel que la fin du
XVIIIᵉ siècle l'a défini. Mais la haute noblesse retrouve
souvent les sources religieuses du patronage telles que le
duc de Luynes (1620-1690) et la duchesse de Liancourt
avant lui (1600-1674), poussés tous deux par la morale janséniste, les avaient définies. Le début du XIXᵉ siècle a renoué
avec la grande charité du XVIIᵉ siècle. Les pauvres étaient
« les temples vivants du Saint-Esprit »; on les retrouve maintenant dans la charité compatissante et bienfaisante du
Cœur du Christ.

Adeline Daumard et Claude-Isabelle Brelot notent la vita-
lité du christianisme de la noblesse traditionnelle, portée
vers la foi, et devançant la bourgeoisie dans l'adoption de
formes de piété ultramontaines. La noblesse la plus haute ne
craint plus de « se fondre dans l'ensemble du peuple de
Dieu». Les propriétaires catholiques soutenaient naturellement la propagation de la foi et favorisaient les missions des
campagnes.

Maintenant que le régime seigneurial est aboli, le patronage, qui le doublait, doit parfois pallier la disparition des
actes écrits de « reconnaissance », voire de « foi et hommage ». «On brisa, déplorent les notes personnelles de
Louis XVIII, les liens salutaires qui unissaient les seigneurs
à leurs vassaux. » Il fallait les reconstituer moralement.

Hennequin, dans *la Quotidienne* du 6 avril 1824, exprime
l'idée que l'échange d'affection et de reconnaissance, né du
patronage, tempérera et consacrera en l'adoucissant l'inégalité providentielle des conditions humaines[1]. Claude-
Isabelle Brelot a montré dans quelles conditions et sous

---

1. André Tudesq, *Les Grands Notables*, t. I, p. 219.

quelles formes le patronage qui se manifeste par une gestion traditionnelle a pu s'exercer en Franche-Comté.

Les meilleurs cas sont ceux où le propriétaire réside sur un grand domaine (cinq cents hectares). Cependant, le prince Pierre d'Arenberg (1790-1877), qui possède trois mille cinq cents hectares dans la région en plusieurs domaines, veut, lui aussi, « protéger et éclairer », quoique non résident.

La grande propriété, donnée à bail par petites parcelles, apporte un appoint vital à la toute petite propriété ; les métayers-fermiers paient souvent en retard et sont endettés. Le propriétaire patiente. Parfois, il y a des fermiers principaux qui sous-louent, mais ce sont aussi des gens traitables. Cette gestion met en évidence la symbiose qui existe entre le propriétaire noble et le paysan, et la solidarité de leurs gains. Bien sûr, cela exclut l'exploitation directe, le remembrement, et retarde souvent les progrès culturaux, même si l'abondance de main-d'œuvre utilisée en des sortes de « corvées » permet parfois des réalisations de type agronomique.

Les fermiers principaux ont dans leur mission de soutenir les pauvres dans certaines limites. Au-delà, on favorise les confréries de charité, et parfois un hôpital est fondé. Dans d'autres régions de France, beaucoup de nobles dames, comme la marquise d'Aligre, Mme de Choiseul d'Aillecourt, s'associèrent au gouvernement des terres sous l'angle charitable, et les académies provinciales mirent souvent l'éloge de ces « bonnes dames » au concours.

Le patronage apparemment ne « prend » pas, face à des collectivités villageoises très soudées ou dans des régions peu peuplées. Sans doute a-t-il joué dans le Maine-et-Loir et dans la Sarthe. Il permet l'existence autour du propriétaire de nombreux clients qui sont ses métayers, ses fermiers, ses débiteurs, ses hommes d'affaires, et pourront devenir un jour ses électeurs et agents électoraux, ou ceux du candidat qu'il désignera.

Ainsi, et sans la moindre illusion quant au caractère du paysan – avide, égoïste, chicanier, obséquieux et orgueilleux – qui reste le repoussoir par rapport auquel il se définit, le « patron » exerce sur lui une sorte de puissance paternelle : ainsi, dit à ses enfants Charles Terrier de Santans,

« Soyez bienfaisants envers tous les hommes, non parce qu'ils vous en aimeront davantage, mais parce que votre bienfaisance vous fera aimer de Dieu. » Cette gestion ne privilégie pas le rendement, le profit capitaliste. Elle se place avant tout sur le plan politique et moral ; elle adhère à l'anticapitalisme à fondement religieux de l'école de Mgr d'Astros, supérieur de la communauté reconstituée aux Carmes du faubourg Saint-Germain par la mère Camille de Soyecourt, plus tard archevêque de Toulouse. L'argent ne doit pas être ce qui compte d'abord dans les relations de la haute noblesse et des paysans.

Il y a donc un retour sur soi et un retour à Dieu qui modifient les rapports des grands nobles avec l'argent : « Ne nous plains pas, Simon, disait le marquis d'Armaillé à l'un de ses fermiers, à son retour d'émigration ; ne nous plains pas, nous l'avons bien mérité. » Cet état d'esprit a permis de revivifier le vieux contrat des paysans et des nobles après la chute de la féodalité. A l'égard des serviteurs, dont beaucoup ont été, pendant la Révolution, fidèles et affectionnés, ils étaient, dit d'Haussonville, puissants mais attachés. Il faut juste savoir jusqu'à quel point on peut laisser ferrer les mules et sauter l'anse des paniers. La grand-mère du comte d'Haussonville avait gardé le vieux style, qui fut un peu réformé à la Restauration. Elle faisait apporter par son régisseur Lequeux les livres de comptes, et, sans se les faire lire, ordonnait qu'on les mette dans ses tiroirs : « Lequeux, c'est très bien », disait-elle.

Le Dr Poumiès de La Siboutie (1789-1853), pendant quarante ans médecin au Faubourg, écrira : « Je fus étonné de trouver l'antique noblesse tout autre que je ne l'avais imaginée. Tout d'abord je fus frappé de sa manière d'être : c'était un ton, un langage, une certaine tournure donnée à la conversation, accompagnée d'une gracieuse bienveillance que je n'ai rencontrée que là. Elle traitait ses domestiques avec douceur, leur parlait avec bonté et savait se les attacher. [...] Ce n'est qu'en voyant beaucoup de noblesse que j'ai compris toute la portée de ce mot : vivre, parler, se comporter en gentilhomme. [...] Rien ne peut donner une idée de la grâce et de l'amabilité des vieilles douairières. [...] On retrouvait cependant le préjugé de sang, la morgue aristocratique, qui ne sommeillait que lorsqu'on les laissait en paix et qui se trahissait parfois brusquement. » Dans le domaine moral, la noblesse semble avoir réussi sa « réinvention ». La monarchie ne l'a pas exclusivement aidée. Beaucoup, comme le comte de Fontaine, ont dû renoncer à rentrer dans les sommes avancées pour le service du roi. « Morbleu! La croix de Saint-Louis et le grade de maréchal de camp ne valent pas trois cent mille livres que j'ai, bel et bien, dépensées pour la cause royale! »

Le gouvernement n'entre plus du tout dans le système du don. « Je vis, dit Alfred de Vigny, les Bourbons tels qu'ils étaient : froids, illettrés, ingrats de cœur et même par principe, car ils se faisaient une sorte de théorie d'ingratitude, un dogme de demi-dieux, que j'entendis plusieurs fois enseigner et prêcher par leurs intimes, par des ducs revenus avec eux d'émigration. » La conclusion bien sûr, c'est « Vive le roi quand même ». « L'ingratitude des rois, écrit Louis-Joseph de Bouillé a le caractère d'une grande injustice [...] mais cette ingratitude relève en quelque sorte celui qui en est l'objet; il y a une espèce de supériorité que celui à qui il est dû conserve sur celui qui lui fait banqueroute. »

La haute noblesse, quant à elle, se sait plus que jamais dans la main de Dieu. Le droit d'aînesse eût été pour elle une conséquence logique de la désignation divine d'un aîné et donc d'un chef : il eût été, comme le dit le baron de Montalembert, de « droit naturel ». Pour Molé, c'est « le hasard » qui eût seul disposé du privilège.

La reconstitution de leur fortune terrienne avait été la principale préoccupation des émigrés dès leur retour. En 1802, on leur avait restitué les « petits bois » non vendus, c'est-à-dire ceux d'une contenance inférieure à quarante hectares, isolés ou séparés des forêts de l'État par des bois particuliers. Plus tard, la Charte ne leur donnera guère de facilité en garantissant la propriété aux acquéreurs de biens nationaux (article 9). André Gain pense qu'un million de personnes et probablement plus étaient intéressées à la stabilité des ventes nationales.

Déjà avant les retours, au moment des premières ventes,

des parents, des prête-noms avaient acheté des biens vendus aux enchères. Dans le district de Craon, note Michel Denis, 52 pour cent des biens leur sont adjugés. Aussitôt rentrés, les émigrés participent aux enchères : Hyacinthe de Quatrebarbes, les Maillé, dans le Maine-et-Loir, rachètent des terres. Certains rachètent aux enchères à vil prix leur propre bien. Ils font pression sur les acquéreurs pour récupérer les terres.

Le clergé ne fera pas faute de rappeler publiquement après 1815 que le statut de ces terres était en quelque sorte sacré. Elles appartenaient par droit divin à leurs propriétaires légitimes. Il fallait les rendre. La liste des propriétaires acquéreurs nationaux est encore présente dans nos provinces à certaines mémoires et il n'est pas rare qu'au dessert, quelques antiquaires, s'entretenant à mots couverts, sans souhaiter pourtant divulguer les noms, font savoir qu'ils en sont bien instruits. Beaucoup d'acquéreurs, souvent ceux des meilleures terres, refusèrent de restituer les biens acquis légalement. Le comte de Soubiran, dit l'abbé Théloz, trouva son château de La Louvière possédé par le notaire de sa famille. « Ce malheureux s'était rendu acquéreur à vil prix des biens que son devoir lui commandait de défendre. La main de Dieu frappa cet homme dans la suite, car il refusa le prêtre à son lit de mort, et sa fille resta en proie à d'horribles crises d'épilepsie. »

Théodore de Ludre, fils du marquis de Frolois, rachète d'abord l'emplacement du château ruiné. « Son nouveau propriétaire était mort; sa fin tragique avait impressionné les habitants du village et les héritiers de l'acquéreur. » Puis il va trouver les acquéreurs de lots : « Veux-tu me céder ton acquisition? Je t'offre un petit bénéfice sur le prix que tu as payé. Fais attention que je te propose une bonne affaire pour ce monde comme pour l'autre. Ces biens-là ne sont pas trop assurés; on les vend malaisément; si les choses venaient à changer, peut-être me les rendrait-on, mais si je les rachète, je t'engage ma parole que nulle revendication de notre part contre toi n'aura jamais lieu. » Les Polignac, eux, refusèrent, par fidélité au serment prêté à la Charte, de racheter leurs biens, qu'on leur offrait.

La Restauration complétera la restitution des bois qui,

généralement, n'avaient pas encore été vendus, et de surcroît avaient été bien administrés (loi du 5 décembre 1814); on avait rendu les autres biens non vendus.

Villèle et la Chambre élue en 1824 décidèrent de satisfaire les émigrés partiellement ou totalement dépossédés en les indemnisant. L'opposition ultra de droite vit dans cette indemnisation « un acte effréné de despotisme ». Le comte de Soubiran refusa l'indemnité en disant : « On m'a pris mes biens, qu'on me les rende; accepter un acompte sur ma fortune volée serait reconnaître le fait accompli. » Paul Pradel de Lamaze rappelle qu'en 1891 et 1892, le marquis de Morès et ses amis feront de la restitution des terres nobles volées une des conditions de la restauration patriotique.

Il ressortit des discussions dans les Chambres que les anciens propriétaires n'avaient jamais cessé de l'être et que le milliard d'indemnité était un acompte en attendant mieux, dit Sébastien Charlety.

Il y eut 30 180 demandes d'indemnités pour perte de propriété foncière; la loi n'indemnisait pas la perte des rentes.

L'indemnité fut établie sur l'évaluation du revenu des biens en 1790, capitalisé à 5 pour cent et on délivra finalement des titres de rente à 3 pour cent pour le montant du capital à indemniser : soit une ferme, dont le revenu de 1790 était de 3 000 francs, elle est évaluée 60 000 francs – en réalité elle eût valu à l'époque 100 000 francs. L'indemnisé reçoit 60 000 francs de rente à 3 pour cent, soit une inscription de 1 800 francs sur la dette publique; si on veut les vendre, on n'en n'aura pas plus de 45 000 francs, la rente n'étant pas au pair.

Les listes publiées donnent le montant du capital reconnu à indemniser, pour lequel on a reçu 3 pour cent; selon l'état de la bourse au moment de la vente de la rente, le capital a pu varier en plus ou en moins.

André Gain donne la liste des pairs de France indemnisés [1]. On y rencontre soixante-dix-huit pairs appartenant aux familles du Faubourg qui chacun toucha en moyenne 466 872 francs soit, à 3 pour cent, 14 000 francs de rente annuelle. Les trois quarts des pairs de ces familles (78 sur 106) ont donc reçu une indemnité. Quinze de ces indemni-

---

1. *La Restauration et les biens des émigrés*, 1928, t. II, p. 454.

tés dépassent le million; huit vont de 500 000 francs à un million; dix-neuf vont de 225 000 francs à 500 000 et seize sont inférieures à 100 000.

Pour le Faubourg, les principales indemnités furent celles que touchèrent les familles de Montmorency-Luxembourg, Crussol d'Uzès, Rochechouart-Mortemart, Noailles, Puységur, Choiseul-Stainville, Durfort de Lorge, Montmorency-Laval, Croÿ d'Havré, La Rochefoucauld-Liancourt, Richelieu, Moreton de Chabrillan, Saint-Priest, Fitz-James, La Rochefoucauld-Bayers. Adeline Daumard indique que le plus souvent les titres de rente furent conservés dans ces familles et non vendus.

La difficulté de la reconstitution des fortunes a été accrue par l'application d'un nouveau schéma de partage né du code civil.

Les La Trémoïlle, par exemple, possédaient en 1789, par substitution, le comté de Laval (3 000 hectares, plus les droits féodaux dans trente paroisses; 115 000 livres de revenu). Le titulaire étant mort en émigration en 1792, et laissant quatre fils, dont deux émigrés et un chouan, qui fut du reste guillotiné, la question se posa de savoir qui aurait quoi; en 1809, selon une statistique dont nous reparlerons, la princesse de La Trémoïlle, femme de l'aîné des fils, Charles-Bretagne, absent, est créditée de 30 000 francs de rente, et l'on indique que « les affaires de cette maison ont été dérangées par la Révolution ». Au bout du compte, bien que le quart de leurs biens du Bas-Maine aient été vendus pendant la Révolution, les La Trémoïlle les reconstituèrent à 10 pour cent près, avant de les partager en 1818, et de les vendre. Ils touchèrent 785 712 francs d'indemnité du milliard, dont 270 000 francs relativement à la Mayenne.

Dans le Jura et la Haute-Saône, les Scey, Bauffremont, d'Arenberg, Choiseul, décidèrent au contraire de rester.

Le duc de Choiseul-Stainville, dont nous avons cité des discours, s'attaqua au rachat des terres pour la perte desquelles l'indemnité lui octroiera deux millions. « Son attitude, dit Claude-Isabelle Brelot, est révélatrice des capacités de résistance de la haute noblesse. » Il profite déjà des périodes modérées du Directoire pour racheter; de 1814 à 1819 il reçoit 2 000 hectares de bois en restitution. Le duc va en consacrer une partie, avec d'autres terres, à la constitution d'un majorat en faveur de son gendre, pour l'aider dans l'acquisition du titre ducal.

Tous ces grands seigneurs étaient naturellement jalousés dans leur province; les écrivains locaux s'attachent surtout à critiquer leur liberté de mœurs ou leurs mesquineries. Leur gestion démontre plutôt leur énergie et leur largeur de vues, leur sens de la dignité et de la solidarité : le prince d'Arenberg, en même temps que celle de ses paysans, est la providence des propriétaires, ses voisins, en difficulté; il condamne formellement « toute espèce de tripotage d'affaire ».

Pour prendre une idée des niveaux de revenu et de fortune dans le Faubourg, on dispose tout d'abord, pour le début du XIXe siècle, de la *Statistique personnelle et morale du Xe arrondissement de Paris*, en 1809, signalée par Louis Bergeron[1]. Remercions-le de nous avoir communiqué en outre son dépouillement.

L'origine du document est à chercher dans l'intérêt spécial que Napoléon portait au Faubourg; il s'était mis en tête, rapporte la comtesse de Boigne, de marier comme il l'entendait, c'est-à-dire avec des hommes nouveaux, toutes les filles du Faubourg qui auraient au moins 50 000 francs de revenu. En admettant que les évaluations de revenu soient justes, elles ont une valeur transitoire. Sur les 220 familles nobles recensées, 85 sont représentées par des femmes, dont les maris sont encore en émigration; la valeur moyenne du revenu est de 28 000 francs dans ce cas. D'un autre côté, 134 familles, qui ont conservé des chefs non émigrés, et dont le patrimoine n'a pas été entamé, ou qui l'ont déjà retrouvé en 1809 : ici le revenu est de 40 000 francs par an en moyenne. Le revenu moyen annuel est de 36 000 francs en général; il s'agit donc d'un revenu minimum, comme l'a montré le cas de la duchesse de La Trémoïlle.

Le revenu de la toute nouvelle noblesse d'Empire est plus élevé; il est d'environ 50 000 livres. Le revenu des maréchaux d'Empire se trouve à cette époque hors de pair : à

---

1. *L'Esprit napoléonien*, Le Seuil, Paris, 1972, p. 133-134.

300 000 livres au bas mot; 100 000 livres au-dessus du plus fort revenu de la noblesse ancienne du Faubourg. C'est ce qui explique la mélancolie d'un de ces maréchaux, répercutée par Vigny sous la Restauration : « Sous l'Empereur, personne n'était l'égal d'un maréchal. Auprès de ces gens-là [l'ancienne noblesse], un maréchal n'est pas l'égal d'un gentilhomme. »

La limite des 50 000 livres, à partir de laquelle Bonaparte voulait appliquer la fusion des deux noblesses, apparaît bien dans la statistique. Une quarantaine de familles d'ancienne noblesse pouvaient être concernées. Elles se hâtèrent souvent de marier leurs rejetons comme elles l'entendaient. Ce fut le cas des d'Aligre qui ne voulurent pas d'alliance avec le duc de Vicence ou le duc de Rovigo.

Par la suite, on dispose des listes électorales censitaires; Charles-Edmond Pouthas et André Tudesq ont bien donné des conseils pour les utiliser, mais elles présentent beaucoup d'inconvénients; d'abord elles sont mal conservées : il est difficile, pour la période où il y avait des listes séparées d'éligibles et d'électeurs – jusqu'en 1828 – de les réunir pour une année donnée.

Par la suite, les électeurs et éligibles étant sur la même liste, il faut cependant trouver la liste des électeurs départementaux qui ne la recouvre pas.

En 1828, sur les 21 nobles d'Ancien Régime éligibles (plus de 1 000 francs de cens), 8 seulement sont en même temps électeurs au Faubourg. Les 13 autres exercent ailleurs leur droit de vote. Le cens moyen pour les éligibles est de 3 929 francs, presque entièrement foncier. S'il fallait raisonner comme le comte Roy [1], 3 000 francs d'impôt foncier renverraient à une valeur en capital de 300 000 francs, et les 4 000 francs de cens des éligibles à une valeur de 400 000 francs. Le cens moyen des nobles est de 1 580 francs en 1828 (moyenne sur 39 cotes d'imposition). On se méfiera de ces résultats; les listes censitaires n'étant pas des rôles d'imposition ne font souvent référence qu'à une partie de l'impôt, en arrêtant le recensement dès que le cens requis est rempli. Par exemple, le duc d'Avaray, Claude

---

1. Chambre des pairs, discours du 28 mars 1826, p. 14.

Antoine, bien identifié, figure sur la liste des éligibles pour 15 430 francs, et sur celle des électeurs pour 835.

Les nobles d'Empire éligibles ont un cens moyen de 4 322 francs ; la reconstitution des fortunes anciennes a apparemment rééquilibré les niveaux. Il y avait 21 citoyens d'ancienne noblesse à payer 1 000 francs de cens au moins en 1828 au Faubourg, dont 8 à la fois électeurs et éligibles ; il y en a 19 en 1846, plus 9 qui payent au-dessus de 500 francs et qui sont maintenant éligibles (soit 28 en tout), mais il y a pareillement 77 électeurs départementaux d'ancienne noblesse dont le cens n'est pas connu, et qui sont éligibles et électeurs ailleurs pour les élections législatives, et ne votent dans le Xe arrondissement ancien de Paris que pour les scrutins locaux.

Adeline Daumard, à partir des déclarations de successions enregistrées, établit que la valeur moyenne en 1820 des successions des nobles d'Ancien Régime est de 459 000 francs [1].

A la fin de la Restauration, une cinquantaine de familles dans le Faubourg possédaient sans doute des biens, essentiellement fonciers, leur assurant un revenu de 50 000 francs par an.

La différence avec l'Ancien Régime ne concerne pas tant la valeur absolue, peu différente, du revenu, que la valeur relative : négociants et banquiers sont en effet de plus en plus nombreux à atteindre ce niveau.

La régénération de la noblesse s'est donc faite après la Révolution sur de nouvelles bases religieuses et morales. On y a recherché la solidarité du groupe. Les mariages à l'extérieur ont été très peu nombreux. Les alliances avec les banquiers ou les hommes de finance ne concernent généralement pas les familles de la première illustration. La Révolution, par ses soubresauts, par les rapprochements qu'elle a suscités, a créé de nouvelles conditions de mariage à l'intérieur de la haute noblesse.

Loin des aventures, des terreurs blanches comme des Vendées romantiques, la haute noblesse, après la Révolution et les Cent-Jours, a trouvé la sagesse de celui « qui ne voulait pas recommencer ses voyages » (le roi Charles II). Sa

1. *Les Fortunes françaises au XIXe siècle.*

194

fortune à peu près restaurée, elle se préoccupe de gérer raisonnablement ses biens en restant proche de ses paysans, en inspirant le respect et en manifestant elle-même son respect pour les desseins de Dieu. Fondamentalement, c'est sur la générosité de cœur que devait s'établir le nouveau contrat avec la société. Ayant fait cet immense effort sur elle-même, l'aristocratie foncière, dit Jean Lhomme, a alors pensé « qu'il lui suffisait de durer pour dominer ».

7

LE TEMPS DES CHEVALIERS (1830-1870)

*La guerre des préjugés. – Les nouvelles croisades. – La guerre
d'argent.*

Et puis, de nouveau, la terreur... « On ne saurait, dit le
comte de Ludre, se faire une idée du désespoir des anciens
émigrés quand ils crurent voir se rouvrir l'ère de la Révolution. » En 1830, le Faubourg fut hanté par le souvenir de
l'échafaud. La Vierge apparut le 18 juillet à Catherine
Labouré : « La croix sera méprisée, lui annonça-t-elle, dans
la chapelle de la rue de Sèvres ; on la mettra par terre. Le
sang coulera. On ouvrira de nouveau le côté de Notre-
Seigneur ; les rues seront pleines de sang. Il y aura beaucoup
de dévotion au Sacré-Cœur. »

Alexis de Noailles écrivait à sa sœur pour lui dire que le
prince de Polignac, arrêté, allait vraisemblablement monter
sur l'échafaud. En 1847, lors d'une fête pour le duc de Montpensier à Vincennes, des voitures du Faubourg furent insul-
tées, les chevaux arrêtés par le peuple du faubourg Saint-
Antoine ; l'impression en resta très mauvaise.

En février 1848, la toute nouvelle comtesse Greffulhe,
Félicie de La Rochefoucauld-Estissac, oblige son époux à
quitter son hôtel de la rive droite, rue de la Ville-l'Évêque,
pour se réfugier rue Saint-Dominique, chez son père, à
l'hôtel d'Estissac où elle s'imaginait, dit Mme d'Armaillé,
être plus en sûreté. Les grands seigneurs considéraient qu'ils avaient dans

leur Faubourg comme une garde patricienne constituée de leurs domestiques, de leurs fournisseurs, de leurs obligés. « C'est avec une entière confiance, disait Sosthène de La Rochefoucauld aux enfants de l'école du Gros-Caillou qu'il patronnait et à leurs parents, le 25 août 1862, que je mettrais entre vos mains la défense du foyer domestique et le sort de ma famille, si jamais, Dieu m'en préserve, quelques troubles agitaient encore la capitale. »

A la fin du siècle encore, Pauline de Pange indique que le mot Révolution avait gardé un pouvoir terrifiant. A l'annonce du 1er mai 1906, on fit, dit-elle, des provisions, et l'hôtel de Broglie se transforma en forteresse. « Nous aimions peu Paris », écrira le duc de Brissac. De cette peur naquit la combativité.

Vivement attaquée par la haute bourgeoisie qui veut les places et les titres, la noblesse répond en haussant d'un ton ses préjugés et relève le défi en affirmant sa « race ».

Refusant pour des raisons différentes sa collaboration à la monarchie de Juillet et au second Empire, et plus nettement à l'une qu'à l'autre, la haute noblesse, comme la noblesse de province, constitue ce que Michel Denis a appelé une « contre-société », pour conserver ses principes. Cela suppose des structures de combat, et une mobilisation des hommes.

L'activité inemployée au service des hommes méprisés est utilisée à renforcer l'influence de la noblesse dans les campagnes, elle se mobilise pour la défense des terres de l'Église en Italie, le tout dans un certain esprit chevaleresque, en opposition, avec le marquis de Mailly, à la bourgeoisie « qui appelle l'industrialisme un progrès véritable ».

La Révolution de 1830 entraîna de grands bouleversements dans le milieu nobiliaire, nés des retraits volontaires et de l'épuration.

Un certain nombre de députés et de pairs refusèrent de leur propre mouvement le serment à Louis-Philippe : Hyde de Neuville, La Lézardière, La Bourdonnais, Berryer, Chateaubriand, Bouillé, Vérac, Castelbajac, Rougé, d'Andigné... 68 députés furent invalidés; la fournée des pairs du 5 novembre 1827 fut annulée le 7 août 1830; 76 préfets furent révoqués sur 86, 70 pour cent des sous-préfets furent remplacés. La maison du roi fut entièrement licenciée, la Garde royale démembrée. Il ne resta en place que le dixième des officiers généraux et la moitié des colonels fut retraitée. Dans le département des Affaires étrangères, la plupart des ambassadeurs et des ministres furent révoqués.

Un certain nombre des nobles membres du « parti théocratique » était déjà parti pour l'étranger, quelques-uns accompagnant les princes en exil : les ducs de Lévis, de Blacas, des Cars, de Duras, les Damas, le marquis de Nicolaï. D'autres quittèrent la France pour aller dans leurs possessions à l'étranger, comme les trois branches de la famille de Croÿ, Solre, Havré, Dulmen ; les Rohan, les Béthune, les Frénilly... Dans bien des cas, les démissions et les révocations se croisèrent. Beaucoup parmi les hommes d'une cinquantaine d'années refusèrent de servir l'usurpateur et, sans quitter la France, « émigrèrent à l'intérieur », comme dit Balzac : ce fut le cas des Juigné, des Maillé, des d'Andigné, des Choiseul d'Aillecourt, des Clermont-Tonnerre, des Gontaut-Biron, des Galliffet, des Pimodan, etc.

Parmi les fils de ceux-là, par pure obéissance, un certain nombre alla servir à l'étranger : ainsi Louis d'Armaillé que son père gifla parce qu'il voulait rejoindre en 1830 le régiment de Bartillat à Versailles, et Georges de Pimodan, reçu à Saint-Cyr, qui dut démissionner « à cause de scrupule de conscience de ses parents ». Ces deux-là s'engagèrent dans l'armée autrichienne. Kergolay démissionna de l'École polytechnique où il était reçu.

L'aristocratie a fait retraite « au fond de ses terres, dit Balzac où elle est allée se cacher pour mourir, émigrant à l'intérieur devant les idées, comme jadis à l'étranger devant les masses populaires [1] ».

On peut considérer à l'inverse que les grands nobles ont tiré leçon de l'émigration à l'étranger de 1791, qu'ils tiennent généralement pour une erreur. Ils se sont trouvés face à une volonté politique d'éviction affirmée par la grande bourgeoisie et ils y ont répondu. On en voulait clairement aux fleurs de lis qui furent effacées du sceau de l'État le 16 février 1831, et martelées aux balustres des édifices publics.

---

1. *Autre étude de femme.*

Le principal souci des révolutionnaires était de se débarrasser de la pairie conservatrice : « Nous n'avons demandé aux élections qu'une majorité contre la pairie héréditaire. Cette majorité, nous l'aurons », confiait Alexis Carrel le 8 juillet 1831.

La loi électorale du 19 avril 1831 avait été préparée pour accroître le contingent bourgeois. Le cens d'éligibilité était abaissé de moitié (500 francs), et le cens électoral, passant à 200 francs, donnait cent mille électeurs de plus, essentiellement citadins. C'était affaiblir la noblesse foncière à la Chambre des députés.

La nouvelle Chambre se laissa entraîner sans enthousiasme à l'assaut de la pairie ; par 206 voix sur 292, elle supprima l'hérédité. La Chambre des pairs résistait ; il fallut y changer la majorité par une fournée nouvelle pour obtenir son adhésion. La loi du 29 décembre 1831 ouvre la pairie personnelle à la bourgeoisie ; elle désigne au roi les catégories parmi lesquelles il pourra nommer les pairs : anciens ministres, députés confirmés, hauts fonctionnaires, académiciens, propriétaires, industriels, commerçants payant au moins 3 000 francs d'impôts. La loi du 25 avril 1832 démembra le système ancien en abrogeant la loi de 1808 sur la pénalité encourue par les usurpateurs de titres ; les distinctions héréditaires s'en trouvaient de fait supprimées.

Le majorat qui était attaché à la pairie devenait sans objet. La loi du 12 mai 1835 interdit toute institution de majorat sur demande et prévit l'extinction des anciens après deux degrés, l'institution non comprise. Restaient donc les majorats de propre mouvement, qui concernaient surtout la noblesse impériale.

Les sentiments qui animaient la haute noblesse étaient d'abord ceux d'une implacable rancune à l'égard de Louis-Philippe.

L'argument même selon lequel le règne de l'usurpateur permettait au duc de Bordeaux de grandir et d'être bientôt en état de reprendre son trône touchait peu. Les conseils de Mme de Frénilly à ses arrière-petits-enfants étaient ceux-ci : « Souvenez-vous, mes enfants, qu'il ne faut jamais déranger les domestiques pendant qu'ils mangent ni surtout reconnaître le gouvernement de Louis-Philippe. » Le Faubourg manifesta, paraît-il, une joie cruelle et indécente à la mort accidentelle du duc d'Orléans : « Je haïssais si fort Louis-Philippe que, confiait à Poumiès le comte de Mailly, sans me préoccuper des suites de cette Révolution [1848], je ne vis que sa chute et sa proscription. Je conserve encore les mêmes sentiments. » Derrière la monarchie de Juillet, la responsabilité se porte, pour la haute noblesse, sur la haute bourgeoisie, qu'elle appelle « classe moyenne », et qui se fait gloire de son « activité ».

La bourgeoisie, dira Alfred de Vigny, « se laissa emporter aux vanités jalouses et n'eut de repos que lorsqu'elle se crut enfin parvenue à créer une monarchie bourgeoise dont elle serait la Cour ». Il rappelle les prétentions à la noblesse de la bourgeoisie : « Mais la noblesse n'est rien si elle n'est une chose ancienne de plusieurs générations. Tant qu'il existe un témoin de sa naissance, elle n'est pas. » La bourgeoisie, depuis 1825, ne s'est souciée au fond de cœur ni de la Charte, ni de la réforme de Juillet, « mais seulement d'elle-même, de sa boutique et ambitionnant le premier rang dans la nation qu'elle ne put jamais atteindre ».

Là aussi, on le voit, la haine éclatait : « J'espère, s'écriait en 1832 la comtesse C..., devant Poumiès, que les puissances étrangères vont entrer en France et se partager son terri-toire, afin qu'il n'existe plus de traces de ce perfide pays! » Balzac accuse la haute noblesse d'avoir « commis la faute d'abandonner le terrain », et Jean Lhomme remarque que l'histoire offre peu d'exemples, d'un « effacement aussi rapide aussi complet [...], l'acceptation, la résignation, sans plus ». Cette résignation pouvait être obéissance, car on sut très vite que les princes ne tenaient pas à ce qu'il y eût une représentation légitimiste à la Chambre. Surtout, le retrait prit la couleur d'une forme de guerre économique fondée sur l'idée que la dépense en ville de la rente foncière par la haute noblesse représentait une grande ressource qu'il fal-lait retirer au nouveau gouvernement et à la ville coupable. La comtesse de Gouvello disait à Poumiès qu'elle se repro-chait jusqu'au pain qu'elle mangeait à Paris.

Cette sorte de guerre économique a eu pour effet un ren-forcement, voire la naissance d'un préjugé contre les commerçants (assimilés aux épiciers), les manufacturiers et les banquiers.

Stendhal s'en prend aux négociants lyonnais : « Tout ce que le petit commerce qui exige surtout de la patience, une attention continue aux détails, l'habitude de dépenser moins qu'on ne gagne et la crainte de tout ce qui est extraordinaire, peut produire de niaiserie égoïste de petitesse et d'aigreur dissimulée par la crainte de ne pas gagner me semble résumé par le mot négociant. »

Taine décrit M. Richard, retiré des affaires : il a pris la physionomie maligne et grossière d'un porc. Il s'est tenu trente ans de suite à la porte de son magasin de nouveautés, courbant l'échine devant les gens qui entraient, et disant :

– Qu'y a-t-il pour le service de Madame ?

On garde jusqu'au bout une pareille empreinte. C'est la fatuité qui paraît surtout insupportable : « Un Lyonnais, continue Stendhal, qui s'est retiré du commerce avec six mille livres de rente, affecte en marchant des mouvements majestueux ; il porte sa tête avec respect, et jette le regard d'une certaine façon noble[1]. » Il sera entendu que M. Prudhomme est ridicule ; sa femme aussi. Au point que deux comtesses demeurèrent tout étonnées de voir la femme de Casimir Périer « traverser un salon et faire la révérence avec la grâce d'une femme de l'Ancien Régime[2] ». Pour la duchesse de Maillé, les femmes de la chaussée d'Antin sont « laides et empesées à mourir de rire ».

Le mépris pour le fournisseur commençait à l'avocat, au médecin – Poumiès laisse entendre qu'il dut supporter de la morgue –, au chirurgien. « Avait-on bien pensé, dira-t-on en 1864, lorsque le comte de Beaumont épousa Jeanne de Castries, que c'était au petit-fils du chirurgien Dupuytren que l'on donnait cette patricienne délicate ? »

Les grands nobles se croyaient autorisés à donner ce qu'ils appelaient de « charmantes leçons de savoir-vivre aux parvenus ». Le marquis de Louvois était maître de poste titulaire à Ancy-le-Franc, où était son château, comme cela se pratiquait alors. Laissons parler de Boigne[3] : « Un voyageur demande le maître de poste. Le marquis reconnaît son homme :

---

1. *Mémoires d'un touriste.*
2. Comtesse d'Armaillé.
3. *Petits Mémoires de l'Opéra*, 1856.

– Pardon, monsieur Bernard, pardon de vous avoir fait attendre! Je vous avais reconnu de ma fenêtre. Je cherchais, je ne pouvais trouver mon habit de pair de France, le dernier que vous m'avez fait, vous savez... Il ne me va pas du tout, je voulais profiter de votre présence ici pour vous prier de me l'essayer et de l'emporter avec vous à Paris afin de le retoucher. Donnez-vous la peine de descendre, monsieur Bernard. »

Pringué rapporte la réponse d'une dame de qualité faite au fils d'un très grand bottier, lui-même devenu homme de Bourse, et qui lui demandait une valse lente :

– Je regrette beaucoup mais les souliers que m'a faits monsieur votre père sont trop étroits, ils m'empêchent de danser.

Proust, à propos de ce qu'il appelle la « niaiserie du Faubourg », raconte une anecdote qu'il attribue à un M. de Luxembourg qui refuse d'aller dîner chez un ancien manufacturier en pâtes et farines. Il met en suscription à la lettre de refus : « A M. X..., meunier. » La réponse : « Désolé. Il n'y aurait eu au repas que le meunier, son fils et vous. » Et puis il y a le mot de Jeanne Say, fille des sucres, épouse, en 1865, du duc de Cossé Brissac ; elle est fort mal accueillie par le Faubourg.

Un Choiseul, probablement un des fils du duc assassin de sa femme, lui fait observer :

– Madame, le sucre tache!

– Moins que le sang, monsieur!

Rafraîchissante est l'ironie du comte d'Hinnisdäl, à propos de son château de Tilloloye, hérité des Soyecourt :

– Vous avez bien de la bonté, madame, d'admirer mes vieilles frusques quand vous avez un château tout neuf bâti par vous.

Il y a un préjugé qui apparaît alors dans le milieu nobiliaire : c'est une attitude nouvelle à l'égard des juifs. Il est possible que le rapprochement avec le peuple ait ramené l'aristocratie vers les vieilles sources. La comtesse d'Adhémar raconte que sa famille avait une très ancienne servante avec laquelle elle allait au marché à Buis-les-Baronnies.

– Qu'est-ce que c'est que cette laide rue?

– C'est la juiverie. Oh! mes enfants, les malheureux, ils ont tué le Bon Dieu.

On se signait et on disait un *Ave*. Cela conduira Franz de Vaulogé à dire à Mme de Rothschild qui, à la sortie de l'Opéra, s'impatientait de ne pas voir son équipage :

– Lorsque comme vous, Madame, on espère le Messie depuis deux mille ans, on peut bien attendre sa voiture cinq minutes.

Nous avons vu que la petite revue hebdomadaire *Le Faubourg Saint-Germain* s'en prenait aux juifs en 1841 : à Rothschild et Cambis, mais aussi aux juifs usuriers par les fourches desquels la jeunesse dorée devait passer :

> A certain juif très opulent
> Et par surcroît gros, gras et bête
> Vingt fois pour avoir de l'argent
> Je réitère ma requête
> Parbleu, Monsieur, me dit-il à la fin,
> Vous êtes monotone encore plus qu'importun!
> De l'argent! de l'argent toujours même refrain!
> Ne pouvez-vous demander autre chose?
> Je lui réponds : ce n'est pas que je n'ose
> Mais Crésus comprenez ma raison que voilà :
> La plus belle fille du monde,
> Fût-elle reine de Golconde,
> Ne peut donner que ce qu'elle a.

Il paraît donc que le juif s'identifie maintenant au mauvais argent, à celui qui évoque le sang du peuple ou du Christ. Il a visiblement pris la place du financier de l'Ancien Régime. Nous le verrons très nettement plus tard.

Le 25 février 1848, tous les titres furent supprimés. Le second Empire les rétablit le 24 janvier 1852. Bien qu'en mai 1858 une loi ait restauré une sanction contre le port irrégulier des titres et des qualifications nobiliaires, et que le Conseil du sceau des titres ait été rétabli, les empiètements avaient été très nombreux. Le dévoiement des titres avait été pour la noblesse, dit Marsay, un coup plus rude que la suppression pure et simple de ces distinctions par les révolutions de 1830 et 1848. Cinquante mille familles françaises ont des prétentions nobiliaires. La période d'usurpation enragée se situe de 1830 à 1880. A cette date précise Michel Denis, dans la Mayenne, on préfère laisser dans l'ombre la panoplie des acquisitions rutilantes : on supprime même les listes de présence aux mariages, sépultures et fêtes.

La noblesse, menacée par la montée des titres arborés par la bourgeoisie, affaiblie par la perte de son pouvoir politique, entame une redéfinition. On rappelle tout d'abord, comme fait primordial, l'absence d'acceptation d'aucun gain sordide. Bonald réaffirme : « Ce qui constitue proprement la noblesse politique n'est pas la naissance, n'est pas la fortune, n'est pas un titre ou une décoration, mais c'est l'indépendance héréditaire de tous travaux lucratifs commandés par les particuliers (ce que l'Église appelle avec raison des œuvres sordides) et de tout autre service que celui de l'État et du pouvoir public [1]. »

D'abord et plus que jamais la noblesse est au service de Dieu : « Hommes d'honneur, écrit Alfred de Courcy, c'est Dieu qui a illuminé vos consciences. C'est aux enseignements de l'Évangile, même quand vous les avez repoussés que vous devez ce que vous valez encore. » L'Église que l'on souhaite servir, c'est maintenant l'Église de Rome et le pape. Rosalie de Noailles, marquise de Grammont, soutient avec son époux les débuts de *L'Avenir* et lit Lamennais, Montalembert, entourés de Lacordaire et du P. Guéranger.

Le noble doit prendre part au « travail social ». « La vocation de l'aristocratie, c'est de trouver dans son sein, dit Audéric de Moustier (1823-1888), les hommes d'idées générales dont la mission me sourit, espèces de chevaliers errants dans le monde moral qui s'en vont redresser les torts, combattant les erreurs là où ils les rencontrent. »

Cette incarnation des idées paraît également essentielle à Henri de Valori : « Quelle est aujourd'hui [1851] la mission de la noblesse ? Se mettre à la tête des idées les plus généreuses, les étendre, les développer, porter haut l'étendard de la religion du pays, afin de faire reculer la barbarie et de

1. *Réflexions sur la révolution de juillet 1830*, présentées par Jean Bastier, Paris, Duc-Albatros, 1988, p. 62.

reconquérir, sur les soldats de l'athéisme et du vol la cité de Dieu [les États du pape]. Avec cela, il faut faire que les fils des gentilshommes français recommencent à conquérir comme leurs pères, et à se croiser comme eux... » Si elle oublie les principes, la noblesse est perdue. La légitimité se tourne évidemment vers la papauté. « Les catholiques romains, disait Henry de Mérode (1831), demandent la souveraineté sociale de la représentation visible de Dieu sur terre comme seul principe d'ordre complet. »

Ce n'est pas à Paris, « patrie des êtres dont la destinée de cœur est perdue », pense Barbey, ce n'est pas dans les villes que la noblesse a à exercer son influence principale, car là, dit Tancrède de Hauteville [1], elle vit « confondue au sein d'une bourgeoisie qui souvent l'efface par son opulence, et elle n'a pas à exercer une action distincte ». C'est dans les campagnes où elle a ses propriétés.

« Les grandes existences issues du sol étaient la pensée la plus élevée du pays, et véritablement l'élite de la nation, revêtue de la partie la plus active et la plus compréhensive du pouvoir, écrit le marquis de Mailly en 1853. La soif des richesses n'avait pas déshonoré la noblesse de France et ne l'avait pas entraînée à pousser la nation dans la voie de l'industrie programmée et universelle. » Il faut réveiller l'ancienne organisation fondée sur l'hégémonie de la noblesse, suprématie sans cesse achetée au prix du sang ; l'esprit national s'est conservé dans le gentilhomme provincial et dans le peuple agricole, qui sont par nature hostiles au libéralisme dénervant : « Le rude agriculteur, surtout le paysan naïf et laborieux du vieux sol de France, se distingue en effet par l'énergie. »

La position libérale extrême qui est celle de Sosthène de La Rochefoucauld, exposée en 1832, est certainement minoritaire dans la haute noblesse : « Il faut renoncer à toute idée de caste, à tout préjugé aristocratique. Si l'on tient à conserver une noblesse, il est indispensable d'en ouvrir largement les rangs, la rendre accessible à tous, en l'attachant, comme d'ailleurs sous l'Ancien Régime, aux charges militaires, judiciaires et municipales, la pairie étant personnelle et non plus héréditaire. » L'ancienne noblesse serait invitée à

---

1. *De la mission des hautes classes de la société*, 1863.

retourner sur ses terres qui sont sa véritable sphère d'action.

La majorité de la noblesse est la proie d'un sursaut volontariste : « Nous n'admettrons jamais que la noblesse ait péri avec ses droits politiques, affirme Valori. L'existence de la noblesse, c'est-à-dire d'une classe supérieure aux privilèges héréditaires et transmissibles, est un fait primordial [...] toute société repose sur un droit de suprématie possédé par les êtres d'élite ; cette distinction se transmet par le sang. » Ces attitudes s'appuient sur les mises en garde des « ethnographes », Rebeyre de Villemot, Pierre Paul Broca, Arthur de Gobineau, pour lesquels l'importance d'une race pure est capitale. Le comte de Basterot déplore en lui-même le terrible mélange des races si diverses dont il est issu, qui est une « source intarissable de faiblesse ». Il admire sans réserve la race anglo-saxonne : « L'étude de l'ethnographie qui prouve l'importance capitale d'une race pure dispose l'âme à respecter l'aristocratie. » Les grands témoins des générations aristocratiques suivantes seront imprégnés de cette idée. Pour Fouquier, le duc de Luynes sera « d'une belle formation raciale » ; Boni de Castellane manifestera « une race fortement trempée et également très raffinée ».

Très remarquable conséquence de cette résurgence de la noblesse de race, un retour de hauteur vis-à-vis de la noblesse de robe se fit jour à la surprise générale : une certaine Mme de T..., apprenant les fiançailles d'une demoiselle de la vieille aristocratie, s'exclame : « Petite union pour la jeune fille ; point même de robe de cour ; tout au plus robe de chambre. » Et le marquis de Saint-Paul : « Les X..., c'est de la robe et de la petite ! »

Les grands cercles, essentiellement nobiliaires, doublent les sociétés d'encouragement à l'élevage du cheval, et Nicole de Blomac souligne que ces groupes ont contribué à imposer au pays un cheval porteur de valeurs qui furent celles du deuxième ordre : le sang, garantie de vaillance, la valeur combative, la distinction physique [1] ; l'auteur note que le cheval pur sang a évolué en valorisant le mérite personnel. L'attention accordée par les éleveurs nobles au sang des mâles avant tout, choisissant les femelles pour leurs qua-

---

1. *La Gloire et le Jeu*, Fayard, Paris, 1991, p. 280.

lités individuelles, rappelle cependant la vieille inflexion de la noblesse française vers la « ligne » et la suprématie du mâle. La haute noblesse ne s'est pas convertie au racisme pur. Après une période transitoire d'isolement matrimonial, la noblesse s'ouvrira à nouveau, à partir de 1870. C'est peut-être la période de repli sur soi et de méditation de la race qui lui ont donné la lancée suffisante pour aller cueillir sans embarras les filles des juifs.

La haute société nobiliaire subit un choc profond en 1830 par la perte de son débouché naturel, le service public. Il y a eu des carrières militaires brisées. Les jeunes gens cependant, s'ils se sont détournés du droit et des carrières de gouvernement, ont continué à se présenter à Saint-Cyr. Notre petit échantillon donne sept admissions entre 1841 et 1850 ; dix jusqu'en 1860 ; huit de 1861 à 1870, puis quatre et deux pour les décades suivantes.

Rares sont finalement ceux qui, comme le marquis du Lau d'Allemans (1833-1919), ou Auguste d'Arenberg (1837-1924), ont vu leur famille se conformer exactement à l'interdiction d'accepter une fonction nécessitant serment, qui fut lancée par le comte de Chambord après 1850. Nous avons là-dessus le point de vue de deux femmes, toutes deux veuves ; la duchesse de Maillé confie, dans ses Mémoires : « J'ai toujours été décidée à ne pas condamner mes enfants [elle a deux fils] à l'oisiveté parce qu'une révolution avait détruit leur existence. On peut, je crois, très bien servir son pays sans trahir la légitimité qui est un de nos premiers intérêts. Si Henri V revient, on sera plus utile lorsqu'on aura suivi une carrière que ceux dont les occupations se bornent à aller au bois de Boulogne. » La duchesse de Mouchy écrit à Ampère, le 27 août 1856 : « Mes enfants, ce sont des garçons très intelligents ; je vais tâcher d'en faire des hommes ; en m'acheminant vers Saint-Cyr, Versailles [l'école préparatoire des jésuites] est la première étape. C'est un grand sacrifice que je fais là [ils vont être pensionnaires...]. » Une dizaine seulement des saint-cyriens nobles évoqués plus haut devinrent généraux ; cela est dû à ce que la carrière n'était pas une fin et qu'elle était souvent écourtée par une démission.

Un second bouleversement survenu à partir de 1830 est une mutation de la sociabilité. Il y avait toujours eu, Mme d'Armaillé et le *captain* Gronow en témoignent, de la part de « la duchesse de la vieille aristocratie vis-à-vis des jeunes beautés de la chaussée d'Antin ou des jolies veuves des héros napoléoniens, une morgue qui dépassait l'imagination. Et ces dernières avaient beau répondre par un sourire de dédain aux charmes antédiluviens de l'émigrée, la moue de dégoût de la duchesse avait déjà blessé le cœur des victimes. » Or les salons n'ont plus rien à donner, le pouvoir perdu. « Nous ne verrons plus, dit Balzac, de grandes dames en France. » Et il leur fait grief de ne s'être pas colletées avec la bourgeoisie enivrée de pouvoir et débouchant sur la scène du monde. Il déplore l'effacement de « ces femmes qui pouvaient fonder des salons européens, commander l'opinion, la retourner comme un gant, dominer le monde en dominant les hommes d'art ou de pensée ». Les grandes dames ont fermé leur salon quelques années ; elles se préoccupaient de l'avenir perturbé de leurs enfants, du rééquilibrage de la fortune en fonction de la perte des places. Le mari, subitement inactif, ne devait plus rêver que de chasse ou de cercle. Il y eut une nouvelle fois repli sur soi. Les seules réceptions importantes furent des réceptions de famille. La princesse de Beauvau improvisait une petite réunion de famille lors d'un passage à Paris des princes de Croÿ. Il s'y trouva deux cent cinquante personnes : c'étaient les Mortemart, famille de la princesse, les Harcourt, les Cossé Brissac, les Montmorency, les Crussol d'Uzès, les Noailles, les Choiseul, les Chabrillan, les Rohan-Chabot. « Cette réunion-là, commente Félicie de Chabrillan, devait avoir une autre allure que celles dont le Paris élégant d'aujourd'hui [début XXᵉ siècle] nous gratifie. »

Guy de Charnacé constate que « l'éducation donnée aux filles de ce siècle les conduisait au mariage de raison comme à une suite inéluctable ». Le souci de l'intermariage plus prôné que jamais mène, dans les couvents du Faubourg ou d'ailleurs, les jeunes filles de la noblesse, suivies par celles de la haute bourgeoisie. « Car, note Mme de Maillé, si la noblesse n'a plus de puissance, elle a encore de l'élégance et tout ce qui veut avoir bon air l'imite. » Mais, signale Balzac, l'aristocratie n'a plus toujours les moyens de mettre ses filles aux couvents... Et l'on voit poindre la « femme comme il faut » [1]. « Remarquez, précise Stendhal [2], que, depuis 1830, toutes les jeunes filles de France, à l'exception des environs de Paris, sont élevées dans des couvents de religieuses, couvents animés du plus violent fanatisme contre la liberté de la presse. »

Lord Dudley décrit les soucis de la haute noblesse : « Un duc laisse quatre enfants dont deux filles. [...] Chacun de ses hoirs n'a pas plus de soixante ou quatre-vingt mille livres de rente aujourd'hui [1840]; chacun est père ou mère de plusieurs enfants, conséquemment obligé de vivre dans un appartement au rez-de-chaussée ou au premier étage d'une maison avec la plus grande économie; qui sait même s'ils ne quêtent pas une fortune? Dès lors, la femme du fils aîné, qui n'est duchesse que de nom, n'a ni sa voiture, ni ses gens, ni sa loge ni son temps à elle; elle n'a ni son appartement dans son hôtel, ni sa fortune, ni ses babioles; elle est enterrée dans le mariage comme une femme de la rue Saint-Denis l'est dans son commerce; elle achète les bas de ses chers petits enfants, les nourrit et surveille ses filles qu'elle ne met plus au couvent. Vos femmes les plus nobles sont ainsi devenues d'estimables couveuses. » La comtesse d'Armaillé s'intéresse à la même période : « Les vastes maisons du faubourg Saint-Germain se prêtaient du reste à ces sortes de phalanstères de famille [qui pour la comtesse restent une sorte de privilège]. »

« Loin de se montrer embarrassés d'un défaut de fortune, de la nécessité de vivre avec économie, d'être vêtus modestement, de se contenter de serviteurs anciens aux manières campagnardes, de se servir de voitures antiques, et d'observer les abstinences et les pratiques religieuses et charitables du passé, les chefs de familles et les maîtresses de maison y mettaient un très juste orgueil et réussissaient ainsi à reprendre quelque dignité. C'est ainsi que savaient vivre les maisons de Gontaut, de La Rochefoucauld, de Périgord, les familles de Montesquiou, de Biencourt, d'Orglande, de Vogüé, Champagne, et beaucoup d'autres, et enfin nous-

1. *Autre étude de femme.*
2. *Mémoires d'un touriste.*

210

mêmes. » Pour Balzac, chez la « femme comme il faut », la distinction – il reprend le mot de Mme de Genlis – remplace la grandeur. Pour Stendhal, la femme élevée au couvent, qu'on « envoie dans la société régner d'un pouvoir absolu et sans appel », est formée à être l'ennemie passionnée de tous les libéraux ; elle n'aura « pas de conversation raisonnable » avec son mari – qui ira au club. Ce n'est pourtant qu'en 1903 que l'appellation de club fut légalisée ; avant on disait le cercle.

« Les femmes de bonne compagnie, note Guy de Charnacé en 1860, sont moins recherchées par les hommes que par le passé », et le duc de Sabran-Pontevès : « On n'adore plus les femmes, mais on adore l'argent. A mesure que les hommes désertent les églises et abandonnent les salons, les cercles se remplissent, la Bourse regorge. C'est le temple qui voit le plus d'adorateurs et cette fièvre d'agiotage va toujours croissant. Que voulez-vous, il faut vivre, et la vie est si chère ! D'ailleurs on a si peu souci de l'autre vie. » On évoque ici un parallélisme possible entre le cercle et la Bourse.

Taine, dans ses *Notes sur Paris* en 1866, voit « deux signes des temps : le mépris des femmes et le goût du bric-à-brac »... A présent, « quand les hommes parlent aux femmes du monde, c'est avec une nuance de persiflage ; on leur dit des duretés, des indélicatesses en riant. [...] Les hommes ont pris ce ton à force de voir les filles avec qui on est toujours sur le pied militant. Le ton chevaleresque, le vrai respect a disparu. Les façons empressées et complimenteuses, ou simplement les avis de défiance ne se rencontrent plus que chez les hommes de cinquante ans. »

Est-ce cette mutation féminine que Charles X avait prophétisée, lorsque M. Bocher et trois de ses amis vinrent lui demander une ordonnance pour autoriser le cercle de l'Union en 1828 ? : « Mes amis, je ne puis rien vous refuser, mais c'est la mort de la société française que nous décrétons là » ; parole que Leroy de La Brière rapporte un peu différemment : « On va tuer en France la bonne société », aurait dit le roi.

Certes, le cadre était bourgeois, mais le cercle n'eût sans doute pas triomphé si facilement dans l'aristocratie sans la révolution de 1830 : on vit se fonder successivement le Jockey Club et le Cercle agricole, l'Union artistique, etc.

211

L'interdiction de jeu public en 1837, qui a ruiné les galeries du Palais-Royal, les a aussi favorisées.

Le grand noble qui venait de perdre ses fonctions à la Cour en 1830 n'était pas disposé à parader dans des salons où il n'offrait plus rien, ni informations importantes et de première main, ni espérance de places et d'emplois : « Quel intérêt pouvaient bien apporter dans les salons ceux qui s'étaient retirés de la vie publique ? » écrit Charnacé. Dans les salons restants, l'échange des idées était devenu un échange d'épigrammes. La vie de société, déplore la duchesse de Maillé, est donc extrêmement difficile : « C'est en vain que je cherche à persuader aux légitimistes qui, en leur qualité de vaincus, sont plus difficiles à vivre [...] qu'il faut vivre avec le juste milieu [les partisans de la monarchie de Juillet] comme avec des personnes d'une autre religion. » Le Jockey Club a du reste été fondé dans l'intention de réunir les deux partis, et toute discussion politique organisée y était proscrite.

Pour être du moins tranquilles, la pureté du recrutement était assurée par le nombre limité des adhérents : trois cents à l'Union, six cents au Jockey ; et par le ballottage : une voix hostile (boule noire) sur douze à l'Union, une sur six au Jockey entraînait le rejet.

Le cercle le plus fermé paraît avoir été l'Agricole, où les non-nobles ne dépassaient pas 5 pour cent (sur 600 membres) ; l'Union et le Jockey admettaient environ 15 pour cent de non-nobles (l'Union artistique, en revanche, la moitié). L'Agricole et l'Union semblent, à l'examen des titres, d'une dignité plus haute : les trois quarts des nobles y ont le titre de comte au moins (53 pour cent au Jockey, 43 pour cent à l'Union artistique).

Le cercle où le faubourg Saint-Germain (*stricto sensu* : les domiciliés) était le mieux représenté était l'Agricole, situé rue de Beaune (44 pour cent en 1897). Au Jockey, sur le même critère, la proportion passe de 37 pour cent en 1869 à 27 pour cent en 1888, 25 pour cent en 1938 ; 20 pour cent en 1987. A l'Union, le pourcentage du Faubourg était un peu plus faible : 23 pour cent vers 1890.

Charles Yriarte [1] considère cependant que « dans le fau-

---

1. *Les Cercles de Paris*, 1864.

bourg Saint-Germain de la France, l'Union est encore un nouveau *barrio* [quartier] où se retrouve quintessencié l'esprit aristocratiquement conservateur du noble faubourg... » Ce cercle plein d'officiers ayant eu des charges à la cour de Charles X penche fermement à la légitimité. « Le descendant direct d'une grande famille de province, ayant château seigneurial, meutes, équipages et train de cour, sera rarement admis. L'exclusivisme est radical, le faubourg Saint-Germain ne veut pas se laisser envahir. » « Ces gentilshommes, qui représentent la haute aristocratie française avec le tact, les manières exquises et toutes les qualités des classes privilégiées par la naissance, ne partagent pas ce sentiment qui porte les illustrations nobiliaires de certains pays d'Europe à cultiver les arts, les sciences et les lettres... Ce n'est pas à dire pour cela qu'il n'y ait parmi cette foule titrée des esprits fins, charmants, des savants, des artistes, des littérateurs, des hommes d'État *in partibus*; mais ces dons de l'esprit sont à l'état latent, et l'homme intime seul révèle dans les relations sociales la culture de son intelligence et la délicatesse de son jugement... Il résulte de cet état de choses une société toute particulière, une aristocratie dans l'aristocratie, un cercle de grands seigneurs aimables, polis, riches et puissants qui pourraient employer leurs forces vives au développement d'une idée et d'un progrès, mais qui regardent cette culture comme dévolue à une autre classe que celle dont ils font partie. »

Le Jockey, un peu plus ouvert, avait admis quelques propriétaires d'usines et de hauts fourneaux mais refusa Alfred de Musset, comme plus tard Paul Bourget : « Grâces au ciel, nous ne sommes pas réduits à admettre le mérite ! »

L'Agricole, plus homogène, mais aussi plus ouvert à la noblesse provinciale, est tout entier au service de « l'idée agricole ». « De ces réunions d'hommes riches et inactifs pour la plupart, sortit aussi un monde nouveau », dit Guy de Charnacé. Les hommes de la génération de 1830 dissimulent leur oisiveté dans la fumée, poursuit-il... Et de vrai, au cercle, on pouvait fumer dans tous les salons, sauf au salon de lecture.

Dans un salon, après dîner, dit Taine, « on plante là les femmes et on s'en va fumer ». Le comte de Chambord lui-même ne dédaignait pas un bon cigare.

213

Introduit par les « Américains », notamment La Rochefoucauld-Liancourt, le cigare, virilisant, consolant s'il faut en
croire le Dr Allendy, favorisa les rêves des hommes éloignés
des femmes au plus creux des cercles. Il en sortit des châteaux fantastiques qui couvrirent la France, et hors de ces
châteaux s'élancèrent de nouveaux croisés qui partirent se
battre pour conserver au pape les terres que Pépin le Bref
lui avait données en 756.

« L'idée agricole », nous l'avons souvent rencontrée : Sosthène de La Rochefoucauld y vient pour son compte en
1832 : « L'ancienne noblesse sera invitée à retourner dans
ses terres qui sont sa véritable sphère d'action. » Outre que
c'est là qu'on a des chances de retrouver une influence, ces
hommes sentaient, comme Villatte des Prugnes, que « le
château familial reste la seule manière de vivre près du réel ;
s'y maintenir est une perpétuelle "leçon de choses",
souvent amère. On y vit hors de ce contrat social, poussé à
l'extrême de la facilité qui régit la ville. [...] Ici, il faudra toujours devenir une sorte de Robinson. Le plus magnifique
château est une île déserte. » Il leur fallait, pour se
reprendre, toucher « la terre sacrée où l'homme se tient
droit, dans le vent libre, sur son sol ». Revenant au sens de la
noblesse de race, on retrouvait le goût de porter, comme
autrefois, son cœur au tombeau de ses pères, le goût jamais
perdu des séjours à la campagne, « si favorables à la pensée,
écrit la duchesse de Maillé, et qui font sentir le besoin de
l'exprimer ». On aimait l'endroit car, au retour de l'émigration, les parents l'avaient reconquis parce que, comme Wla-
dimir d'Ormesson, « on l'avait disputé au mauvais sort ».

Relever la maison de famille, ou en recréer une c'était,
dira Pringué « l'idée directrice de la solidité familiale géné-
ratrice de la discipline librement consentie, dotant les
hommes de la notion de l'honneur en suivant l'exemple
d'un glorieux passé ». Il fallait retrouver pied avec le passé.

On était bien convaincu, avec sir Gilbert Scott, et même
avant lui, que « la Providence a ordonné les différents
ordres et degrés selon lesquels la famille humaine est divi-
sée et il est juste et nécessaire que ce soit maintenu et mani-
festé. Le propriétaire terrien a été placé par la Providence
dans une position d'autorité et de dignité, et aucune fausse

modestie ne doit l'empêcher d'exprimer cela sereinement et avec gravité par le style de sa maison [1]. »

Parfois on avait gardé, ou retrouvé le vieux château : c'était Duras, Craon, Meillant, le Lude, Courtenvaux... Ce n'était guère habitable. On préférait souvent construire de neuf : le marquis de Moustiers fit édifier le château de Noirtel, sous l'influence de Viollet-le-Duc. Le comte de Rougé, son vieux château détruit, demanda les plans de La Bellière à l'architecte Delaittre d'Angers (1850-53). Le baron de La Rochefoucauld-Bayers entreprit Challais-la-Potherie (1848-54) ; on se souvient qu'il avait été indemnisé par le milliard. Falloux entreprit à La Rabouillère – nom qu'il ne jugea pas assez noble et changea pour celui de Bourg d'Iré – un château posé à mi-côte sur une colline dont le versant, formé par une immense prairie semée de chemins, se prolonge en pente douce jusqu'à la petite rivière de la Versée... A l'intérieur, une galerie avec de bonnes copies préférables à de médiocres originaux ; le propriétaire « n'a jamais eu la prétention de former une galerie de tableaux dans toute la portée de ce mot, un peu effrayant pour des fortunes françaises ». Le même système décoratif est suivi partout : peu de glaces, de lustres, de dorures, de ce luxe tapageur disposé principalement pour produire des effets brillants dans les fêtes de nuit. On recherche la grandeur, la simplicité. Le château, avec ses nombreux salons, vaut par la noblesse de la représentation et le symbole des lumières que constitue sa bibliothèque.

Jusqu'au xviiie siècle, on avait le plus souvent modifié les châteaux pour en atténuer autant que possible les caractères féodaux. On se souvenait maintenant, dans l'adaptation de ces demeures, que « les murs, tours, créneaux, barbacanes, canonnières, mâchicoulis » sont les marques des droits de guet et de garde, et que la possession d'une maison forte justifiait bien souvent une usurpation de noblesse. La Convention avait *a contrario* renforcé le sens des attributs féodaux en exigeant, par la loi du 13 pluviôse an II (1er février 1794), la démolition, aux frais des propriétaires, des armoiries, colombiers, tours et créneaux. Remonter son château, avec sa panoplie féodale, c'est donc renouer avec les vieux

---

1. *Secular and Domestic Architecture*, 1857.

constructeurs de sa race et affirmer sa noblesse. Encore faut-il que l'architecte soit digne de confiance. Hodé, qui travaille au Bourg d'Iré, à Chanzeaux, à La Potherie, était « fils d'un chevalier de Saint-Louis, officier supérieur des armées de l'Ouest ».

Montfort-le-Rotrou fut repris, vers 1820, pour les Nicolaï, par Achille Leclerc ; Meillant pour Virginie de Sainte-Aldegonde, sera remanié en 1842 par Lenormand. A Chanzeaux, Théodore de Quatrebarbes, déplorant que l'architecte initial « n'ait su bâtir qu'un vaste hôtel » fit reprendre les toits dont il fit de « hauts toits », exigea quatre tours et organisa une « galerie des croisades », comme au musée de Versailles.

Ces constructions et reprises présentent des caractéristiques composites qui les ramènent à des styles de transition : « troubadour », Louis XIII, ou gothique finissant, du tournant Louis XI – Charles VIII, qu'affectionnait Hodé – on pourrait dire style Tudor ; ces castels et manoirs entretenaient, par le frémissement des lierres apocryphes, l'éclat du vitrail au soleil couchant, l'exemplaire souvenir des grandes fidélités jacobites, des Waverley, des Redgauntlet, des héros de Walter Scott dont les œuvres étaient là, sur les rayons de la bibliothèque du Jockey – en trente volumes, traduites par l'orléaniste Defauconpret, directeur du collège Rollin, que beaucoup de ces messieurs avaient connu.

« Quand, disait Pierre de Brissac parlant de ces châteaux en Sologne, Ile-de-France, Normandie, ou ailleurs, nous entrons dans ces forteresses romantiques, l'attendrissement nous saisit devant une si franche ingénuité et si totale confiance en un destin paisible... Pour ceux qui les ont faits c'était l'image du bonheur. »

Sur beaucoup de ces maisons flottait, au moins idéalement, l'étendard du Sacré-Cœur. Les épouses, elles-mêmes « filles des preux », comme Mlle de Saint Phalle (« Saint Phalle à moi, Saint Phalle c'est pour le roi ! »), unie à Victor de Becdelièvre, élevaient leurs enfants comme jadis Marie de Quélen, duchesse de Bauffremont, « pour leur patrie, pour qu'ils soient dignes d'elle ». La politique de Napoléon III en Italie, favorable à l'unité italienne sous direction piémontaise, menaçait effectivement l'autonomie des États pontificaux. La jeune noblesse française, souvent à peine sortie du collège, se sentit appelée à défendre ce qu'elle nommait avec le duc de Sabran-Pontevès, « la véritable patrie, la patrie commune, la patrie céleste, dont ce que nous appelons patrie ici-bas n'est que la figure ». Ces jeunes gens adhéraient tout à fait aux doctrines de Pie IX; ils se voulaient « chevaliers du Syllabus ».

Encouragés par Emmanuel d'Alzon dans le Midi, Gaston de Ségur à Paris, les pères de Saint-François Xavier à Vannes, ils s'engagèrent comme tirailleurs et prêtèrent serment au souverain pontife. On trouve, sous les ordres de Lamoricière : Becdelièvre, Charette, Cathelineau, Pimodan, Riancey, le grand-père de Montherlant, Couronnel, Puységur, Bourbon-Châlus, Gontaut-Biron, Lévis Mirepoix, et Mirabeau (le père de Gyp); Bernard de Quatrebarbes, Olivier-Marie et Paul Le Gonidec de Traissan; on rencontre encore, dans les matricules de Becdelièvre, Joseph d'Alzon, Georges de Villiers de l'Isle-Adam comme tirailleurs; Louis de Villèle, caporal à la 3e compagnie, Elzéar de Sabran-Pontevès, sergent à la 4e compagnie. Ils furent battus, et Pimodan tué à Castelfidardo en 1860 : « Douloureux et immortel souvenir à ceux qui ont succombé! Cordiales et chaleureuses félicitations à ceux qui survivent », écrivit le comte de Chambord. Le 9 novembre 1869, à Mentana, ils furent victorieux.

Castelfidardo a prouvé, disait-on, « que le sang des croisés coule encore dans les veines de leurs fils ». « Nous sommes des chevaliers français », dira Tancrède de Hauteville. Lamoricière n'appréciait pas ces revendications : « Les volontaires, écrivait-il à Cathelineau, devaient renoncer à porter le titre de croisés et une croix sur la poitrine, afin de ne pas tomber dans différents inconvénients, dont le moindre serait le ridicule. » Les Italiens appelaient les tirailleurs les zouaves du pape. Ils ne lâchèrent prise que, lorsque la défaite de Napoléon III devant la Prusse laissa Rome sans protection, Pie IX capitula en épargnant beaucoup de leurs vies. Ils rejoignirent la France et s'engagèrent avec Charette sous les ordres de Sonis dans l'armée de la Loire. Ce fut la bataille de Loigny (2 décembre 1870).

Ces zouaves jouissaient d'un grand prestige : « M. René de Saint-Maur est engagé zouave pontifical, disait Caroline Brame le 12 novembre 1867, que c'est beau et glorieux pour la famille d'avoir un fils au service du pape. » Le père Cros, de la Société de Jésus, fonda une association des zouaves à laquelle appartint dès l'origine Bernadette Soubirous. « Il y a longtemps que je suis zouave », écrit-elle en 1876; les armes sont la prière et le sacrifice; elle prie tous les jours le Cœur de Jésus pour le pape.

La plus haute noblesse se mobilisa pour soutenir les siens. Le duc de Bisaccia (La Rochefoucauld) fit armer une batterie d'artillerie attelée, à ses frais, et envoya un million au pape pour soutenir la guerre.

Le duc de Luynes, en 1869, partit pour Rome afin de soigner les blessés de Mentana; il y contracta « une mauvaise fièvre », et mourut. « C'est à toi – disait le père d'Alzon à son petit cousin Maurice de Giry, décidé à gagner l'Italie, qui ira et sera tué en septembre 1870 sur la brèche de la Porta Pia – c'est à toi de voir si tu te sens la vocation du martyre. Tu es heureux de te sentir un peu de dévouement au cœur. Hélas! que d'autres n'y ont qu'un peu de boue, dont on ne peut faire qu'une marmite. »

Les nobles, s'ils occupaient presque tous les postes d'officiers, ne représentaient guère qu'un quart de l'ensemble des volontaires, parmi lesquels il y avait beaucoup de Belges. Rendant hommage à son corps, le colonel de Becdelièvre lui reconnaît une vertu non spécifiquement noble jusqu'alors, mais que la noblesse va maintenant revendiquer, c'est l'énergie : des jeunes gens désœuvrés, dit le colonel, sont venus dans nos compagnies et sont repartis disant qu'il n'y avait rien à faire; ce raisonnement est celui des gens qui manquent d'énergie. Au contraire, trois jeunes gens, de « faible constitution », ont montré une telle énergie que leur exemple a maintenu bien des hommes. « L'énergie et la gaieté vainquirent tous les obstacles », dit Becdelièvre à ses troupes dans une proclamation. « Énergique par nature, dira Louis de Poncins dans l'éloge de Victor de Becdelièvre en mai 1871, il l'était en tout et toujours; l'énergie et lui ne faisaient qu'un. »

C'est du reste de plus en plus par son état d'esprit plus que par son mode de vie, maintenant répandu, que la haute noblesse se caractérise. Dans Paris, les propriétaires et rentiers au recensement de 1872 sont presque deux fois plus nombreux dans le VIIIᵉ arrondissement (Élysée) et le IXᵉ (Opéra) que dans le VIIᵉ (30 000 – 30 000 – 15 000); il y en a déjà 10 000 dans le XVIᵉ (Passy). Par rapport à la population, la proportion des domestiques est la plus forte dans le IXᵉ (25 pour cent), dans le VIIIᵉ, 23 pour cent; le XVIᵉ est en quatrième position (après le Iᵉʳ arrondissement) : 12 pour cent; le VIIᵉ est en cinquième position, comme le Iᵉʳ : 11 pour cent. Il n'y a que pour le nombre des chevaux : 6 392, 14 pour cent au total, que le VIIᵉ est premier, mais c'est parce qu'on a compté les chevaux de la garnison et du quartier d'Orsay.

Le Faubourg, en 1844, par la voix d'une revue hebdomadaire qui portait son nom, avait défini son rôle comme celui d'une régence en l'absence de roi : le Faubourg est un être moral immense, d'une civilisation épurée; c'est une puissance coutumière; la persécution le rehausse, c'est la somptueuse demeure de la félicité, le Faubourg donne et ne reçoit pas; il honore, sans en être honoré, les fonctions qui lui sont confiées, de même qu'une femme du faubourg Saint-Germain pare sa toilette. Il a une puissance d'arbitrage : il consacre les artistes, dirige la mode, donne le ton des conversations; c'est la métropole du monde civilisé. Il a enfin un pouvoir économique : s'il est oisif, son oisiveté est féconde; s'il ne produit pas, il encourage et apprécie. « Il n'est point, à bien peu d'exceptions près, partie prenante dans les revenus de l'État, et au contraire il y contribue puissamment. » Il paie beaucoup d'impôts; il fait travailler.

En 1834, un pamphlétaire qui signe « le Vendéen » s'en était pris à cette image : pour lui, la supériorité du Faubourg est imaginaire. Il regarde les autres parties de Paris comme une autre ville, les hommes de ces contrées comme étant d'une espèce inférieure; il croit être éclairé de ses propres lumières; il dédaigne insolemment la finance et respecte exagérément quelques noms illustres dont les représentants n'ont rien fait depuis 1789. Ce faubourg est entamé par l'argent; il n'est composé que de gens riches qui n'aiment pas à donner, c'est une noblesse dégénérée, blasée sur toutes les émotions véritables : on y est dévot parce que c'est la consigne. Jamais d'esprit de corps, jamais d'appui mutuel. « C'est le faubourg de l'orgueil et de l'étiquette, inerte sans mérite, sans caractère, sans tête et sans cœur. » Ainsi s'exaltait la rancœur des partisans de Marie-Caroline.

Lorsque Louis-Philippe eut été chassé par le peuple – événement salué par les accents de *la Marseillaise* jouée sur le piano de la duchesse de Nemours, par Jules Melchior de Polignac, fils aîné du vieux prince mort depuis un an et enterré à Picpus, pendant que l'on dévastait les Tuileries – le Faubourg, de plus en plus religieux, de plus en plus ultramontain, entra en guerre avec Napoléon III. « Notre politique, dit la comtesse d'Armaillé, tenait de près à la religion. En nous rapprochant du nouveau régime, nous aurions cru manquer à nos plus chères et nos plus respectables traditions. »

Ceux qui se ralliaient étaient disqualifiés : le grand-père d'Élisabeth de Gramont accepta de servir en 1852; elle se rappelait que son père se plaignait : « Je n'avais nulle part où aller tirer quelques lapins en septembre. » Quarantaine aussi pour le jeune couple : une Murat épousant le duc de Mouchy. En se ralliant, on quittait souvent le Faubourg; ce fut le cas du duc de La Force, du duc de Gramont, du prince de Beauvau, sénateurs ou diplomates, qui s'établirent sur ou près des Champs-Élysées. « Le grand monde, dit Mortemart de Boisse en 1858, le monde des célébrités, le monde politique, le monde élégant et spirituel de la bonne compagnie. Celui-ci existe de tradition chez les duchesses du faubourg Saint-Germain, du faubourg Saint-Honoré et maintenant des Champs-Élysées. » L'hostilité réciproque du Faubourg et du second Empire était si connue que, lorsque la guerre de 1870 fut déclarée, les paysans crurent que l'Empereur était trahi, que « les cochons de nobles trahissaient le pays », et, nous l'avons vu, favorisaient les Prussiens. Édouard Millaud, député de Lyon, l'affirmera encore le 30 mai 1872 à la tribune de la Chambre des députés : « Si nous avons été défaits, ce n'est pas que notre valeur ait manqué un seul jour, mais c'est parce que nous avions des chefs du Jockey

Club. » Immédiatement pris à partie par le marquis de Juigné, qui rendit hommage aux sacrifices de la noblesse, Millaud dut se rétracter.

Le nouvel avatar du Faubourg en guerre ce sera le « gratin », « comme on dit, déplore André de Fouquières, dans ce touchant et un peu ridicule argot édulcoré que certains affectionnent ». D'où vient le mot ? S'oppose-t-il à la purée – qui est fondamentalement à base de pois ? La fleur du gratin rappellerait-elle la fleur des pois ? On comprend bien que le gratin, c'est ce qui est censé être le meilleur. « C'est une structure de résistance de la bonne compagnie qui craint de n'être plus comptée parmi les classes dirigeantes », note Ghislain de Diesbach. Et de fait, pour Charles Bigot, « les classes dirigeantes sont surtout la haute bourgeoisie orléaniste ». Élisabeth de Gramont insiste sur le repli : les familles très anciennes remodelées à neuf ont reçu leurs principes directeurs du clergé français. Pour elle, le gratin a banni la liberté d'esprit, la désinvolture, le goût du présent, le contact avec la vie et le discernement artistique. Plus neutre, *L'Événement* du 13 janvier 1881 voit dans le gratin « la partie d'une société particulièrement relevée par ses titres, son élégance, sa richesse ».

C'est finalement le nom que s'est choisi le Faubourg pour coiffer ses cohortes essaimées, et surclasser par principe toutes les élites : contre-élite dit André Tudesq, contre-société dit Michel Denis, comme on l'a vu.

Ce monde parallèle avait ses souverains : des hommes, dans la période obsidionale de 1830 à 1870 ; des Montmorency – le duc de Luxembourg, président de l'Union ; des La Rochefoucauld – Stanislas, duc de Doudeauville (1822-1887) président du Jockey Club. Hors ou dans les cercles, des instances de contrôle veillaient au maintien de la tradition et du bon ton : les ducs, les douairières, garants du « comme il faut », des généalogistes, nouveaux Chérin, nouveaux d'Hozier : le marquis de Montcalm, le comte de La Châtaigneraie ; des maîtres de cérémonies : Aimery de La Rochefoucauld, dit Place-à-table ; le tribunal du point d'honneur : comte et vicomte de Châteauvillard, marquis du Hallays-Coëtquen. Le système était appuyé par la presse. *La Mode*, fondée en 1831, dirigée par le vicomte Walsh, était soutenue par des capitaux légitimistes.

Ce monde se devait de « paraître », de « représenter », de rivaliser avec la société clinquante du second Empire, en restant quant à lui dans les limites du bon ton.

Quotidiennement, la promenade au Bois permettait l'occupation de l'Ouest parisien.

Le comte Lavedan habitait place du Palais-Bourbon ; son petit garçon, âgé de six ou sept ans vers 1865, regardait du balcon couler le double flot qui allait et venait du Faubourg. Jamais le spectacle n'était plus agréable et plus brillant que de quatre à six heures, quand « la noblesse » allait se montrer en voiture au bois de Boulogne. « On ne peut se figurer le goût, la tenue des livrées, l'impeccable beauté des chevaux et des équipages présentés chaque jour pour cette simple cérémonie d'une heure autour du lac avec autant de soin et de coquetteries que pour un gala à la Cour.

« Dès le printemps, c'était une fête que de voir – tout frais au sortir de leurs vieux hôtels des rues Saint-Dominique, de Grenelle, de l'Université, Barbet-de-Jouy, Monsieur et de combien d'autres – déboucher sur la place, avec éclat et sagesse et sans confusion, ces attelages, à même allure, observant à la fois leur trot et leurs distances...

« Tous les types de voitures de luxe se montraient dans leur plus parfaite exécution, landaus, calèches, victorias et vis-à-vis pavoisés d'ombrelles et presque tous uniquement occupés par des femmes dont les amples jupes faisaient des corbeilles de fleurs. Beaucoup de ces voitures étaient attelées à la daumont ou à la demi-daumont, c'est-à-dire à quatre chevaux sans volée et montés par deux jockeys, ou seulement à deux chevaux dont un monté. [...] Il n'était pas rare non plus de voir, en toutes saisons, quelques lourds équipages – derniers descendants des anciens carrosses – que conduisaient, trônant sur leur siège houssé, de gros cochers en tricorne et bas de soie, accompagnés de deux valets de pied debout derrière la capote. [...] Certaines personnes se contentaient du cocher en pantalon et chapeau haut de forme à large galon d'or et de deux valets de pied de derrière, assis, les bras croisés. [...] Cela donnait à la voiture, d'aspect plus pesant, un air assez berline. Mme la duchesse de Maillé se montrait dans une très grande et massive voiture de ce genre dont les marchepieds se rabattaient, cascadant à grand bruit ainsi que des moules à gaufres ; et toujours ayant à ses côtés sa fille, à laquelle disait-on, était couramment donné par les siens le surnom de Coco, sous lequel aussi la désignait tout le Faubourg », Henri Lavedan comme les autres [1]. La duchesse, née d'Osmond, fut l'un des modèles, assure-t-on, de Mme de Réville du *Monde où l'on s'ennuie.* Elle avait cinq filles ; nous ne savons plus qui était Coco...

L'expression du luxe de séparation comprenait tout le train de maison : la présence des gens de maison fut bientôt traitée du reste par le fisc comme « signe extérieur de richesse ».

Révillon, dans des articles de *la Main jaune* en 1863, décrivait le train de maison du duc de Doudeauville, pour deux maîtres – vingt-cinq personnes : un homme d'affaires et son commis ; un concierge, un suisse qui « frappe les dalles du manche de sa hallebarde lorsque passe le maître de maison » ; un premier cocher, dit piqueur, un second cocher et un palefrenier ; un maître d'hôtel ; un cuisinier, ses deux aides et le laveur de vaisselle ; une femme de charge, une lingère et deux aides-lingères ; trois valets de pied et un garçon ; un valet de chambre, deux femmes de chambre ; un jardinier... total 28 400 francs d'appointements annuels. Une maison sur ce pied revient à 250 000 francs par an. Révillon énumère les maisons qui peuvent soutenir ce train : Mortemart, La Rochefoucauld, Crussol d'Uzès, de Vogüé, Blacas, les Ernest de Talleyrand, Pomereu, Luynes, Nicolaï, Pozzo di Borgo, Duchâtel.

Les chevaux étaient la passion des maîtres qui concouraient dans les cercles à la création d'une race française, organisaient les courses publiques au Champ-de-Mars jusqu'en 1855, puis à Vincennes, enfin à Longchamp. On sait que la brocante dans ce milieu a commencé par la brocante des chevaux.

Les cercles, ces forteresses, envoyaient des enfants perdus sur les boulevards ou dans les cercles moins cotés. De jeunes gens, qui faisaient là leur éducation et étaient comme tenus d'acquérir du prestige, face à des milieux étrangers.

---

1. *Avant l'oubli*, 1933, p. 10.

Toute la compagnie de Charles de Ligne, qui se réunissait rue de Babylone, au numéro 32, connut cette expérience. Beaucoup de ces « lions » étaient membres des clubs. Il y avait Sagan, Philippe d'Alsace, le marquis de Modène, Philippe de Massa, le duc de Caderousse-Grammont, Auguste d'Arenberg, Comminges, Edgar de Luynes, Vogüé, d'Osmond, Fitz-James, Saint-Priest.

L'ensemble des hommes du Faubourg largement désœuvrés ont valorisé le temps, dirait Veblen, et acquis des compétences qu'ils ont transmises; ils sont devenus des « connaisseurs », encore que Goblot précise « qu'il ne peut pas y avoir une classe de connaisseurs ».

Ils sont devenus gastronomes, comme le marquis de Tanlay et le marquis de Juigné, qui a protégé Jules Gouffé, officier de bouche du Jockey Club; œnologues comme le marquis du Lau d'Allemans ou le comte de Chasteignier, allant jusqu'à publier des ouvrages. Ils sont un peu responsables de la disparition des salons du Faubourg, où il n'y eut plus ensuite que des « salles à manger », selon le mot d'Alfred Capus.

Ce sont aussi, non pas les vieillards mais les jeunes gens, et les femmes également, des brocanteurs! C'est dans cette génération d'hommes et de femmes désaffectés qu'apparaît un goût pour ce métier. La recherche de l'objet ancien n'est pas privilégiée. On n'est pas ici à la quête d'une position sociale que la possession d'antiquités peut assurer, selon des aspirations plus récentes, décrites par Vance Packard ou Pierre Bourdieu dans la bourgeoisie. Taine critique cette tendance où il voit le signe d'un manque « d'invention personnelle », de créativité, et d'autre part, c'est pour lui la preuve d'une absence de goût personnel, un moyen mécanique de « tuer le temps et l'argent ». L'abbé Mugnier pourtant nous donne de tout autres clés. Il souligne lui-même la distance que la société met entre l'aristocrate et l'objet. « Un aristocrate n'aura jamais un vrai et original talent d'écrivain. Il est trop comme il faut. Il y a trop de domestiques entre lui et la réalité. Voyez les Broglie, les d'Haussonville. [...] Ils ne fraternisent pas avec les choses. » Le troisième cocher du marquis d'Harcourt, Jean Chabot, qui a laissé des mémoires, raconte que le maître d'hôtel, M. Félix, s'interposait quand la marquise voulait mettre elle-même une bûche sur le feu : « Madame la marquise veut déchoir. » Pas question non plus d'épousseter, etc. On comprend, dans cette perspective, le goût immodéré du milieu pour le « brocanteur Meissonier ». La quête permet la découverte et le contact sans intermédiaire avec un objet qu'on aime ; elle conduit à connaître d'autres milieux. C'est plutôt la dimension du hasard de la rencontre qui séduit ce milieu que l'antiquité proprement dite. C'est le virus d'une époque qui le gagne : « On trafique de tout dans le temps où nous vivons, écrit Alphonse Daudet ; il faut que tout vienne à nous, passe par nos mains en nous laissant un peu de sa peau. » Ailleurs, l'abbé répète la confidence d'une princesse qui lui dit « son ennui d'être dans son salon alors qu'elle n'a rien choisi, ni acheté, ni arrangé de ce qui s'y trouve. » L'objet de brocante personnalisera donc le vieil intérieur, immuable parfois depuis deux ou trois siècles.

Le début du xixᵉ siècle parisien avait connu Alexandre Gilbert, marquis de Colbert-Chabanais, gentilhomme de la Chambre (1781-1857), qui pratiquait dans le vieux style, renouvelant les livres, les meubles, conduit par le luxe au « brillant » de la dépense de tout genre, « sans en excepter, dit Frénilly, les colifichets dont il était le virtuose et l'image vivante ». Un peu plus tard, Louis d'Armaillé (1812-1882) est un bel exemple des désœuvrés de juillet. En Autriche où il sert, il se lance dans les collections : pipes, pots à tabac, armes damasquinées ; très habile, il travaille le cuir, le bois, le bronze ; il est membre du Conseil supérieur des beaux-arts. Il montre à sa petite-fille, Pauline de Pange, comment acheter chez les chiffonniers, les bouquinistes, aux puces. Sa collection sera l'une des plus importantes de l'histoire de la curiosité [1]. Il était ami avec Falguière, Paul Dubois, Rosa Bonheur. Richard Wallace était son intime ; il s'était lié, aux ventes, avec les Rothschild.

Parmi les bibliophiles, membres de la société des bibliophiles de France, nous ne citerons qu'Antonin-Claude, prince de Poix (1777-1846), pair de France en 1827 ; Charles Alexandre de Ganay (1803-1881), lié avec Horace Vernet, Léopold Robert, Eugène Lami, Paul Delaroche. Ils eurent de

---

1. *Paris-Guide*, 1867.

nombreux adeptes, notamment féminines. Il y a d'autres
disciplines substitutives, la numismatique, l'histoire, la
musique. Toutes sont destinées à valoriser le temps, aucune
encore à faire de l'argent.

Poumiès rapporte qu'il avait entendu le duc de Montmorency-Luxembourg (Maurice, 1804-1870) terminer ainsi
une conversation politique : « Pour mon compte, je
m'applaudis d'être célibataire et de ne pas laisser de posté-
rité. Il n'y a plus de place pour nous dans ces temps nouveaux. Nous avons fait notre temps, et le monde n'a plus
besoin de nous. La gloire de nos aïeux souffrirait de voir
leurs descendants dans une position et dans une fortune
indignes de leur nom. Ainsi, c'est avec satisfaction que je
vois chaque jour s'éteindre une de ces nobles races de
l'ancienne monarchie. » En 1836, la duchesse de Maillé était
bien de cet avis – apparemment plutôt pour les autres que
pour ses enfants : « Je ne saurais plaindre les grands noms
qui s'éteignent dans leur splendeur aux époques de transformation comme la nôtre. Il est heureux pour les familles
auxquelles les institutions qui finissent avaient donné le
pouvoir de finir lorsqu'il leur échappe ; l'argent et l'éclat le
suivent nécessairement. » Leur splendeur ne doit pas se ter-
nir, comme cela arrivera en France « avec la division des
fortunes et la jalousie de la classe moyenne. [...] Je voudrais
que les chefs actuels des grandes maisons, comprenant leur
position, se décidassent à ne pas se marier et que leur fortune après eux fût employée à relever un édifice pour fonder
un établissement d'utilité publique portant leurs noms qui
se perpétueraient ainsi sur cette France qu'ils ont conquise,
défendue, gouvernée et ornée par des monuments de bienfaisance qui forceraient les générations futures à les répéter
encore avec gratitude. » Le marquis de Mailly n'était pas disposé à voir figurer le mausolée de sa famille dans l'allée des
tombeaux d'illustres. On comprend que l'inquiétude à long
terme ait conduit ce milieu à la considération de l'argent :
« Je vois avec peine, disait Mailly à Poumiès, le gouvernement de Louis-Philippe s'affaiblir parce que Henri V est
encore trop jeune. [...] Je l'avoue à regret mais l'aristocratie
perd chaque jour du terrain. Ainsi je mets le plus grand

ordre dans mes affaires, afin de laisser le plus de fortune à mes enfants.» Vers 1837, les aristocrates prirent leur parti du nouveau cours des choses; ils trouvèrent leur politique naturelle, le légitimisme social, dit Stéphane Rials.

«Un des meilleurs moyens de restauration sociale, dit Marin de Livonnière, de nos jours, c'est de vivre au milieu du peuple de nos campagnes, d'épouser ses intérêts et ses goûts, de lui frayer la route des vrais progrès et de soutenir ses efforts en conservant toujours sur lui la supériorité des lumières et de dévouement. [...] Les demeures des grands propriétaires sont comme autant de foyers d'où la vie s'échappe et rayonne abondamment. C'est là que le pauvre frappe avec le plus d'assurance, sûr de trouver toujours un secours matériel, et les bonnes paroles qui soutiennent l'âme contre les tentations de la détresse. C'est là que le fermier trouve un long crédit dans les mauvaises années; c'est là que se resserrent par l'échange de services rendus et d'une vénération bien méritée, les nœuds de la fraternité chrétienne.» (1862.)

Le comte de Kergorlay décrit les travaux qu'il a entrepris en 1837, dans son exploitation de Canisy en Normandie «dans le seul but de rendre quelques services aux agriculteurs au milieu desquels je passe ma vie en leur offrant des exemples qu'il leur fût facile et profitable d'imiter... Je n'ai voulu faire que ce que tous mes voisins pourraient et devraient faire.» Il prend lui-même le mancheron de la charrue, comme jadis Louis XVI [1]. Les propriétaires mayennais, notamment, renvoyèrent leurs fermiers généraux, objet de haine des paysans et freins au progrès. Ils retrouvèrent par là, dit Michel Denis, du prestige et de l'influence.

Le marquis de Nicolaï dépense, vers 1840, deux millions pour restructurer son domaine de Montfort-le-Rotrou : nous avons déjà parlé du château dont le parc a été dessiné par le comte de Choulot, spécialiste de l'art des jardins. La ferme de la réserve fut jugée si remarquable que l'ingénieur architecte Roux lui consacra un ouvrage (1843). Gilles Postel-Vinay a montré que les grands propriétaires empruntaient facilement sur hypothèque pour améliorer la production, à

---

1. Cité par Louis Bergeron.

côté des cas nombreux d'autofinancement. Ce qui est sûr, c'est qu'il faut des capitaux pour assurer la mise en valeur rapide. On note que « les fouriéristes, saint-simoniens ou propriétaires légitimistes se trouvent [...] étrangement en phase ». La haute noblesse essaie dans les partages de sauver l'unité des terres en empruntant pour équilibrer les parts (cas des partages chez les Choiseul-Praslin, 1841-1847). Un flux de crédit allant vers la quête du profit né de la hausse de la rente foncière favorisait le grand domaine.

Pour le catholicisme social, qui est au moins autant bourgeois que nobiliaire, la seule science de la misère, c'est la charité.

C'est presque une clause de style de dire d'un gentilhomme né depuis 1820 qu'il s'est consacré « aux œuvres charitables » depuis 1830. Ce fut le cas d'Elie de Gontaut-Biron (1817-1890), du comte de Rességuier, d'Armand de Melun, d'Alexandre de Lambel, d'Augustin Cochin (1823-1872).

Mgr Baunard évoque le vicomte de Melun, « consacrant son cœur et ses jours au relèvement des humbles, des ouvriers, des apprentis, des émigrants, des orphelins, des paysans, des patronages, des asiles, des malades, des pauvres honteux, des dépaysés et des déracinés, enrôlant tout son noble faubourg au service organisé de toutes les misères, soit physiques, soit morales, dont il plaidait la cause devant l'empereur, devant les élèves dans les salons mondains et aristocratiques qui l'avaient surnommé " notre Saint-Vincent de Paul ". » Il se fit enterrer dans l'église de son village aux pieds d'une image du Sacré-Cœur. Armand de Melun vécut pour exercer la profession de la charité. Il envisageait de fonder une congrégation qui eût été comme celle des chevaliers de Malte au xixe siècle. Il fonda avec le duc de Liancourt (1765-1848), Barante, Alain de Kergorlay, en liaison avec Théodore de Quatrebarbes et Falloux, un « comité des œuvres » qui s'épanouira en société d'économie charitable en 1847. Ces hommes, comme Ozanam, Montalembert, privilégient la charité individuelle. Ainsi Montalembert dans son discours dit « des hautes classes », en 1862, célèbre « le prix infini de l'inépuisable fécondité, parmi nous, de l'effort individuel, de l'activité spontanée, de la charité indépendante », représentée pour lui par saint Vincent de Paul. Et le père de Ravignan, s'adressant aux enfants de Marie, au couvent du Sacré-Cœur, en 1855 : « Vous donnez beaucoup, mais donnez-vous assez ? Le riche est sur la terre pour donner. [...] Cela est si vrai qu'au jugement dernier, la raison de votre salut sera l'aumône. » « Être riche, dira d'Haussonville, n'est-ce pas pouvoir donner toujours ? »

Les limites de l'aumône étaient toutefois bien connues des hommes de charité ; elles se resserrèrent encore avec les progrès de la dignité qui rendaient de plus en plus difficile par l'assisté l'acceptation d'un secours. Ce problème-là était perceptible, même à la campagne. De même l'affaiblissement des fortunes conduisit à la coalition des secours : « Adressez-vous à la puissance de l'association », disait le vicomte de Melun dans une lettre à un curé de campagne sur les institutions de charité (1854). Et cela favorisa le développement des sociétés de secours mutuel, comme celle qu'Augustin Cochin organisa à Saint-François-Xavier.

La suite de la congrégation fut prise par la Société de Saint-Vincent de Paul, où l'aristocratie occupa largement sa place.

Pour Montalembert, « la charité privée reste la meilleure garantie de l'ordre social » mais, selon lui, les classes éclairées et aisées manifestent des vertus moins énergiques et moins éclatantes qu'autrefois. « Jamais elles n'ont produit moins de vices et moins de scandales ; à mesure que leur prépondérance politique cesse, elles sont devenues d'autant plus dignes moralement d'exercer le pouvoir. » Elles sont « comme il faut », eût dit Balzac.

Les « hautes classes » n'avaient pas renoncé très longtemps à s'intéresser au développement économique. Toutefois, elles étaient très soucieuses d'exercer à travers lui une influence politique, morale, voire religieuse.

Tout d'abord, dit Poumiès, « les années qui suivirent la révolution de 1830 furent désastreuses pour Paris. La noblesse, propriétaire des plus grands hôtels, jouissant de gros traitements à la cour de Charles X, ne pardonna pas à Paris cette révolution. Par un accord tacite, chacun s'en tint éloigné le plus possible et pendant le court séjour qu'il était forcé d'y faire, il bornait sa dépense au strict nécessaire. » Cela dura jusqu'en 1833.

On prétendit en même temps réduire Louis-Philippe par le mur d'argent. Le comte de Favernay, le marquis du Vaulchier vendirent de la rente française en 1830. Les rentes napolitaines, romaines, autrichiennes furent recherchées. On y gagna de l'argent; on apprit à spéculer. Toutefois, comme le montrent Claude-Isabelle Brelot et Adeline Daumard, les fortunes nobiliaires restèrent essentiellement foncières.

L'engagement dans les chemins de fer fut très lent. Les nobles préféraient les canaux; après Bonald, ils accusaient la voie ferrée de menacer l'équilibre des campagnes. Vers 1838, le général Philippe de Ségur, pair de France, s'engagea dans les chemins de fer; il « songeait à augmenter sa fortune par prévoyance et tendresse » pour sa famille. Bartholoni et La Panouse lui offrirent un poste d'administrateur des chemins de fer d'Orléans. C'était trop tôt, cela fit scandale à la Chambre des pairs. Les légitimistes lui en voulaient surtout d'être favorable à Louis-Philippe.

André Tudesq a montré que les années 1844-1845 ont permis de comprendre que l'action du capital pouvait se dissocier de celle du capitaliste. Très vite, les légitimistes et catholiques sociaux ont vu qu'en entrant dans les conseils d'administration, ils pouvaient accroître leur action : Louis du Vaulchier, Gaspard de Clermond-Tonnerre, Villeneuve Bargemon, Augustin Cochin, devinrent administrateurs. Les deux derniers eurent dans ce cadre une importante influence sociale en favorisant le mouvement mutualiste.

Par l'intérêt même qu'ils portaient à l'habitat rural, comme aux récoltes, les nobles ont été conduits à s'intéresser à l'organisation des assurances contre la grêle et l'incendie.

La politique douanière protectionniste de la bourgeoisie orléaniste convenait tout à fait aux nobles propriétaires de forges au bois et producteurs de bétail. Le marquis de Louvois et le duc de Mortemart figurèrent logiquement au comité des intérêts métallurgiques dès 1840.

C'est en restant fondamentalement hostiles à la vision industrielle du monde, pour laquelle les facteurs matériels, comme le chemin de fer, devinrent les seuls agents de l'évolution politique et sociale, que les grands nobles se sont initiés aux mécanismes de base du capitalisme moderne. Pour eux, le préjugé demeure. L'aristocratie se réserve. Henri V reviendra. Robert de Langenais, dans le roman du comte Raousset de Boulbon, *Une conversion* (1855), né en 1804, a dévoré de 1823 à 1830 un million dans la vie dorée à Paris. Il envisage de peindre pour de l'argent. Sa tante lui écrit : elle vient d'arranger pour lui un mariage d'argent qui est la seule issue possible : « Un Langenais peut faire gagner leur vie aux petites gens, mais il ne doit pas gagner la sienne. »

8

LE TRIOMPHE DES FILLES-FLEURS

Adalbéron de Laon et Charles Péguy. – Entre le miracle et l'action. – La douceur de vivre.

Amfortas, sur le Montsalvat, gardien du Graal qui contient le sang du Christ, souffre le martyre parce qu'il a laissé dérober la lance sacrée qui a percé le flanc du Sauveur. Sa souffrance augmente à chaque vendredi saint. Il porte une plaie ouverte. Seul le contact avec la sainte lance reconquise par un chevalier pur doit lui permettre de guérir. Parsifal, dans le drame de Wagner, aura pu le sauver grâce à la pureté de sa vie.

Pour nous, si nous décidons qu'Amfortas symbolise le vieux contrat des sangs, les souffrances de la vieille noblesse respectueuse du don de Dieu et méprisant le profit, Parsifal ne viendra plus jamais pour le guérir. Les filles-fleurs de Klingsor, les filles de l'or du Rhin l'ont détourné de sa route ardue et solitaire. Elles lui permettront d'occuper parfois au Montsalvat le siège dont il est titulaire autour de la table ronde. Plus souvent, les filles de la bourgeoisie le détourneront vers le cœur des villes pour qu'il prenne sa place, aux côtés de la bourgeoisie justement, dans la vaste quête de l'or.

Une très violente fièvre des imaginaires politiques après 1870 entraîne un reclassement général de la société en fonction du « monde du travail à qui appartient l'avenir », et relègue au magasin des vieilles lunes les catégories du clergé et de la noblesse.

Pourtant, la haute et vieille noblesse a eu son heure de pure gloire. Les zouaves pontificaux de Rome purent s'engager dans l'armée de l'ouest, à Tours ; chargés, sous les ordres du général de Sonis, de retarder l'avancée de l'armée prussienne, ils se battent héroïquement le 2 décembre 1870 à Loigny en Beauce. Juste avant le combat, le général de Sonis écrivait (21 novembre 1870) : « Lorsque Dieu se mêle de donner des leçons, il les donne en maître. Rien ne manque à celle que la France reçoit en ce moment. Pour nous, demandons à Dieu qu'il ne nous quitte pas et qu'il nous fasse la grâce de savoir mourir comme un chrétien doit finir, les armes à la main, les yeux au ciel, la poitrine en face de l'ennemi, en criant : Vive la France ! En partant pour l'armée, je me condamne à mourir. Dieu me fera grâce s'il le veut. Mais je l'aurai tous les jours dans ma poitrine ; et vous savez bien que Dieu ne capitule jamais ! » La bannière du Sacré-Cœur fut déployée et plusieurs officiers nobles moururent en la portant au feu. La duchesse de Luynes vint sur le champ de bataille reconnaître le corps de son époux. « Le jour vint, dira Mgr d'Hulst à une commémoration de Loigny, où pour croire en la France, il fallut regarder plus haut que la terre. Rangés sous l'étendard du Sacré-Cœur, nos héros étaient depuis longtemps à l'école du véritable amour. »

Autour de Mac-Mahon, arrivé au pouvoir en 1873, se prépare une restauration monarchique, bien que, comme dit le vicomte de Meaux, « le pays ne soit pas monarchiste ».

Emmanuel d'Harcourt, cousin de la maréchale, née Castries, est secrétaire général de l'Élysée ; le général marquis d'Abzac est premier aide de camp ; le comte de Tanlay est sous-chef de cabinet du Président ; Joseph de Gontaut-Biron, Jacques de Ganay, Bernard d'Harcourt sont là. « Le pays dit le comte de Vogüé est mené aux abîmes par des sous-lieutenants en goguette. » Le Faubourg est aussi présent dans les cabinets ministériels ; on y trouve Joseph et Antoine de Gontaut ; Marie-Hubert de Montesquiou ; Othenin d'Haussonville et Victor de Broglie ; Henri Denis Cochin... Bernard d'Harcourt-Olonde dit à son épouse Marguerite née Gontaut-Biron, au moment de l'affaire du drapeau blanc : « Madame, nous avons réussi, nous allons retrouver un roi » et, dit leur troisième cocher Jean Chabot, qui rapporte cette tradition, « ils se seraient signés ».

Des intérêts très puissants contrariaient le retour du roi. On voyait déjà le roi arrivant « entouré de trois mille zouaves pontificaux [...] qui sont déterminés à ne pas rentrer vivants chez eux ». « Mais Bayard garda son épée au fourreau. » Le maréchal resta parfaitement soigneux de son honneur. En revanche, lui, dont la sœur (Marie-Henriette-Elisabeth, 1807-1835) avait été religieuse du Sacré-Cœur, et dont la femme s'intéressait aux révélations de Catherine Labouré, ne pouvait être hostile à l'utilisation de moyens religieux pour la régénération de la France. Quelques évêques appuyèrent le père Picard et ses Assomptionnistes. Le 29 juin 1873, le baron de Belcastel, « à l'allure de preux, marchant comme courbé sous une armure invisible », à Paray-le-Monial, après avoir communié, prononce avec l'évêque d'Autun le vœu : « Très saint Cœur de Jésus nous vous consacrons la France. » Le colonel des zouaves pontificaux, Athanase de Charette, dépose sur le tombeau de Marie Alacoque, à qui le Sacré-Cœur est apparu, le drapeau de Loigny et de Patay.

L'assemblée reprit le vœu un mois plus tard en se contentant d'approuver la construction d'une église par souscription nationale. Mgr Guibert fit adopter le site de Montmartre pour la construction.

A ce moment, la France montre clairement qu'elle s'écarte du légitimisme et de la monarchie : on vote petit à petit les lois constitutionnelles qui seront celles de la République. Broglie et Decazes ont désavoué la campagne cléricale qui semble avoir déterminé le succès des républicains aux élections législatives de février et mars 1876 (360 républicains sur 560 députés).

En octobre 1876 et janvier 1878 s'opère la « révolution des mairies » qui ne laisse qu'un tiers des communes aux conservateurs.

Le 16 mai 1877, Mac-Mahon se lance dans une nouvelle tentative pour ressaisir le pouvoir. Le pays le désavoue. En janvier 1879, le vote pour les délégués sénatoriaux fait passer le Sénat à la République. Le 30 janvier 1879, Mac-Mahon démissionne, remplacé immédiatement par Jules Grévy.

En juillet 1883, lorsque le comte de Chambord tombe gravement malade, des messes furent célébrées dans toutes les églises de Paris, exception faite pour la basilique du Sacré-Cœur à la fermeture de laquelle M. de Dreux-Brézé craignait de donner un prétexte ; on fit un peu partout des neuvaines au Sacré-Cœur. La jeunesse royaliste de Paris offrit à Notre-Dame-des-Victoires un cœur en vermeil orné d'une fleur de lis. Beaucoup de catholiques répondant à l'appel du journal *L'Univers* s'adressaient au Sacré-Cœur à qui Henri V, renouvelant le vœu « trop tardif » de Louis XVI, avait consacré le royaume. Le général de Charette eut la permission d'étendre sur le comte de Chambord malade la bannière du Sacré-Cœur. On convoqua les zouaves du pape le 23 août à Paray pour un pèlerinage conduit par le colonel d'Albiousse. Henri V mourut le 24 août 1883.

Parmi les membres du comité du vœu national du Sacré-Cœur figurent le comte Alexandre de Lambol, le marquis de Vibraye, Anatole puis Pierre de Ségur. Les grandes figures « politiques » du Sacré-Cœur sont, par prudence, écartées des manifestations liées à la construction de la basilique, du moins au début. On finit par décider de représenter sur la grande mosaïque du chœur le général de Sonis et le général de Charette. Celui-ci participa dès lors jusqu'à sa fin, avec la bannière de Loigny, aux grandes cérémonies. On voit aussi sur la mosaïque la sœur Marie de Jésus à laquelle le Christ apparut au couvent des Oiseaux, et la mère Sophie Barat.

L'abbé Jacques Benoist a montré quelle a été la circonspection du cardinal Richard dans la réalisation de la basilique pour éviter tout incident qui pourrait l'interrompre, compte tenu des progrès des attitudes républicaines et anticléricales.

Les légitimistes affichés ont été momentanément écartés. Il y a lieu de penser que l'ensemble du faubourg Saint-Germain, représenté par des catholiques « sociaux », s'est tenu à distance pour ne pas compromettre le succès. Cela n'a pas empêché les souscriptions par le canal des associations de laïcs, les achats directs de pierres pour la basilique, portant des noms de grandes familles; un système de contrôle des dons permettait de repousser les donations inopportunes. La duchesse d'Uzès ne put faire décorer une chapelle comme elle l'entendait. Au hasard des Mémoires, on apprend que les monarchistes ont réussi à participer symboliquement à la construction : Charles Franquet de Franqueville (1840-1919) se félicite d'avoir donné la croix du dôme, qui mesure trois mètres cinquante de haut, « qui domine Paris », et que le cardinal Richard a scellée de sa main.

Déjà cependant, à l'appel du cardinal Pie, se définissent, grâce au père Ramière, de la Société de Jésus, les conditions du règne social du cœur du Christ. L'abbé Lemire appelle les catholiques, et notamment les notables évincés du pouvoir, au courage : « Ils voient tout en petit, l'intérêt individuel est ce qui les frappe, la question d'argent, la seule qui les touche et dont ils s'inquiètent. Les principes ne sont rien pour la majeure partie des hommes même éclairés et instruits. » Le sanctuaire du Sacré-Cœur, où parfois le vieux Franqueville venait « terminer l'année », prenait, sur cette colline où l'on avait médité d'exposer les tombeaux des rois sous les foudres du destin, l'allure nostalgique d'un mausolée aux ordres défunts de l'Ancien Régime, particulièrement au clergé et à la noblesse. Au pied du Sacré-Cœur, les libres penseurs, par souscription nationale, édifièrent une statue au chevalier de La Barre, victime du Sacré-Cœur intolérant (1765-1766), statue dont il ne reste que le socle, parce qu'elle a été fondue par « les Allemands ».

A partir de 1879 s'ajoute à la crise politique une crise économique majeure : la richesse mère se dérobe; la valeur et les revenus de la terre se contractent.
L'évaluation de l'ensemble de la propriété rurale française atteignait 61 milliards de francs en 1851, 92 milliards en 1879 et 63 milliards en 1908. La baisse fut stoppée entre 1900 et 1914, mais jamais rattrapée. La crise agricole de 1880-1900, dit Jean Lhomme, capitalise deux mouvements de baisse : le Kondratieff et le trend séculaire. Le minimum des prix fut atteint en 1896.
La population dite rurale (communes de moins de deux

mille habitants) ne cesse de décroître : 24,5 millions en 1881, 23 millions en 1901, alors que la population passe dans l'ensemble français de 38 à 39 millions. 55 pour cent de la population active ne sont déjà plus du domaine agricole. L'agriculture produit 30 pour cent de la richesse nationale en 1882, 27 pour cent en 1898.

Selon Jean Lhomme [1] la crise serait due à un retard technique qui maintiendrait de faibles rendements; le développement des moyens de transport aurait permis la concurrence de produits agricoles moins coûteux, d'autant que la France aurait mal apprécié l'équilibre à maintenir entre monoculture et polyculture. Les grands propriétaires ont alors vendu beaucoup de terres, que les paysans ont achetées en s'endettant, et en croyant qu'ils devenaient riches.

Beaucoup de nobles ont quitté le navire. L'abbé Lemire leur reprochait déjà en 1876 leur absentéisme : ils « quittent le château de leurs pères pour habiter la capitale : ils abandonnent le village dont ils étaient le chef naturel et le bienfaiteur pour venir dans le tumulte des grandes villes se faire insulter par la bourgeoisie, maudire par la populace ».

Les terres étaient difficiles à louer, puisque fermiers et métayers avaient du mal à vendre les récoltes : le prix moyen du quintal de blé était descendu de 30 francs en 1880 à 22 en 1885; elles étaient aussi difficiles à vendre. Ce qui est plus significatif, et qui marque la fin d'une civilisation, c'est que les châteaux sont devenus brusquement invendables. « Dans beaucoup de cas, dit Pierre Caziot, en 1914, nous pourrions presque dire dans la plupart des cas, la valeur vénale des châteaux est nulle. » Cet auteur constate qu'en Gascogne, en Périgord et en Quercy, l'aristocratie et la bourgeoisie rurales ayant disparu, les châteaux n'ont aucune valeur. Les châteaux, dit-il, gardent un peu de valeur dans les régions de chasse, autour de Paris.

Le château de Chambord, celui d'Azay-le-Rideau furent vendus pour mémoire, le prix payé représentant juste celui des terres. Un château en pleine campagne est donc devenu, à cette période, une cause de dépréciation pour la propriété, sans préjudice des charges fiscales et d'entretien. Les paysans pouvaient acheter les terres; ils n'achetaient pas le châ-

---

1. *Revue économique*, 1970.

teau. La ruine de la terre comme valeur de placement a entraîné la condamnation du luxe d'habitat rural.

En 1881, dans son *Essai sur la répartition des richesses*, Paul Le Roy Beaulieu indique que, dans toute la France y compris Paris, il doit y avoir 7 ou 800 personnes ayant plus de 250 000 francs de rentes, et 7 ou 8 000 au-dessus de 50 000 francs : « La richesse, dit-il, est infiniment plus rare qu'on ne le suppose. » La grande opulence et la très large aisance sont exceptionnelles. « Ce qui a créé et ce qui entretient dans la masse de la nation des préjugés anti-scientifiques à ce sujet, c'est une littérature superficielle, l'envie, l'admiration béate qui enfle dans l'imagination du vulgaire, les fortunes et les jouissances des prétendus favorisés du monde, enfin la concentration des grandes fortunes dans certains quartiers des capitales ou des grandes villes. » « Quand on assiste à la sortie du grand Opéra ou au défilé du retour des courses, qu'on voit se suivre et se presser tant de brillants équipages, on a peine à échapper à une sorte de vertige, et l'on croit facilement que le nombre des hommes riches est presque infini. Il n'y en a pas moins là une illusion d'optique que dissipent la réflexion et l'étude. » André Pinard[1] évalue à 65 000 le nombre des riches définis par un revenu supérieur à 20 000 francs, représentant 13 pour cent du revenu national et correspondant aux familles de la moyenne et de la haute bourgeoisie. On ne parle plus dorénavant des nobles. Le souci de l'auteur est de montrer que les dépenses somptuaires des riches, 8 à 900 millions, sont relativement peu considérables, et qu'il n'y a pas lieu de songer à les éteindre en répartissant ces millions entre les pauvres. Le luxe propre des classes riches est évalué à 2 ou 3 pour cent au maximum du revenu national. La classe des privilégiés, dans la société moderne, est une catégorie sociale essentiellement ouverte et constamment renouvelée. En France, il y aurait, en 1905, 17 000 grands propriétaires possédant 8 millions d'hectares, avec une moyenne de 471 hectares par domaine. En Angleterre, 5 000 propriétaires possèdent 20 millions d'hectares soit 4 000 hectares chacun : le duc de Sutherland dispose de 440 000 hectares, le duc d'Argyll de 70 000. Cette grande propriété britan-

---

1. *La Consommation, le bien-être, le luxe.*

nique s'explique par le majorat. Souvent elle consiste en moors, en bruyères et en landes.

En France, on a tendance à incriminer les parcs et les réserves de chasse accusés de stériliser les campagnes; cela relève de la passion. Les locataires des chasses procurent du revenu aux propriétaires de fonds. La chasse, qui est devenue un plaisir démocratique, n'existe pas là où il n'y a pas de chasses gardées.

« Les menus plantureux du roi Louis XVIII sont la dernière expression officielle d'un faste en décadence aujourd'hui. Le menu offert par le président de la République à un hôte royal ne diffère guère de celui qui est servi chez un grand financier ou un riche industriel, lequel d'ailleurs n'est pas très différent du menu composé pour le banquet de quelque société amicale... »

On cherche maintenant, par une discrimination transportée dans le domaine de la consommation, à frapper toutes les manifestations somptuaires d'un luxe démocratisé en augmentant les tarifs de taxes appliquées aux articles demandés spécialement par les riches : sur le tabac, les chasses, les chiens, les casinos. En réalité, les seules « véritables lois somptuaires modernes sont les taxes successorales exagérées, l'impôt général et progressif sur le revenu, les prélèvements sur la plus-value immobilière »... « En ce qui concerne les riches visés par ces régimes fiscaux, l'effet premier est de faire naître chez eux le sentiment que l'impôt n'étant pas consenti, le devoir social de le payer se trouve amoindri [...] le contribuable s'ingénie à échapper à des tarifications qu'il sait n'être pas générales. L'impôt paraissant trop lourd et injuste on apprend à frauder. » A la mort de Roland de Brissac, l'héritier étant son neveu, fils de Pierre de Brissac, la taxe était de 35 pour cent. L'actif composé au principal de meubles de familles, d'un château historique et d'un parc [...] n'était réalisable qu'au prix d'une déshonorante démission. « Je dus, dit Pierre de Brissac, débourser une somme importante pour maintenir dans ma famille une demeure qui est la nôtre depuis 1502. »

La controverse du luxe lancée par l'ouvrage de Baudrillart, en août 1887, oppose Paul Le Roy-Beaulieu et Baudrillart, favorables au luxe – comme finalement d'Avenel – à

Laveleye et Charles Gide (Académie des sciences morales et politiques) : « La question du luxe, dit Le Roy-Beaulieu, n'est qu'une face d'une question plus vaste, celle de l'inégalité des conditions. »

On est ainsi passé plus clairement de la *consumation* à la consommation ; toute délégation de pouvoir à un groupe pour accomplir des dépenses glorieuses est clairement abolie. L'impôt sur le revenu comme les droits de succession ramèneront, songe-t-on, le groupe dans le rang.

Les sphères du préjugé, dans leur ensemble, ont été bouleversées, en conséquence de la perte du pouvoir politique et économique de la noblesse.

Le préjugé de fond de cette noblesse sur elle-même ne paraît pas s'être modifié. Mme Schmall, secrétaire de la duchesse d'Uzès, en témoigne en 1895 : « Le préjugé est tenace dans l'aristocratie, malgré quelques mariages et certaines fréquentations. Celui qui, par naissance, fait partie de la classe privilégiée de la noblesse se croit au-dessus des autres hommes et se figure avoir des raisons valables pour se considérer comme d'essence supérieure au prolétaire. »

Il nous a semblé, nous l'avons dit, que cette fierté a pu favoriser les mariages hors de la caste, considérant qu'on était de si bonne maison que rien ne pouvait altérer le sang des mâles de la race. Ce n'était pas l'avis du vicomte de Royer (1893), qui critiquait les alliances américaines, bourgeoises et juives de la vieille noblesse. Élisabeth de Gramont est plus mesurée : « Tous ces grands noms historiques français ressemblent à l'écorce brillante d'un fruit qui perdrait peu à peu de son suc, de sa sève, de sa pulpe pour devenir seulement décoratif et léger comme une coloquinte. »

Baudrillart rapporte avec une certaine faveur la phrase de Du Cange, que « la fille roturière, en épousant un noble, le marquait d'une sorte d'infamie ». « Voilà, dit-il, le principe dans toute sa rigueur, le préjugé dans toute sa force préservatrice, l'idée de sélection dans toute sa pureté exclusive [1]. » « Aujourd'hui, dit Aurélien Scholl (1886) le faubourg Saint-Germain n'existe plus. Il s'est perdu dans les alliances comme le Rhin dans les sables. » « Ce que nous ne voulons

---

1. *Gentilshommes ruraux de la France*, 1893.

pas, dit Scholl, c'est qu'on soit né dirigeant. Naissez marquis et barons tant que vous voudrez ; vous ne pouvez naître dirigeants et académiciens. » En réalité, le peuple en est venu très vite à l'indifférence quant à la noblesse, et à la profonde ignorance. Les préjugés favorables à la grandeur ont disparu.

— Vous ne savez donc pas que la duchesse de Luynes est dans cette voiture ? venait-on dire à petit monsieur qui bouchait la route.

— La duchesse de Luynes, vous pouvez lui dire que..., etc.

Au temps de Mme de Sévigné et du cocher de l'archevêque de Reims, le quidam se fût trouvé bien vite dans le fossé, Tra, Tra. Tra...

Le duc de Lévis Mirepoix, en chemin de fer, avait entrepris un commis voyageur sur ses ancêtres.

— Cela ne vous intéresse donc pas ?

— Ah ! non, monsieur le duc, je me suis toujours fichu de mes ancêtres, permettez-moi de me ficher également des vôtres !

Le duc de Montpensier, prince de la famille royale, venait de mourir :

— Il paraît qu'il laisse cinquante millions.

— Ah ! ces Juifs !

Le préjugé antifinancier a repris de la vigueur. La Révolution française aurait donné naissance à une nouvelle féodalité, financière cette fois, mais industrielle aussi, qui se serait constituée aux dépens de la petite bourgeoisie.

On retrouve beaucoup des traits qui avaient caractérisé le financier d'Ancien Régime : arrivé à Paris avec la balle de colporteur sur le dos, fils ou petit-fils de marchand de lorgnettes ou de rogneurs d'écus. La fortune ne peut pas être honnête ; elle a été trop rapide. Guy de Charnacé utilise la vieille image de la boue.

Cette haine du financier s'enflamme dans les années 1840, mais elle n'a pas ce rythme chronique qui la caractérisait dans l'ancienne France. Elle prend parfois des formes galopantes. Sa naissance même sort d'un terroir bouillonnant de maléfices : Gougenot des Mousseaux est, en même temps qu'à la finance, sensible aux formes et aux manifestations de la magie. Quant à Toussenel (1847), il décrira peu après

(1863) les mécomptes du gibier français, les menaces sur la cuisine française : le rosbif cuit au four et l'impur pudding menacent le rôti, le coulis et la fondue, et puis « Dieu a frappé la France d'une plaie honteuse qu'il inflige quelquefois aux nations qui s'égarent » ; il s'agit d'un déluge de vipères aspics qui se répandrait sur la France depuis 1860 : « L'aspic, à l'heure qu'il est, menace de couvrir de ses légions infernales les plus belles parties du beau pays de France. »

Toussenel appelle juif, « tout trafiquant d'espèces, tout parasite improductif, vivant de la substance d'autrui. [...] Qui dit juif dit protestant, sachez-le. » Alix de Janzé, née Choiseul-Gouffier, historienne des *Financiers d'autrefois*, établit une grande différence avec ceux d'aujourd'hui (1882) : « De nos jours [...] ils sont arrivés, surtout dans ces derniers temps, à occuper la première place dans la société moderne. L'or a maintenant un prestige qui grandit démesurément ceux qui le possèdent : on s'incline devant ces nouveaux privilégiés du sort, et l'on admet qu'une immense fortune étant une puissance, elle est aussi une supériorité dans l'échelle sociale. [...] Les nouveaux parvenus le prennent de haut et se considèrent comme en pays conquis dans cette société qu'au fond ils méprisent de les avoir si facilement accueillis. »

« Cette haine des juifs est vraiment insensée! dit l'abbé Mugnier, le 2 juin 1899, les femmes s'exaltent contre eux, des femmes qui se disent chrétiennes!... » Bertrand de Valon s'occupait de l'équipage de chasse de certains Rothschild : « On n'était pas " en relation " avec la majorité des veneurs ; ils portaient un nom juif! A cette époque, dit Élisabeth de Gramont, il était de bon ton d'être antisémite. » Certains salons ouverts « aux lettres, à l'élégance, à l'intelligence » étaient fermés à la finance. Il suffisait chez Aldebert de Chambrun d'avoir « les mains nettes de tout tripotage financier » ; de même chez Annette du Hallay-Coëtquen.

En ce qui concerne les mariages contractés entre femmes israélites et aristocrates chrétiens, nombreux dans le dernier tiers du XIXᵉ siècle, pas plus qu'au XVIIIᵉ siècle, ils ne supposaient une estime mutuelle.

Le père de Marguerite de Rothschild qui a épousé un

Gramont professait pour l'aristocratie chrétienne un profond mépris. Une autre Rothschild s'est brouillée avec sa mère pour épouser le baron Van Zuylen.

Cependant, fait remarquer d'Avenel (1910), « à en juger par le nombre des mariages [...], nous voyons les plus notables d'entre les israélites heureux et fiers d'avoir travaillé toute leur vie pour enrichir des familles chrétiennes ». Une fois présenté, membre d'un cercle éventuellement, l'israélite jouissait de la solidarité familiale. D'Avenel reconnaît que les « mésalliances » infusent souvent, dans les familles, des qualités supérieures d'intelligence et de volonté, et que les qualités de la belle-fille dérivent de celles du père : énergie, habileté, hardiessse. Charnacé, en 1900, note l'influence de ces mariages qui vont entraîner « la transformation du type français à la suite des croisements avec la race juive. [...] Des effets se font déjà sentir en raison de la valeur ethnique des israélites ».

« De nos jours, la vraie dérogation [pour dérogeance] n'est pas dans le travail lucratif. Elle est dans les spéculations sur les dots et dans l'enjuivement qui ont contribué à jeter tant de défaveur sur la noblesse », dit Léon de Montesquiou.

Les antisémites soulignent la solidarité avec les israélites : « Cette société méprise cordialement les juifs, dit Viau, mais chacun croit devoir prendre des airs de commisération aussitôt qu'on écrit cinq lignes un peu sévères sur certains Hébreux. » On sait que les « Hébreux » eux-mêmes se défendirent fort bien et qu'il y eut de nombreux duels.

« L'antisémitisme, a écrit Sartre, n'est pas un problème juif, c'est notre problème » ; en l'occurrence le faubourg Saint-Germain a chargé les juifs de tous les péchés dénoncés de la civilisation nouvelle.

« Une société comme celle où nous vivons, dit l'abbé Félix Klein, est le résidu d'un âge qui finit » (1900). La comtesse de Briey disait, en 1911, devant l'abbé Mugnier que « la bonne vieille société avait péri, vers 1880, avec la déroute des conservateurs et la montée juive ».

Certains comme Gyp, dont le marquis de Mirabeau était le trisaïeul, et Guy de Charnacé veulent reconnaître un rôle déterminant aux israélites dans la fin de ce monde. Mais d'Avenel remarque qu'il n'y a guère que 4 pour cent d'agents de change israélites; un régent de la banque de France sur quinze est juif; il y a seulement douze membres de confession juive sur deux cent cinquante académiciens. C'est dans la peur même de la fin de sa caste que l'aristocrate devait trouver les racines de son antisémitisme. Le juif a été chargé de tous les péchés que furent les conséquences de l'industrialisation et de l'exode rural. L'aristocratie avait sur ce point la caution d'une partie de l'Église et justement de celle qui était la plus proche des zouaves pontificaux, les Augustins de l'Assomption du père d'Alzon. *Le Pèlerin*, leur organe, s'en prit en 1888 à « la tour du juif Eiffel, [...] emploi vaniteux de plusieurs millions pour une pièce de serrurerie qui ne doit servir qu'à dire : " Je l'emporte sur les plus beaux clochers! " » Drumont utilisera cette planche : l'exposition de 1889 est une vraie fête juive : un bazar gigantesque. « Le paysan vient; il est perdu pour la terre et conquis pour le juif. »

C'est Drumont pourtant qui apporte la preuve que c'est bien une peur incontrôlée qui s'est emparée de l'aristocratie vaincue et affaiblie par la crise. Dans *la Fin d'un monde*, il rapporte que Pimodan, lui ayant offert son livre de poèmes *Soirs de défaites*, lui montre, comme une clé ces vers :

> *Nous sommes des vaincus, Français et gentilshommes*
> *Deux fois vaincus...*
> *Le pouvoir a quitté nos pâles mains.*

« L'antisémite, c'est un homme qui a peur. Non des juifs, certes : de lui-même, de sa conscience, de sa liberté, de ses intérêts, de ses responsabilités, de sa solitude, du changement, de la société et du monde [1]. »

Élisabeth de Gramont en est restée aux aspects immédiats de l'affaire Dreyfus : « Au moment de l'affaire Dreyfus, il y eut une lutte âpre et terrible entre les généraux, c'est-à-dire l'esprit militaire d'une part, et, de l'autre, le jeu des institutions civiques avec la justice en tête. Anatole France prit parti pour elles... Cette affaire menée avec tant de mala-

---

1. Sartre, *Réflexions sur la question juive*, Paris, 1954.

dresse mit aux prises deux éléments qui s'ignoraient, et sortant tout armés d'un confortable néant s'escrimaient avec passion pendant des années l'une contre l'autre. Fallait-il que l'Europe fût calme et tranquille pour qu'un incident provoqué par un seul individu excitât tant l'opinion! Ce fut également une occasion, ne l'oublions pas, de purger les haines latentes. L'antisémitisme devint une mode servant fort bien " certaines jalousies ". »

De deux ans plus jeune qu'Élisabeth de Gramont, Léon de Montesquiou répond à l'enquête sur la monarchie, de Maurras :

« L'obstacle me semble résider principalement dans un état de sensibilité de la France contemporaine. Alors même, en effet, que notre raison se soumet pleinement à ce que vous dites, quelque chose de nous n'y adhère point... Il y a en nous deux êtres, l'un conscient, qui se manifeste par la raison, l'autre inconscient qui se manifeste par des instincts, des sentiments, des phénomènes qu'il nous est difficile de déterminer, car ils échappent, pour la plus grande partie, à notre analyse... En nous, l'être inconscient date de bien plus loin que l'être conscient, de sorte qu'il a eu le temps de nous pénétrer bien plus profondément, jusqu'à passer dans notre sang. Notre inconscient politique, passez-moi cette expression, date de cent ans, de la Révolution ; que dis-je, de cent ans, de deux cents ans, car tout le xviiie siècle a contribué à le former ; notre conscient politique date surtout de l'affaire Dreyfus. Comment deux ans pourraient-ils défaire l'ouvrage de deux cents ans? Or, cet être politique inconscient, qui est en nous et qui nous domine, repousse la monarchie, la jugeant – juger n'est point le mot puisque la raison en est absente – la pressentant incompatible avec tous ces principes dont il est pétri et formé, ces principes d'égalité, de liberté, etc. Vous nous démontrez que ce sentiment est faux et absurde, car ces principes ou entendus d'une manière absolue sont des principes de mort, ou, entendus relativement sont plus sauvegardés par la monarchie que par nul gouvernement ; votre démonstration va jusqu'à notre cerveau, mais s'arrête là. Car de même qu'il faut longtemps pour créer un instinct, il faut longtemps pour le détruire. »

Cet homme, qui sera un pilier de l'Action française, conclut qu'il n'y a plus dans le pays de foi monarchique ; il essayera conséquemment de la faire renaître.

C'est vers 1900, dans l'affaire Dreyfus, que les vieux ensembles symboliques et inconscients ont été définitivement placés hors de la société nouvelle, constituée sur de nouvelles bases. La notion même de noblesse, au moment où Guilhiermoz retrouvait le vieux contrat d'Adalbéron dans son *Essai sur l'origine de la noblesse* (1902), disparaît : « Le peu qui restait de l'ancienne ou plutôt des anciennes aristocraties est devenu une basse bourgeoisie », dit Péguy en 1913. L'ancienne aristocratie est devenue, comme les autres, une bourgeoisie d'argent. A cette époque, 15 pour cent seulement des généraux sont d'origine noble ; il n'y a plus de spécificité militaire de la noblesse. Le clergé a perdu ses deux grands privilèges : il n'est plus reconnu par l'État et ne touche plus de traitement. « Je n'ai plus que la pauvreté à vous offrir ! » dit maintenant Pie X aux prêtres qui viennent le visiter.

Le prêtre a aussi perdu le privilège de n'être pas appelé à l'armée ; il n'y a pas eu sur ce point la résistance, qu'on pouvait attendre.

« A l'heure, dit Rémy de Simony, où tant de voix se font écho pour jeter l'insulte au prêtre et à son Dieu, il faut brandir fièrement l'épée et descendre dans l'arène, armé de pied en cap comme les chevaliers du Moyen Age. » Le cheminement inconscient des idéaux égalitaires a fait son œuvre. La vieille société gouvernée par ordres, ceux qui combattent, ceux qui prient et ceux qui travaillent, n'existe plus du tout.

L'ordre démocratique se définit par le suffrage universel. « Le peuple, disait Mgr Mermillod, veut obtenir dans l'ordre social la place qu'il a acquise dans le domaine politique » (1868). « Aujourd'hui, écrivait Buchez en 1829, la société [...] est sous le rapport des intérêts matériels partagée en deux classes [...] : l'une est en possession de tous les instruments de travail ; l'autre n'a rien ; elle travaille pour la première. » « Les esprits, disait l'abbé Gerbet en 1832, marchent vers un nouvel ordre social, cet ordre nouveau auquel nous aspirons, où l'intelligence et la conscience seront affranchies du joug de la force brute. » Ou encore : « Un nouvel acteur a fait son apparition sur le théâtre de la

247

vie politique, écrit Rémy de Simony, en 1892, c'est le peuple. Vous avez donné l'égalité des droits politiques; il réclame maintenant l'égalité des conditions, c'est-à-dire le renversement de l'ordre social. »

La haine des trois ordres d'Ancien Régime entre eux, dit Julien Benda, s'est fondue « dans la seule haine des possédants pour la classe ouvrière ». Cette bourgeoisie récemment a acquis la « mystique » de la passion bourgeoise, un « bourgeoisisme » qui la pousse à s'affirmer contre la classe qui le menace.

Le prolétariat, mieux instruit dans les « palais scolaires » de la IIIe République, protégé par les syndicats, embourgeoisé même puisqu'il lit son journal, dit Péguy, le « journal politique quotidien et à bon marché », domine « la haine consciente et fière d'elle-même de l'ouvrier contre le monde bourgeois »... Le peuple a naturalisé son histoire, par les lectures, le théâtre, l'école primaire. Jeanne d'Arc, souligne Maurice Agulhon, ne pouvait être le symbole de la République, elle était trop amie du roi, et trop fille de Dieu. Elle fut sans doute un symbole généralement reconnu de la patrie : « Souvenons-nous toujours, Français, que la patrie chez nous est née du cœur d'une femme, de sa tendresse et de ses larmes du sang qu'elle a donné pour nous [1]. »

Le *Journal de la jeunesse*, de la maison Hachette, publie en 1879 le roman *Franchise* de Mme Colomb. Franchise est la bonne épée du sire de Rûlamort qui recueille un jeune orphelin, fils du maréchal-ferrant du village. Il l'élève, l'éduque et en mourant l'adoube chevalier. Aimery de Valpierreuse sauve la veuve de son maître et épouse sa fille Agnès aux belles tresses blondes dont il est depuis toujours l'idéal.

Le 7 novembre 1895, à la porte Saint-Martin on joue *Messire Duguesclin*, de Paul Déroulède; le public, dit André Flament, qui assiste au spectacle, est constitué de boutiquiers du faubourg Saint-Denis. Dans ce même théâtre, ce fut, le 28 décembre 1897, le triomphe de *Cyrano de Bergerac*. Le peuple revisite alors son passé et le retaille à sa guise. Si tout est « royal » en France, s'il y a un fromage des Ducs et un cognac des Princes, ce n'est pas par révérence pour le phé-

---

1. Michelet, *Jeanne d'Arc*, introduction, p. 8.

nomène aristocratique en tant que tel, mais parce que les données typiquement aristocratiques ont été effacées, digérées au point qu'il est bien difficile de faire une histoire de la noblesse.

Entre bourgeoisie et prolétariat, à côté d'eux et issus d'eux, viennent prendre place, comme « une cléricature qui relaie celle de l'Église », les intellectuels. Ceux-ci ont pour mission sociale de donner et de répandre la Justice, la Vérité et la Beauté. L'image sociale de ce groupe est très indécise : on parle à la fois de « prolétariat intellectuel » et « d'aristocratie intellectuelle ». Christophe Charle a mis en lumière la complexité et l'originalité de l'émergence de ce groupe et de cette fonction. Il étudie leur naissance depuis 1880 [1]. La « couche sociale nouvelle » de Gambetta prend sa place à côté des vieilles « classes dirigeantes » ; les universitaires et les professions libérales vont se réorganiser sous l'étiquette commune d'intellectuels selon le nouveau clivage. A l'occasion de l'affaire Dreyfus s'est mise en place une nouvelle disposition du jeu social fondamental.

Les compromis, celui d'Adalbéron tout aussi bien, mûrissent sur de longues années. L'imaginaire politique à l'éveil reconnaît un beau jour les conditions d'un consensus. Les raisons profondes de l'adhésion, la date précise du consentement donné et reconnu, sont des secrets. Marguerite Duras dit son « horreur du régime capitaliste [...], du droit des riches à disposer du prolétariat. [...] Le mystère c'est pourquoi le prolétariat accepte [2] ». Il y a des circonstances où le consentement inverse est lui aussi recueilli. Ces fusions initiatrices sont des mystères.

Péguy décrit la cérémonie d'inauguration de la statue de la République de Dalou sur la place de la Nation, en 1900. Trois cent mille personnes défilent : « Par-dessus toute rumeur montaient les chants du peuple, les chants révolutionnaires chantés pour la première fois dans la rue avec l'assentiment d'un gouvernement bourgeois républicain. Vive Jaurès ! Vive Zola ! Ce cri eut un écho immédiat et puissant dans le cortège... Vive Dreyfus ! Un cri qui n'a pas retenti souvent, même dans les manifestations purement

---

1. *Naissance des intellectuels*, Éditions de Minuit, 1990.
2. *Écrire*, Gallimard, 1993, p. 61.

dreyfusardes. Ce fut extraordinaire. Vraiment. La foule reçut un coup, eut un sursaut. Elle ne broncha pas, ayant raisonné que nous avions raison, que c'était bien cela. Même, elle acquiesça mais il avait fallu un raisonnement intermédiaire, une ratification raisonnée. Dans le cortège même il y eut une légère hésitation. Ceux-là mêmes qui avaient lancé ce cri sentirent obscurément qu'ils avaient lancé comme un défi, comme une provocation. Puis nous continuâmes avec acharnement, voulant réagir, manifester, sentant brusquement comme l'acclamation au nom de Dreyfus, l'acclamation publique, violente, provocante, était la plus grande nouveauté de la journée, la plus grande rupture, *la plus grande effraction de sceaux de ce siècle.* » La justice et la vérité, défendues dans un homme par un petit groupe qui s'élargit jusqu'à « devenir la fidélité en pèlerinage de trois cent mille républicains [1] ». « Il faudrait montrer ce peuple ayant, gardant perpétuellement un tel goût de justice et de vérité [...] que tout un peuple ait une vie intérieure comme on pouvait croire jusqu'alors qu'il n'y avait que les personnes et les individus qui en avaient. Que la justice et la vérité soient dans la conduite même, et comme dit le peuple, dans le sang... [2]. »

Il faut supposer qu'il y a eu, longuement préparée par des raréfactions et des expansions, une sorte de *big bang* qui aurait donné naissance à une nouvelle organisation sociale ternaire où chacun des éléments solidaires, bourgeoisie, intellectuels, prolétariat détiendrait une fonction nécessaire. « Tout s'est passé, dit Jean-Pierre Rioux, comme s'il avait fallu attendre l'Affaire pour que se dévoilent enfin les vrais enjeux de la construction démocratique lancée depuis 1789... [3] »

La noblesse et le clergé ont dû trouver leur place dans la nouvelle grille, parmi les rangs de la bourgeoisie, des intellectuels ou du prolétariat. Il resta sans doute aussi suffisamment de vitesse acquise pour que la noblesse et le clergé puissent se penser quelquefois comme les constituants d'une métasociété. « Dans les périodes de recomposition

1. *Triomphe de la République.*
2. Péguy, « La délation aux droits de l'homme ».
3. « Naissance du xxᵉ siècle », *L'Histoire* n° 173, janvier 1994, p. 125.

d'ensemble des formes sociales, dit Jean Duvignaud, l'ancienne société laisse un ensemble de signes et de symboles... ¹. »

C'est entre le domaine du miracle et celui de l'action que s'est définie la nouvelle personnalité de l'aristocratie française après 1870, en participant aux deux. La personnalité féminine a été déterminante. Déjà, prétend Gyp, « à la fin de l'Empire, les femmes avaient une personnalité qu'elles ont perdue depuis ». Elles ont en outre tiré les leçons des défaites militaires. Les hommes se sont bien battus, ils se sont même fait tuer, comme des chevaliers français, très courageusement. La famille de Brissac offre un exemple privilégié d'adaptation à la société nouvelle sous le contrôle des femmes.

Angélique de La Grange, duchesse de Brissac, publie en 1872 un *Examen de conscience des femmes honnêtes de France*. Elle a cinquante ans ; son autorité est considérable ; elle vient de perdre son fils à la guerre. Ce fils, elle l'avait marié avec Jeanne Say, des sucres. L'homme doit redevenir le chef ; il faut le sortir du club où il s'est endormi et du cabaret ; il ne faut plus supporter « ce champignon né de la pourriture des sociétés, le crevé ». L'homme doit retrouver le prestige. La duchesse veut restaurer le château, montrer l'homme armé et l'homme des champs, la loyauté payant le service rendu, le sang versé. La famille toujours prête au combat récompensé par ce beau titre : noblesse. Il faut travailler en direction de la femme du paysan et de l'ouvrier ; l'homme triomphera à nouveau par les femmes ; le nationalisme sera le berceau de sa renaissance.

Jeanne Say, duchesse de Brissac à la génération suivante, veuve à vingt-trois ans avec deux enfants, se remaria avec le vicomte de Trédern. « Le souci principal de Mme de Trédern, écrit Claude Vento, en 1885, est l'éducation de ses enfants. Son fils aîné, le futur duc de Brissac qui vient de passer si brillamment son baccalauréat à l'âge de dix-sept ans, a donné la mesure de ce que valent les soins intelligents et la sollicitation de la jeune mère. » Il est question ici de

---

1. *Le Monde*, mardi 18 janvier 1994.

François de Cossé Brissac (1868-1944) : sa mère lui donne en outre des notions sur la gestion des terres, les coupes dans une forêt, un compte en banque, un bilan, un capital, des actions, des obligations. Les difficultés s'accumulèrent pour les jeunes gens de la haute noblesse nés après 1870.

Armand de Polignac, sixième duc (1872-1961), rapporte « qu'avant 1914, un gentilhomme ne pouvait être qu'officier ou diplomate. S'il entreprenait des recherches scientifiques ou historiques, c'était d'une manière toute désintéressée : l'idée de gain ne pouvait lui effleurer l'esprit. » Après dix années d'étude chez les jésuites d'Évreux, il était désireux de préparer l'École des chartes ; sa mère s'y opposa, et il entra au 6e dragon, jusqu'en 1897, moment où les problèmes de la séparation de l'Église et de l'État se firent sentir.

Henri Lavedan fut la victime de l'amertume qui saisissait la noblesse et, pour s'être intéressé à elle, dut subir – lors d'un lavage de tête unique dans les annales de l'Académie, et dont l'auteur demanda pardon par la suite – les reproches du marquis Costa de Beauregard (21 décembre 1899, réception d'Henri Lavedan) :

« Pourquoi vous attarder à ces rengaines déplumées ? Ne serait-il pas moins banal de nous peindre l'intime et poignante souffrance de certaines âmes trop tard venues qui attendent qu'on leur donne enfin l'essor ? Il est dur de n'être en son pays qu'un misérable accessoire parce qu'on se refuse à déserter les traditions qui, elles aussi, comme le sol de la patrie, sont faites de la cendre des morts... Fabrique-t-il autre chose que des squelettes lui aussi, ce rire qui passe chargé de doute, de désillusion, de raillerie de luxure, sur nos traditions, sur nos mœurs, sur nos croyances, sur notre patriotisme, sur nos derniers enthousiasmes ? Rien ne reverdit où il a soufflé... »

Paul Bourget a essayé de décrire l'état d'esprit du noble inutilisé par la République. Il y a mêlé une histoire d'adultère entre une noble et un bourgeois qui a empêché son *Émigré* (1907) d'avoir un grand succès dans le Faubourg. « Je suis un grand seigneur, dites-vous, s'exclame Landri de Claviers-Grandchamp [né en 1872], plutôt un paria par en haut, devant qui tant d'avenues ont été fermées quand il a eu vingt ans, parce qu'il s'appelait de ce grand nom. [...] La tragédie du noble..., cette paralysie de l'être jeune, vibrant affamé d'action, par un passé qui n'a pas été le sien.» Il ne veut pas s'en aller de l'armée : «Je veux servir, vous entendez, servir, n'être pas un oisif et un inutile, un homme riche avec un blason plus authentique sur ses voitures.» Il ne veut pas redevenir un émigré de l'intérieur comme son père. Le jeune homme quittera du reste l'armée pour ne pas participer aux inventaires de la séparation. Le jeune Henri, comte de Martigné, est le héros du roman de la duchesse de Brissac, née Mathilde de Crussol d'Uzès (1875-1908), fille de la duchesse d'Uzès, sœur de Jacques de Crussol d'Uzès mort en 1895 dans une expédition au Tchad :

« Jacques d'Uzès [...] qu'un navire français ramène dans un cercueil à sa mère, écrit le comte Jean de Pontevès; ah! c'est que la France n'est pas toujours facile à vivre, à vivre utilement surtout, par les descendants de ceux qui ont le plus contribué jadis à la faire grande, très grande [...] et qui ont enluminé de leur sang et de leurs hauts faits chaque page de son histoire... Et voyez, l'armée, si vaste soit-elle, ne peut cependant pas contenir tous les Français. Quant aux autres carrières, combien elles sont souvent épineuses à ceux qui ne veulent pas brûler ce que leurs pères ont adoré!

« Alors que devenir, quand on n'a pas pu ou pas su trouver une place à l'ombre du glorieux drapeau de la patrie, si un jour on veut lui prouver que, bon sang ne sachant pas mentir, on l'aime quand même, que quand même on la veut honorer, que quand même on la veut servir? Alors on part, vers l'inconnu, vers le danger, vers la gloire, plein de vie, de santé, d'espérance, de foi, et au lieu de ces lumineuses choses, on ne trouve parfois qu'un linceul... Et c'est pourquoi la France devra une branche de laurier et une couronne civique à ce Gaulois de race, qui l'a aimée au point de payer, de ses propres deniers, le droit et l'honneur de mourir, à vingt-quatre ans, pour elle.»

Henri de Martigné a dû lui aussi quitter l'armée. Il y a eu des lois en 1889 très défavorables à la cavalerie et à l'artillerie.

« A l'heure actuelle, est-il dit dans ce roman de la duchesse de Brissac [1], on peut difficilement faire son che-

---

1. *Dans l'ornière.*

min dans l'armée où trop de déceptions vous attendent. »
« On a eu tort, dit Pimodan qui en a été victime, de mêler les
officiers aux violences religieuses... Arrive la réaction que
de toute mon âme je désire, et l'on verra que les violences
morales appellent plus de vengeances que les pires
sévices. » Pimodan est lieutenant-colonel d'un régiment de
cuirassiers en 1904. On veut faire occuper les séminaires :
– Donnez-nous des hommes sans vous mêler de ce qu'ils
feront ; vous êtes couvert par une réquisition.
– Je n'en disconviens pas, mais mon père est mort pour la
défense de l'Église et je ne puis forfaire à sa mémoire.
« Je vis pendant trois mortelles heures bafouer tout ce que
mon âme et mon cœur respectaient le mieux sur la terre. »
Pimodan vit un agent de police frapper des prêtres. « C'était
l'effondrement de mes espoirs d'avenir, de mes rêves d'apai-
sement et de réconciliation entre les Français. » Il finit par
se retirer de l'armée. « Il ne faut pas prostituer la sainte
obéissance militaire en faisant agir les hommes contre le
droit, contre la morale, contre leur conscience, contre leur
Dieu. Il faut que les chefs se tiennent à l'écart des luttes politiques. »
Au même moment, les fiches du général André portaient
note des faits d'opinion. Telle fiche d'un comte d'Harcourt,
qui fut lue à la Chambre, relevait que cet officier allait régulièrement à la messe... C'est au même moment que les effets
de la crise agricole frappèrent les familles. Le marquis de
Claviers-Granchamp *(l'Émigré)* doit 2 550 000 francs. Il a
vécu sur le pied de 500 000 francs de rente par an alors qu'il
en avait 400 000 ; son père en avait 800 000 ; son grand-père,
1 200 000. Il dépense 100 000 francs pour son parc ; 60 000
pour son équipage de chasse ; 40 000 pour la chasse à tir ;
35 000 pour les écuries. Sa table est ouverte, et comporte
souvent quarante couverts. Un héritage va aider le marquis
à assainir ses affaires ; c'est celui de l'amant de sa femme, ce
qui affaiblit la portée du livre : le marquis ne peut refuser le
legs sans reconnaître le déshonneur.
Ce que veut le marquis de Claviers, c'est « maintenir
intact aux yeux de tous le type du soldat-chevalier. Le chevalier, vois-tu, dit-il à Landri, c'est la règle idéale restée permanente sous des formes nouvelles et qui se retrouve dans

ces mots : le drapeau, l'honneur militaire, le bien des pauvres. C'est le chevalier que la Révolution poursuit de sa haine aujourd'hui. [...] C'est contre lui qu'elle a inventé cette monstrueuse formule, l'armée nationale, qui signifie : plus d'armée, une plèbe armée de fusils, de piques et de canons. Hé bien en refusant de marcher contre une église, tu viens de l'affirmer une fois de plus ce type de chevalier... Tu as proclamé que le chevalier et le soldat ne font qu'un.»

La duchesse de Brissac, fille de la duchesse d'Uzès qui était « Clicquot jusqu'à midi (femme d'affaires) et Mortemart jusqu'à minuit», décrit la situation de son héros [1] : le père de Henri de Martigné, qui avait 140 000 livres de rente, n'en a même plus 15 000.

– On ne m'a enseigné ni l'agriculture, ni la pratique d'une exploitation, confie-t-il à son fils ; je dois me rapporter à une honnêteté qu'il me répugne de suspecter, à un savoir que je ne puis contrôler chez un régisseur.

Pour aller faire un voyage, le marquis est obligé de vendre un Meissonier. Là-dessus Henri, devenu remisier à la Bourse, après avoir dit à un ami : « Trouve-moi n'importe quoi ! après tout il n'y a aucune raison pour que mon nom et mon titre me suppriment le droit de gagner ma vie », il joue un peu aux courses, et fait 80 000 francs de dettes. Son père le renfloue ; après un voyage en Amérique, il épousera une voisine de campagne, bien riche et bien amoureuse. Mathilde de Crussol d'Uzès, duchesse de Brissac, a bien décrit la difficulté de cette génération à trouver pour la première fois du travail, à attacher de l'importance à l'argent, en se contraignant à être à heure fixe à son poste, devant l'hostilité du milieu. «Sa nature affirmée souffrait de se créer une volonté. Pour la première fois, le sentiment de la responsabilité individuelle naissait en lui et l'obligeait à tenter un premier acte d'indépendance», tout en redoutant la désapprobation des siens et de son monde.

La duchesse, s'adressant à la suite des Martigné, conclut : « Je voudrais les Martigné de l'avenir ne craignant pas de passer au besoin par une École des mines, une École centrale, une École normale, ou tout autre. Le jeune noble ne sera pas nécessairement pour cela un ingénieur, un profes-

---

1. *Dans l'ornière.*

seur, mais il aura dans son cerveau l'outil, dans son tiroir le diplôme nécessaire. Mais surtout, il se rapprochera par son éducation de ceux qui luttent pour la vie et sera plus à même de connaître leurs besoins devenus les siens propres. Par ce contact avec les enfants du peuple et de la bourgeoisie, il acquerra une expérience nouvelle et sera forcément mêlé aux intérêts généraux du pays... Il y a nécessité absolue d'abolir d'abord les préjugés de caste, puis de donner aux jeunes gens de demain l'éducation nécessaire à la vie moderne, des armes pour – je le dis brutalement – gagner de l'argent, levier indispensable à tout grand effort. »

Henri de Martigné termine : « Mal préparé pour ce genre de conquête, je n'ai pas réussi. [...] J'ai été la victime nécessaire de la marche du progrès. Nous sommes des embourbés, nous autres. [...] Mais si j'ai un fils, je réponds qu'il sortira de l'ornière. »

La duchesse de Brissac mourut très jeune en 1908. Son fils, Pierre (1900-1993), fit des études au collège de Ladycorn, puis au collège de Normandie, fondé près de Clères en 1902. On y pratiquait le tennis, le football, la natation, le sabre et le fleuret. Jeanne Say, sa grand-mère, dut surveiller son éducation jusqu'à sa mort en 1916. Le duc de Brissac entra à Polytechnique. Il épousa en 1924 Marie-Zélie (May) Schneider, héritière des industriels du Creusot, et devint ingénieur dans cette entreprise. Il se rendit vite compte qu'il fallait avoir « une banque à soi » et fit acheter par la firme la banque des Pays du Nord en 1930 : « Par la finance dit-il, on va dix fois plus vite que par l'industrie. » La voie de la finance sera suivie par de nombreux jeunes nobles.

Selon Veblen, l'ancienne habitude de « vivre en rapace » donnerait un atout pour survivre. Pour lui, une sorte d'instinct guiderait l'ancien noble vers les activités économiques et financières modernes qui seraient l'équivalent de l'ancienne prédation : « La relation de la classe de loisir aux opérations d'ordre économique est d'ordre pécuniaire : elle n'est pas de reproduction, mais d'acquisition, d'exploitation... Les classes rentées ont intérêt à rénover les institutions pécuniaires, si elles veulent s'approprier avec efficacité les avantages qui résultent de processus industriels sans en empêcher la perpétuation.» La banque s'est associée à la propriété. Les professions que la classe de loisir exerce dans l'industrie moderne sont de nature à maintenir en vie certaines habitudes et aptitude prédatrices [1].

Les femmes rouvrent les salons; elles se font conduire où elles veulent aller, par curiosité, et cela suscite quelques réactions des demi-mondaines : la duchesse Sforza se rendit à l'abbaye de Thélème à Montmartre.

– Que viennent faire ici ces vieilles du Faubourg?

– Mesdames, dit Liane de Lancy, nous ne venons pas dans vos salons, ne venez pas dans les nôtres!

En dépit de cela, l'habitude de la liberté fut prise et les grandes dames purent faire la tournée des grands-ducs.

A cette époque, l'aristocrate mâle français était très recherché dans la bourgeoisie, même américaine.

Le plus remarquable est l'appétit de la femme américaine, car elle se marie, rappelle C. de Varigny (1893), comme il lui plaît, libre dans son choix. Elle peut aussi, comme Anna Gould, essayer de faire oublier l'origine de la fortune du père, qui était cause «qu'il n'était pas reçu dans la société américaine». Celle-ci épousa Boni de Castellane en mars 1895.

Le journal de Marie Bashkirtseff (1877-1882) traduit le désir de la jeune femme riche d'avoir une influence à travers l'époux. Elle passe son temps à faire le compte de sa fortune pour jouer à voir qui elle pourrait «acheter». «Je ne voudrais pour rien au monde acheter quelqu'un qui me plaît, ce serait le perdre; mais un indifférent, un nom, un titre, avec plaisir.» «Ces petits freluquets [...] mais j'en aurais fait des choses immenses.» «Avec un million, on peut s'acheter le plus beau duc de M... ou prince de J...» «On m'offre en mariage le prince de R... de Naples, admirablement apparenté et pas le sou; entrée dans le plus grand monde en échange d'argent. C'est sérieux. C'est dégoûtant...» Marie ne s'intéressait pas vraiment au mariage. Ce qu'elle aurait voulu, c'était devenir célèbre en tant qu'artiste, et surtout être aimée de l'homme qu'elle aimait.

A cent lieues de là, la petite «Bijou», l'héritière de Gyp,

---

1. *Théorie de la classe de loisir*, 1re éd. (1899), Gallimard, 1970 p. 137-153.

âgé de vingt ans, sème, par sa coquetterie, des cadavres de suicidés et d'accidentés dans les parterres et les bosquets du joli château de sa grand-mère, en Val-de-Loire. Le livre se clôt sur le mensonge innocent par lequel Bijou confisque à son profit toute la fortune de l'ami de sa grand-mère qui veut l'épouser : « Grand-mère a dit oui à condition que... », mais grand-mère n'avait mis aucune condition.

Les sursauts qui tendent à la survie du groupe, et qui sont largement d'origine féminine, coïncident avec les vieilles tendances chevaleresques qui continuent à prendre forme, sous l'influence des hommes. Il y eut à cette époque, dans les châteaux, trois modes d'action : le premier consiste à moderniser et rendre confortables les vieilles demeures : Broglie, Bonnétable, Le Lude, Saint-Amadour, La Verrerie et Courtenvaux, au désespoir de Thierry de Montesquiou qui gémissait : « Ma crasse, ma bonne crasse ! » Les améliorations apportées alors prennent l'allure d'une sorte d'acte de foi. Elles sont souvent le fait de nobles élus du milieu rural environnant. Un second type d'action est la réhabilitation à l'ancienne, sur recherches et documents d'époque, pour reconstituer l'état d'un bâtiment à un moment donné : ainsi Sommier rétablit le Vaux-le-Vicomte de Fouquet ; Marie Say et le prince de Broglie le Chaumont de Catherine de Médicis ; la comtesse Cahen d'Anvers le Champs de Mme de Pompadour. Le Dr Joachim Carvalho (1869-1936) restaura Villandry et ses jardins, et fonda l'association de la Demeure historique.

Le dernier mouvement, le plus significatif, est celui qui a rapproché les très vieilles demeures des très vieilles familles qui les avaient possédées, puis abandonnées. Les vieux donjons avaient été rachetés au retour d'immigration, quand on avait pu. Maintenant Boni de Castellane rachète Grignan ; Sibylle de Mirabeau, comtesse de Martel (Gyp), acquiert Mirabeau et trente hectares de pins ; Blanche de Clermont-Tonnerre, comtesse Chandon de Briailles, relève de ses mains les ruines de Tallard. Souvenons-nous du père d'Alzon qui acquérait l'ancien château des comtes de Beaufort à Notre-Dame-des-Châteaux, pour y établir un alumnat (centre de missionnaires) de son ordre : « Je reste sur mon rocher entre trois tours féodales.» Foulques et Roselyne de Saban-Pontevès décidèrent de sauver le château familial d'Ansouis; les Harcourt rachètent le Champ-de-Bataille, les La Rochefoucauld travaillent à Verteuil et à La Rochefoucauld, et Guy de Polignac, ancien zouave pontifical, restaure le donjon de Polignac. Le donjon du vieux château devient même un souci lancinant de la noblesse. Jamais la notion chevaleresque n'a déserté les familles nobles. A la fin du xixᵉ siècle, les Jésuites utilisent comme cadre pédagogique efficace cette chevalerie; à Notre-Dame de Boulogne, par exemple où Henri de Nicolaï (1859-1977) était écolier. Il y avait dans sa classe vingt-cinq chevaliers, tous avec une devise et le désir d'arriver au premier rang. Sa devise personnelle était le mot de Sénèque adopté plus tard et si bien réalisé par saint Stanislas Kotska: *Ad Majora natus*, Je suis né pour de grandes choses.

La chevalerie, jamais abandonnée en France, on l'a vu à propos des Chevaliers de la foi, a reçu un nouvel élan avec le Syllabus. «Nous devons à Pie IX, dit le duc de Sabran-Pontevès, d'avoir par ses malheurs et sa fermeté ressuscité la chevalerie dans un siècle de positivisme et d'égoïsme. Ce ne sera pas le moindre service rendu à la société moderne. Il aura été donné à l'homme de paix de créer des guerriers pour la justice...»

L'ordre de Malte réapparut en France en 1891 et créa des hôpitaux, dont le pavillon des lépreux de l'hôpital Saint-Louis. Les chevaliers sont les serviteurs des pauvres. L'ordre vise à regrouper l'élite des nations dans une fraternité cordiale; il a renoncé en 1830 à ses ambitions matérielles, et ne cherche qu'à réaliser l'esprit du Christ ici-bas.

C'est aussi l'exercice de la charité du cœur que recherchent les chevaliers du Saint-Sépulcre. Pie IX a restauré cet ordre et nommé le nouveau patriarche de Jérusalem, Mgr Valerga, en 1868, grand maître de l'ordre équestre du Sépulcre; depuis 1907, c'est le pape lui-même qui est le grand maître. Depuis 1888, il y a des dames dans l'ordre; depuis 1923, les chapitres sont reconstitués en France; depuis 1928, ils occupent à nouveau l'une des chapelles de l'église Saint-Leu-Saint-Gilles de Paris, dont le prince Amédée de Sabran-Pontevès était l'organiste. Dans l'un et l'autre ordre, se regroupent les plus grands noms ; il est normal que la noblesse, ayant défendu la papauté, soit restée groupée autour d'elle, comme autour de la seule source vivante de noblesse. On retrouve dans ces chevaleries les gardiens les plus fidèles et les plus attentifs des vieux châteaux. Les descendants aussi de ceux qui pratiquaient la charité sans titre au XIXe siècle sont entrés, par volonté d'efficacité et de dépouillement, dans ces ordres, plus commémoratifs qu'exclusivement religieux : Bernard d'Harcourt (1905-1958), petit-fils d'Armand de Melun, fut ainsi directeur des œuvres hospitalières de l'ordre de Malte ; Gabriel de La Rochefoucauld (1875-1942), administrateur du Crédit foncier de France, était chevalier d'honneur et de dévotion du même ordre.

Montherlant, dans les *Nouvelles Chevaleries* révèle son intérêt pour les Teutoniques, le Temple, les ordres de Castille ; surtout, il montre comment l'esprit de chevalerie, détaché du terreau initial, a aidé le jeune noble à développer sa volonté personnelle, comme l'y conviait la duchesse de Brissac, dans *l'Ornière* : Montherlant sentait, en 1919, le besoin de s'opposer par essence au bourgeois ; de se séparer du milieu ; de retrouver la civilisation intérieure plus rare et plus avancée qui était la sienne ; il pense que l'individualisme est le signe des races supérieures. L'individualisme est sans doute un message plus nietzschéen qu'authentiquement chevaleresque, mais il montre comment la noblesse a pu s'adapter à l'action en infléchissant les vieux cadres.

C'est par l'expansion individuelle aussi que deux gentilshommes français, amis de jeunesse, et unis spirituellement, avaient essayé de prouver et de renouveler leur aristocratie dans le dépassement de soi-même.

Antoine de Manca-Valombrosa, marquis de Morès (1858-1896), fit ses études à Saint-Cyr et à Saumur avec Charles de Foucauld (1858-1916). Morès épousa en 1882 la fille du banquier new-yorkais Hoffmann, avec l'intention d'avoir une influence sociale, mais on lui refusa toute responsabilité financière. Il était l'ami du colonel Ludovic de Polignac, fils du célèbre prince des ordonnances, qui voulait combattre la féodalité financière, disant : « Les financiers et les juifs ont pris les plus beaux mots de notre langue chevaleresque et militaire pour les transposer dans leur jargon. Ainsi valeur, action, obligation, reconnaissance, titre, devises. Or ce qui est merveilleux à constater, c'est que tout ce qui a été fait de bon et d'utile en France l'a été par ces forces anciennes qu'on s'est donné comme mission de briser, c'est-à-dire la France militaire et chevaleresque. »

Morès combattit en Amérique le monopole de distribution des bouchers de Chicago.

Sous l'influence des Droulers, des Lavigerie, il se tourna vers l'Afrique où les anciens zouaves pontificaux combattaient les marchands d'esclaves. « L'armée pontificale nous donnera-t-elle aussi cet empire d'Afrique pour y planter la croix ? » demandait *Le Pèlerin* [1].

Morès en vint à considérer, comme plus tard le père de Foucauld, que la conversion au catholicisme des Sénoussis était la clé de l'Afrique catholique et française ; c'est en marchant vers eux qu'il fut assassiné dans le sud. Sa veuve mit à prix la tête des meurtriers et commandita Isabelle Eberhardt pour établir les responsabilités dans cette mort. « J'essaierai, avait dit Morès, de faire mon devoir, et, à la fin du XIXᵉ siècle, un noble aura, à face découverte et pavillon flottant, tenu sa place dans l'organisation sociale, et renouvelé son aristocratie par services rendus. »

Le père Foucauld avait passé six ans de noviciat à la Trappe Notre-Dame du Sacré-Cœur d'Abkès en Syrie. Il écrit à Morès le 23 décembre 1891 : « Tu pourras toujours compter sur mon cœur, qui n'a jamais cessé de t'être tout dévoué, et qui l'est d'autant plus maintenant qu'il l'est en Notre-Seigneur. » Charles de Foulcauld, ordonné prêtre en 1900, veut fonder les ermites du Sacré-Cœur de Jésus. Grand connaisseur, depuis 1880, du Maroc et du sud algérien, le père s'établit à Béni-Abbès et circule dès lors dans le sud où il rachète des esclaves et étudie la civilisation touareg. Sans éclat, le père de Foucauld aura, lui aussi, renouvelé son aristocratie par son caractère.

Comme les chevaliers de Malte, dont les huit pointes de la croix évoquent les huit béatitudes, le père de Foucauld, attaché à cette forme de spiritualité, avait même voulu, en 1900, établir un ermitage sur le mont des Béatitudes à Jérusalem ;

---

1. 1888, n° 601, p. 396.

il souhaitait l'acheter. Cette spiritualité a eu un grand avenir dans la noblesse française, qui en avait fait une base pratique d'action, comme le montrent les cahiers de Marie de Vesins. Emmanuel de Curson, gentilhomme poitevin, ami de Le Play, disait à ses enfants : « Votre oncle [l'évêque d'Orléans Mgr Brumauld de Beauregard] m'écrivait un jour : " Dieu a constamment fait trois grandes grâces à notre famille : d'être nombreuse, d'être unie, et d'être pauvre. " »

Toute possession qui ne tourne pas à l'amour est mauvaise ; l'utilisation des richesses implique la pénitence ; plus un homme est riche, plus il doit réduire ses besoins. Le père de Foucauld écrit à sa sœur, en 1899 : « Le meilleur moyen de ne manquer de rien est de toujours partager généreusement avec les pauvres. » « Sois simple, oui, évite toute dépense inutile, oui, écarte-toi le plus dans ta manière d'être et de vivre de ce qui sent le monde, la vanité, l'orgueil [...], folies qui ne servent qu'à diminuer notre gloire future au ciel ; exemple malsain donné aux autres. » « L'aristocratie française, si elle est chrétienne, peut être pauvre d'avoir, elle sera riche d'être, de génie et d'espérance [1]. »

Jacques Chouillet [2] écrit : « Le roman de l'énergie nationale selon Barrès montrait des conjurés prêtant serment auprès du tombeau de Napoléon. Bergson, au début de ce siècle (1920), intitulait l'un de ses ouvrages *l'Énergie spirituelle*, vingt-sept ans après *l'Action* de Maurice Blondel. Un certain discours sur l'énergie avait pris valeur de prédication, et visait à durcir les volontés sans perdre de vue l'impérieuse nécessité d'élever les âmes. » Michel Delon [3] indique que cet « énergétisme » de la fin du XIXᵉ siècle a représenté une tentative de dépassement de l'opposition entre matérialisme et idéalisme : il faut s'affranchir des préjugés, des dogmes des autorités : « L'énergie invite les hommes à un accroissement d'être. » Ce concept flou d'énergie, d'origine bourgeoise, s'est naturalisé dans la noblesse en crise.

Alexandre de Metz-Noblat que le comte de Ludre appelait « un chevalier du bien et de l'honneur », insiste, en 1900, sur

---

1. Hamel, « Vers une élite pauvre », *Études*, 15 juin 1939, p. 625-637.
2. *Diderot, poète de l'énergie*, PUF, 1984.
3. *L'Idée d'énergie au tournant des Lumières*, PUF, 1988.

la nécessité de conjurer la peur : « La somme totale des bravoures, ou plus exactement celle des énergies, est en baisse.

Nous avons une armée magnifique et une marine puissante : le personnel est instruit et dévoué ; les arsenaux sont pleins d'un matériel perfectionné ; un appel électrique peut, en quelques jours, mettre sur pied une armée de deux millions d'hommes... Eh bien ! il manque à l'ensemble non pas, certes, le patriotisme, mais l'énergie voulue pour tirer parti de ces immenses forces. Il faut vaincre la peur dès l'enfance par l'éducation pour créer la résolution qui, avec la lucidité et le sang-froid, est l'indispensable élément de courage utile. »

Ici se situe l'œuvre de Pierre de Coubertin. Il a été très influencé par l'idéal chevaleresque. Son père, le peintre Charles Frédy de Coubertin, appartenait au milieu des Luynes, dont il était voisin de campagne à Saint-Rémy-lès-Chevreuse. Élève de Picot, il peignit les fresques pour l'église de Chevreuse (1863), la mort de Saint-Stanislas Kotska (1865), enfin les peintures de la chapelle funéraire de Loigny.

Renonçant à Saint-Cyr, Pierre de Coubertin (1862-1937) fut influencé par l'Angleterre dont il admirait le système sportif.

Pour lui, le sport était surtout un sentiment religieux. En cultivant son corps par l'exercice, l'athlète antique « honorait les dieux ». « Le chrétien doit aimer son corps, dit saint François de Sales, comme une image vivante de celui du sauveur incarné [1]. »

La restauration des jeux olympiques était le but de Coubertin. Cet « olympisme » vise à rapprocher les peuples, par leurs aristocraties sportives d'origine tout à fait égalitaire.

Coubertin voyait dans l'internationalisme la garantie des jeux, mais l'honneur national intervient comme le marque le serment des athlètes, qui précise aussi qu'ils agiront dans un « esprit chevaleresque ». L'idée est que le sport va créer une nouvelle cohésion : « C'est le peuple, la masse, qu'il faut gagner à cette idée de chevalerie. [...] Être une élite ne suffit pas ; il faut encore que cette élite soit une chevalerie. [...] Les chevaliers sont avant tout des frères d'armes, des

---

1. *Introduction à la vie dévote*, 3ᵉ partie, ch. XXIII.

hommes courageux, énergiques, unis par un lien plus fort que celui de la camaraderie déjà si puissant par lui-même ; à l'idée d'entraide, base de la camaraderie, se superpose chez le chevalier l'idée de concurrence, d'effort opposé à l'effort, de lutte courtoise et pourtant violente. »

Le principal souci de Coubertin était de réformer le système d'éducation. Sa méthode d'éducation couvre soixante mille pages écrites sous l'influence de Thomas Arnold [1].

Partisan de l'union avec la « nouvelle couche », Coubertin est républicain et ne s'oppose à Gambetta que sur son anticléricalisme, qu'il juge excessif. Son souci est d'aider les élites démocratiques à se dégager.

C'est dans sa lignée que se situe « l'éducation nouvelle » d'Edmond Demolins, qui a rendu illustre l'école des Roches, près de Verneuil-sur-Avre : éducation en milieu rural, en pleine nature ; et milieu familial : les élèves sont regroupés en maisons, animées chacune par un professeur. Gustave Monod fut chef de maison aux Roches. Les études de sciences sociales inspirées par le père de Tourville, disciple de Le Play, étaient importantes au début : il s'agissait de donner, à partir d'une sensibilité sociale, une idée des causes du succès.

Cette éducation, veillant à la pureté, visait à aider l'élève à constituer sa personnalité et à acquérir le dévouement à la collectivité. La grande valeur éducative venait du travail d'équipe réalisé autour des élèves.

La vie sportive était encouragée. On pratiquait un sport d'équipe, et un sport individuel qui ne favorise pas la quête de la gloire personnelle ; de ce point de vue le tennis est interdit. Le but était de former des chrétiens hommes d'action. De cinquante en 1899, le nombre des élèves passa à trois cent cinquante en 1934. Le journal de l'école fait défiler les plus grands noms de la noblesse et de la bourgeoisie industrielle du Nord et de toute la France. « Cette école fut ma chance, dit Jean de Beaumont. Sa devise est " Bien armé pour la vie ". Je passai mes bacs sans difficulté. Les beaux souvenirs que j'en garde ! J'étais le plus rapide sur cent mètres et cent dix mètres haies, et champion du fleuret. »

En 1901 fut fondé à Clères le collège de Normandie par

1. Paul Werrie, *Écrits de Paris*, 1963, p. 102-108.

Joseph Duhamel. Le principe est voisin ; il y aura en plus des éducatrices : « Les nouveaux venus se fondront dans l'énergie scolaire, une fois créée, sans pouvoir la détruire ni même l'altérer.» Pierre de Brissac, cousin de Jean de Beaumont, y fit un séjour dont il ne dit rien de particulier. Il cite cependant quelques-uns de ses condisciples : Boisgelin, Murat, Castellane, Pastré, Waddington, Motte, Delessale.

La notion même de « douceur de vivre » de « belle époque » est tout à fait propre à la fin du XIXᵉ siècle, et, nous l'avons dit, n'a pas à faire référence à la veille de la Révolution. Pour le duc de La Force, cette douceur découle de la dépense somptueuse qui, avant les deux guerres se faisait encore sans compter. Pour André de Fouquières, la société qui avait été dirigeante, brutalement enfermée dans une sorte de ghetto, le « monde », exclu de la nation, a cherché à s'étourdir. L'aristocratie était inquiète de son avenir ; les témoins, grands bourgeois enivrés par le contact avec la haute noblesse, ne percevaient pas toujours la précarité : « Temps merveilleux, écrit Gabriel Pringué, heureux, facile, où la vie coulait sans trépidations, l'avenir semblant assuré.» «J'ai connu intensément ce qu'on appelle la douceur de vivre, dit Fouquières, liberté, indépendance et dignité.»

Adeline Daumard a établi qu'en 1911 la fortune moyenne des nobles parisiens était de l'ordre de 2 200 000 francs – 3 200 000 pour le groupe des propriétaires. Les oisifs constituaient 82 pour cent de l'effectif total, contre 71 pour cent en 1847, et 50 pour cent en 1820. Les biens nobles ne constituent plus que 7,5 pour cent du total des fortunes, bien moins qu'avant 1850. L'orientation des placements a suivi le mouvement général des fortunes parisiennes : la part des biens-fonds situés en province a diminué, sauf la part des immeubles parisiens, dont on sait que la valeur a monté depuis le milieu du siècle. Dans les fortunes élevées, les actions, obligations et fonds d'État constituent 50 pour cent de la valeur du patrimoine, comme dans les autres grandes fortunes parisiennes. Il n'y a pas d'investissements directs, sous forme de commandite ou de possession de marchandise. Les placements boursiers de la noblesse restent plus traditionnels que ceux de l'ensemble de la population parisienne. La noblesse n'avait donc participé que modestement à l'essor des affaires [1]. Christophe Charle, d'après un échantillon d'aristocrates présents parmi les hommes d'affaires, les hauts fonctionnaires et les grands universitaires, a cherché à voir s'ils se différenciaient encore de la haute bourgeoisie.

Le *Qui êtes-vous* de 1908, qui ne tient compte des oisifs que s'ils sont importants, donne un tiers d'aristocrates fonctionnaires ou militaires, un quart d'oisifs ou de propriétaires, 15 pour cent de politiques, 14 pour cent d'hommes d'affaires, 11 pour cent d'intellectuels.

Distinguant noblesse ancienne et noblesse plus récente, Christophe Charle souligne que la première n'occupe dans les affaires que des positions secondaires : administrateurs mais rarement présidents ; elle peuple les grands corps, et d'abord la Cour des comptes, et la diplomatie ; plus de 15 pour cent des généraux de division sont d'origine aristocratique vers 1900. Le Conseil d'État, les Ponts, la préfectorale font appel à une noblesse plus récente, ou à la roture plus largement.

Les familles de noblesse ancienne dont les fils sont dans les affaires sont « les plus nanties et rentières », 70 pour cent des pères se rattachent aux fractions possédantes. 55 pour cent seulement s'y rapportent dans le cas des fils hauts fonctionnaires, 28 pour cent pour les fils universitaires. Les affaires pour l'aristocratie ancienne sont une reconversion récente.

L'entrée dans les affaires, dit Christophe Charle, est, plus encore que l'entrée dans l'administration, fondée sur les relations. Auguste d'Arenberg (1837-1924), fils du prince Pierre, était depuis 1863 l'ami de Ferdinand de Lesseps ; rallié à la République, il devint en 1896 président de la Compagnie du canal de Suez, ébauchant l'Entente cordiale. Il était président des mines d'Anzin, du Chemin de fer d'Orléans, de l'Académie d'agriculture et de l'Institut colonial national.

Le marquis Jaubert du Lau d'Allemans « semblait, dit

---

1. *Les Fortunes françaises au xixᵉ siècle*, 1973, p. 257-267.

Daniel Halévy, mener une vie d'oisif, mais il n'était pas oisif. Il avait une vocation qui était de servir l'État. Les traditions familiales, les bagarres du siècle, lui avaient fait un devoir, une attitude, de se tenir à l'écart des gouvernements révolutionnaires, l'avaient coincé dans une impasse, et fait de lui un " inutile ". Il l'était donc, il acceptait de l'être, et c'était un de ses courages ». Il était de ceux qui s'étaient faits « connaisseurs » ; c'est lui qui avait confectionné la cave du cercle de l'Union. « Il avait des conseils d'administration poursuit Halévy, où il était fort écouté. » Ces conseils, souligne Christophe Charle, dépendaient de deux sociétés du groupe Rothschild, famille avec laquelle du Lau était lié. La haute aristocratie, convertie de meilleure heure aux affaires, a pu rester maîtresse de ses choix matrimoniaux, qui se portent plus souvent vers la noblesse. Les fils des nobles anciens semblent, pour un tiers d'entre eux, revenir à la vie rentière, ou rentrer dans les grands corps à tradition aristocratique [1]. La différence de comportement est donc soulignée entre la noblesse du Faubourg et celle des nouveaux quartiers, souvent plus récente. C'est l'ensemble de l'aristocratie qui subit une évolution qui la rapproche du genre de vie bourgeois.

Très intéressante, en raison de ses liaisons avec le sport, le luxe et la haute couture, est l'implantation aristocratique dans le vignoble champenois, qu'il faut faire apparaître dans la spécialisation des « affaires ».

Le *Journal des demoiselles* de mai 1867 [2] signale à sa rubrique « le Monde parisien » « qu'en ce siècle d'affaires et de combinaisons multipliées [...], les plus grands noms sont mêlés à ceux de l'industrie et de la finance ». « L'industrie d'abord. Le grand seigneur qui veut gagner de l'argent a compris que le travail a son blason comme l'épée. Qui croirait, par exemple, que le brevet de marchands de vins soit un des titres industriels le mieux porté ? Qui vend les vins de Champagne ? Le duc de Montebello, le vicomte Ruinart de Brimont, le marquis de Mortemart, le comte de Chevigné, etc. Les vins de Bordeaux : le marquis de Saluces, le mar-

---

1. « Noblesse et Élite en France au début du XXᵉ siècle », *La Noblesse au XIXᵉ siècle*, École française de Rome, colloque, 1989.
2. Page 129.

quis de Las Marismas. Et les vins du Rhône et ceux de l'Hermitage : le comte de La Sizeranne, le comte de Larnage, le marquis de La Tourette. Et enfin le Johannisberg : le prince de Metternich-Wimbourg, ambassadeur d'Autriche. Je pourrais citer encore d'autres noms et beaucoup s'associent à des industriels fabricants de sucre de betteraves, d'alcool ou de bonnets de coton.

Je suis loin de ne pas apporter ma louange à ce courageux élan, qui gagnera sans doute encore et amènera les femmes à des idées d'économie bien entendue. » Signé : Régina.

Pourquoi l'aristocratie s'est-elle intéressée au vin de Champagne ? Parce qu'elle l'a toujours fait, comme le montrent les Sillery sous Louis XIV ; parce qu'elle avait déjà très souvent la pratique d'un vignoble : le patronage faisait que beaucoup de propriétaires nobles achetaient aux vignerons leur part de vendanges ; ainsi peut-être les Chevigné en pays nantais, ainsi à coup sûr le prince d'Arenberg à Arlay en Jura. Le vin de Champagne était un auxiliaire des carrières diplomatiques : la veuve Clicquot avait décidé d'atteindre toutes les cours d'Europe, et sa devise était : « Une seule qualité, la première. »

Les chefs d'entreprise nobles, comme Adrien de Montebello, ou Melchior de Polignac, fils de Louise Pommery de Nanteuil, Bertrand de Mun, ont accompli un véritable apprentissage de techniciens ; ils ont été aidés par des amis, des condisciples qui sont souvent devenus pour eux représentants de commerce : ce que Maurice Sachs appelle le « gratin d'aventure ». Robert de Vogüé, Ribbentrop furent représentants pour Pommery... Les gentilshommes rémois encouragèrent l'athlétisme, l'aviation, soutinrent l'olympisme.

A Paris, depuis 1837, le vin de Champagne, spécialement le Moët et Chandon, était à la mode, et Blanche d'Antigny en prenait quotidiennement un bain...

Quelques aristocrates se sont tournés vers la brocante, d'une façon plus systématique, plus professionnelle, que sous le second Empire. On peut distinguer plusieurs styles : Boni de Castellane rassemblait des objets avec raison et méthode, cherchant « l'union biologique » des styles et de la maison ; le bon ton, l'amour de la simplicité, l'horreur de l'anarchie devaient tendre à reproduire le naturel issu de l'effort de plusieurs générations.

Robert de Montesquiou groupait les objets de façon ingénieuse, saisissante, et cherchait à communiquer à l'âme des impressions et des messages. Un dernier style, plus neutre, visait à la spécialisation chronologique et on y rattachait les collections de raretés et de curiosités. Le marquis de Ganay, par exemple, s'intéressa spécialement au xviiie siècle. Les jeunes générations de ce milieu réfléchirent sur les conditions de reconstitution des décors : rapport du naturel et de l'artificiel. Il en sortit, comme pour Anne-Marie de Ganay, des vocations de décorateurs.

Il y eut ainsi les cas de refus de tout travail. Abel Hermant décrit en 1907 la vie du vicomte de Courpière; né en 1882, il a fait des études à Stanislas; en 1907, son père le livre à ses propres ressources, comme font les Américains. Maurice de Courpière a six mille francs par an pour vivre. Il se fait payer par le baron Duval pour rompre avec la baronne. Fat, despotique, cynique, Courpière est obsédé par l'idée « qu'il est né, et qu'il n'a rien ». Son ami Robert lui fait un cadeau :

– Ça te fait donc tant plaisir que ça de donner? lui demande Courpière.

– Bien plus que de recevoir!

– C'est curieux... Ça doit dépendre des caractères...!

Robert lui explique que sa caste ayant été rétribuée par les rois, ayant acquis l'habitude de consommer sans produire, Courpière n'a qu'à pratiquer le « tapage ».

Courpière répugne, dit-il, au tapage, d'un profit trop immédiat. « Je veux exercer mes facultés et être pour quelque chose dans ma fortune. J'aime le sentiment de l'effort [...] à condition bien entendu que cet effort ne soit pas du travail dans le sens bourgeois du mot. » Ainsi Courpière va exercer son « devoir de parasitisme », et devenir un gentilhomme de sac et de corde; il fait des faux, extorque des fonds et se maintient sur un fil entre la cour d'assises et le suicide d'honneur. Hermant a montré dans sa pièce l'aspect dévastateur, pour la noblesse, du souffle de la recomposition politique qui l'exclut.

Cette période voit s'éteindre un à un les grands hôtels palatiaux du Faubourg, remplacés par des ambassades ou des ministères. L'entretien en est trop coûteux et surtout on ne peut plus y mener la vie familiale d'autrefois.

Les serviteurs s'inscrivent aux mutualités et aux syndicats, dans un moment où leurs salaires ont tendance à baisser. Le « nous » des maîtres et des domestiques se défait. Rességuier, né en 1818, parle avec émotion de Dupuy, maître d'hôtel de sa famille qui disait « nos enfants ! » en parlant de ses frères et de lui. La comtesse de Pange rapporte que le maître d'hôtel des Broglie disait toujours « nous » en parlant de la maison. Jean Chabot, le troisième cocher du marquis d'Harcourt, ne rapporte pas sans ironie l'exclamation de M. Félix, le maître d'hôtel : « Madame la marquise, notre diadème vous va si bien ! »

A partir du moment où les habitants se livrent à une activité régulière, sinon rétribuée, l'hôtel se démembre. En plus du cercle, le maître de maison s'intéresse au sport, au golf, au polo, au tennis. Il participe à des conseils d'administration. Son fils fait des études, suit de nombreux cours, prépare des concours.

La maîtresse de maison participe, en dehors des œuvres de charité, à des comités : comités féminins des arts décoratifs où se retrouvent la duchesse de Broglie et Nelly Jacquemart-André ; associations d'artistes que prône la duchesse d'Uzès. Déjà on se rencontre dans les grands hôtels, le Ritz, le Palace, le Café de Paris pour prendre le thé.

Les jeunes femmes, menacées par l'ennui, refusent la cohabitation dans l'hôtel familial où elles n'ont aucune autorité. Elles veulent être maîtresses chez elles et rejettent toute censure des douairières sur leur vie quotidienne : « Félicie met des bas de soie, où allons-nous ! » gémit la comtesse douairière de Chabrillan.

Félicie de Lévis Mirepoix, comtesse de Chabrillan ; Blanche de Clermont-Tonnerre, comtesse Chandon de Briailles, Élisabeth de Gramont, duchesse de Clermont-Tonnerre, ont constitué le noyau de ce qu'on a appelé le « gratin libéré », ou « révolté », qui a fait alliance avec les Beaumont, les Noailles, les Faucigny-Lucinge pour entretenir justement la « douceur de vivre ».

Matériellement, ces occupations diverses ont dissocié les vies des différents couples qui vivaient sous le même toit; dès lors, la revendication d'autorité des jeunes femmes entraînait la disparition de l'hôtel familial remplacé par des hôtels particuliers souvent contigus.

La famille Greffulhe occupait cinq hôtels rue d'Astorg : celui des Greffulhe; celui des Des Acres de L'Aigle; celui des Montmort, celui des Arenberg et celui des Laguiche, tous occupés par des frères et sœurs. Iphigénie Sina, duchesse de Castries, puis vicomtesse d'Harcourt, fit bâtir sur l'esplanade des Invalides, rue de Constantine, des hôtels sans cour ni porte cochère, communiquant entre eux, occupés par les Harcourt, que l'on appela le « mur d'Harcourt ».

Jeanne Seillière, princesse de Sagan, acheta des terrains autour de son hôtel, rue Saint-Dominique, et y fit construire de « délicieuses habitations anglaises » par Chatenay. On vit s'y installer sa belle-sœur, ex-marquise de Galliffet, épouse de Franck Seillière; Marguerite de Rothschild, duchesse de Gramont; Anne Murat, duchesse de Mouchy, les d'Albufera, les d'Haussonville, la marquise de Biron. Cette partition contrôlée du grand hôtel familial a certainement préservé le maintien des contacts, dans une période d'adaptation difficile, et préparé le stade de l'appartement indépendant dans le XIIIᵉ ainsi que dans le XVIᵉ arrondissement.

La duchesse d'Uzès a vendu son hôtel, 76, rue des Champs-Élysées, en 1904. Elle a jeté, pour sa famille, son dévolu sur quatre hôtels particuliers contigus et communicants, qu'elle acheta alors. La duchesse occupait le 78, rue de Courcelles; les Brissac le 26 de la rue de Murillo; les Luynes le 76, rue de Courcelles; les Crussol d'Uzès le 4, avenue Van Dyck, le tout dans le VIIIᵉ arrondissement, immédiatement à l'ouest du parc Monceau.

Planat, dans un recueil sur *l'Habitation particulière* [1], souligne que la représentation extérieure exige de moindres proportions qu'au XVIIIᵉ siècle, et qu'on préfère des salles de bains, des boudoirs, des cabinets de toilette parfaitement aménagés; les motifs évoluent dans un sens décoratif et architectural. Planat considère qu'en ce domaine la bourgeoisie joue un rôle initiateur : « C'est peut-être dans ces

_____

1. *L'Habitation particulière*, Paris, 1889.

nombreux hôtels que nos artistes d'alors, ensuite nos industriels, commerçants, gens de bourse ou de finance, puis les étrangers se sont fait construire [...] que notre époque a laissé la marque la plus accusée de son esprit inventif, comme de sa fécondité. » La vedette n'est même plus disputée par l'aristocratie, ancienne spécialiste de la représentation.

A la veille de 1914, la société aristocratique offre toute l'apparence de s'étourdir dans le plaisir; le plaisir, bonheur des fous, disait Barbey d'Aurevilly, mais sage religion d'un présent reconnu et aboli sous lequel les tensions sont très vives. En 1888, *Le Pèlerin* incriminait déjà le plaisir : « Tout croule autour de nous. L'amour du plaisir et de l'indépendance amène la ruine et la servitude. C'est à la pénitence de réparer ces ruines. »

Les préjugés demeurent plus que jamais dans le « gratin gratin » : « La classe que nous n'aimions pas, dit Jacques de Bourbon-Busset, c'était la grande bourgeoisie d'argent. 1936, c'était mauvais pour les grands bourgeois, et, au fond de notre cœur, nous on s'en moquait, de ce qui pouvait arriver aux grands industriels, aux grands banquiers. C'étaient eux qui avaient pris notre place... » Élisabeth de Gramont se moque de la duchesse de Luynes « d'un esprit pratique, étant arrière-petite-fille de la veuve Clicquot », elle a fait taire le jet d'eau de Dampierre. Il s'agit de Symone de Crussol d'Uzès, fille de la duchesse d'Uzès.

Vis-à-vis des fournisseurs, Mme Greffulhe a sauvé l'honneur. Elle avait commandé chez Poiret la robe d'or qu'elle porta, le 11 novembre 1904, lors du mariage de sa fille Elaine avec le duc de Guiche, gaine de métal bordée de zibeline. Sa descente de l'escalier de la Madeleine fut applaudie par le peuple. L'essayage se fit au milieu d'un concert de louanges. « La comtesse, hautaine et acariâtre [...] levait la tête et pointait du nez de tous côtés. Quand j'entrai, dit Poiret, je lui fis une révérence et lui dis qu'elle avait lieu d'être satisfaite. [...] Alors, levant la tête, pour que sa méchanceté tombât de plus haut, elle me dit : " Je croyais que vous ne saviez habiller que des midinettes et des mademoiselle Troussepette, mais je ne savais pas que vous étiez capable de faire une robe pour une grande dame ! " » C'est tout à fait la vieille morgue qu'on trouvait aussi chez les Broglie, où le chef était accablé de reproches à la moindre faute, traité de « gargoteur » tandis qu'on lui prédisait qu'il finirait dans un wagon-restaurant.

C'est à ce moment que les fournisseurs se sont vu reconnaître comme ce que Maurice Sachs, à propos de Cartier, Hermès, Guerlain, appelle la noblesse commerçante : grands artisans, artisans de luxe, ils rejoignent les artistes les plus valables.

Les couturiers ont été également accueillis : « C'est certainement un signe de ce déséquilibre général de notre époque, de cette confusion sociale qui caractérise le monde moderne, que cette intrusion du couturier passé du rang de fournisseur à celui de pair », dit André de Fouquières. Il est vrai que la princesse Nathalie Palaye devint Mme Lucien Lelong; que la fille de Jeanne Lanvin devint comtesse de Polignac. La haute société française s'était convaincue qu'il fallait apporter par le luxe un nouvel essor à la vie commerciale. Le marquis de Polignac, du Cercle champenois, président des Saisons de Paris, sollicita les Fauchier-Magnan, afin de donner un nouvel essor au commerce français, d'organiser des ballets chez eux. L'effet en fut, paraît-il, prodigieux.

La haute société collaborait donc économiquement avec la haute couture. Elle l'avait toujours fait, du reste. Les princesses de Metternich et de Sagan avaient lancé Worth. La comtesse de Chevigné envoyait d'office la grande-duchesse Vladimir s'acheter des robes dès qu'elle arrivait à Paris ; elle aida Chanel et fut la seule à pouvoir s'asseoir sur le célèbre escalier avec Mademoiselle.

Les femmes du monde comprenaient évidemment que la démocratisation de la haute couture allait compromettre leur monopole de reconnaissance, et de « starification ». Elles savaient bien qu'avec le costume on allait, tôt ou tard, livrer à celles qui en seraient dignes le secret de traverser un salon « comme une dame de l'ancienne Cour ». Mais elles se sont vraiment intéressées à la femme moderne.

Comme la période qui précède la Révolution, celle-ci est marquée, dans l'aristocratie, par un goût prononcé pour la musique.

Il y eut de grandes vocations musicales : cantatrices, comme Marie-Thérèse de Ségur, comtesse Albert de Guerne, la comtesse de Mailly-Nesle et Mlle de Goulaine, la vicomtesse de Trédern ; instrumentistes et chefs d'orchestre : Manca-Valombrosa, Eugène d'Harcourt, Léon de Montesquiou, Melchior de Polignac ; il y eut les mécènes : Edmond de Polignac (1834-1901) et Winnaretta Singer son épouse (1865-1943), qui reçut Wanda Landowska, Yvonne Lefébure, Clara Haskill, le groupe des cinq ; il y eut aussi la comtesse Greffulhe, qui organisa beaucoup de concerts de diverses sortes de musiques.

On retrouve tous ces noms sur les listes, publiées par Lavignac, du *Voyage à Bayreuth* de 1882 à 1902 ; trois mille Français, dont cent cinquante aristocrates, assistèrent aux représentations. La seule pièce jouée constamment tous les ans fut *Parsifal.* Le Jockey Club était complètement revenu de sa haine antiwagnérienne ; mais Wagner perdit la vogue en 1902, et fut remplacé par Berlioz.

La plus grande impression de fête fut donnée au moment où se conjuga l'effet des ballets russes, avec celui des nuits organisées par la haute couture et par le « gratin libéré », dans les années 1911-1912 : en mai 1911 fut jouée au théâtre des Arts, la *Nuit persane* de Jean-Louis Vaudoyer.

Le 29 mai 1912, il y eut une fête persane chez la comtesse de Chabrillan, rue Christophe Colomb ; le 4 juin, autre fête persane chez Blanche de Clermont-Tonnerre, place François Ier ; le 20 juin : fête mythologique chez Paul Poiret, au pavillon du Butard, dans les bois de Fausses-Reposes.

C'est par une sorte de conjuration, au moment d'une très grande mutation nécessaire, que la haute noblesse, tout en reconnaissant que le monde qu'elle devait côtoyer y était « bigarré » et peu « élégant », comme s'en plaignent Boni de Castellane et Félicité de Chabrillan, se fondit dans les fêtes. Comme le souligne Élisabeth de Gramont, et comme le remarque plus précisément Gabriel Pringué : « Ce milieu avait adopté le présent comme un hôte de passage dont il goûtait les agréments tout en n'y croyant pas. Il en utilisait des avantages pratiques ; il en acquérait les idées qui lui souriaient ; au fond, il ne croyait qu'au passé. » Présent retrouvé, présent recherché, on affirme en tout cas la volonté de vivre pleinement le temps qui passe.

La noblesse, totalement évacuée, comme le clergé, du cadre politique, a cependant gardé son image de caste fermée. « Le faubourg Saint-Germain existe encore, affirme Paul Bourget ; il est seulement plus noble faubourg qu'autrefois par réaction.» Le Faubourg, sans aucune espérance politique, dépasse le stade encore pragmatique de l'antisociété, ou de la contre-société, et établit son existence au niveau d'une métasociété : société de souvenir, d'apparence, plus spirituelle, plus ethnologique, plus amusante que jamais. « Ce milieu n'était qu'une illusion, dit la princesse Bibesco dans *Égalité*, mais une illusion étourdissante, séduisante, captivante.» Son essence spirituelle rend ce monde indestructible : « Je sais, je crois, je vois que la noblesse française n'est pas morte », disait Michel de Saint Pierre. « Ce monde aboli, continue la princesse Bibesco, transcendant, indestructible, contre la pérennité duquel toutes les précautions furent prises, a résisté à toutes les formes de mort violente et même à sa contrefaçon.»

Émilien Carassus, dans *le Snobisme et les Lettres françaises*, 1966, a décrit cette société et son bouillonnement maximum de 1892 à 1900. La noblesse est ouverte à la bourgeoisie, et réciproquement. Le gratin d'alors n'est plus exclusivement noble. C'est un composé bizarre, dit Fernand Vanderem en 1895, « formé de la population des clubs, de l'aristocratie ancienne ou récente du nom, de la bourgeoisie bien apparentée et de la haute banque actuelle ». Il a, dit-il, une grande influence et constitue « la Cour » aujourd'hui.

N'être pas snob, c'est s'en tenir à son monde, disons à sa propre fraction du gratin. Ainsi Élisabeth de Gramont déplore-t-elle de ne pas voir assez Mme Georges Menier :
– Elle n'est pas snob. C'est bien dommage pour notre monde à nous.

Clara Longworth, comtesse Aldebert de Chambrun, déplore son incapacité à avoir pu constituer un salon. Elle regrette de n'avoir pas su attirer ce qu'elle appelle « l'élément Bohème » : Claude Debussy, Marcel Proust, Reynaldo Hahn. Elle incrimine son « manque de snobisme », vertu à la mode en France dans la Bohême comme partout ailleurs.

275

LUXE ET CHARITÉ

Le snobisme existe dans deux parties de la société qui veulent se rapprocher. Le marquis de Mirabeau l'avait parfaitement vu ; le snobisme modifie les deux comportements. C'est inévitable à partir du moment où l'on a décidé de se donner mutuellement en spectacle. Carassus a montré comment le snobisme proustien était consubstantiel à ce milieu.

En l'absence de « positions avérées », établies en fonction de la faveur dans les cours, ou même de dignités nobiliaires reconnues, puisqu'il n'y en a plus, la bonne société, ses classes, ses coteries, ses salons va jouer le rôle d'une bourse des valeurs où chacun pourra négocier sa cote, au gré des invitations, des refus, des places à table, des médisances, des conversations. Le monde joue aussi le rôle de propagateur des modes culturelles. En ce qui concerne le faubourg Saint-Germain, si l'une de ses composantes a décidé de se prêter au spectacle, avec, comme le dit Drumont, « un profond dédain pour ceux qui gouvernent, un scepticisme immense, une bonté vague ou plutôt une absence complète de méchanceté, un désir unique, celui de s'amuser, avec une souriante et désarmante sincérité dans la frivolité – avec pour résumer le tout le mot du xviiie siècle : après nous le déluge [1] ». Une autre branche, nous l'avons vu, s'est tournée vers l'adaptation à la société moderne, sous l'influence évidente des mariages bourgeois, et sous la tutelle des femmes d'origine plus ou moins lointainement bourgeoises.

Les deux réactions ont joué sans doute, dans la survie actuelle de la noblesse, un rôle complémentaire.

Ainsi les filles-fleurs, directrices de salons, conseillères de couturiers, institutrices de leurs nichées ont-elles désarmé Perceval, qui, devenu pilote de chasse ou directeur d'un institut d'optique, abandonna sans trop de remords Amfortas à ses douleurs.

La race regarde maintenant directement la nature et l'avenir. La vieille métamorphose du corps blanc protégé est abandonnée ; on reçoit le soleil en face. Tania de Bourbon-Parme peut ainsi heureusement se féliciter : « J'ai la peau assez mate, et ai la chance de bronzer facilement. »

---

1. *La Fin d'un monde*, p. 382.

CONCLUSION

La conclusion d'ensemble se trouvera dans un ouvrage à venir, après l'histoire de la cinquième période du Faubourg, qui est l'époque actuelle.

Notre idée était de réfléchir ici sur le rôle de l'argent dans un complexe sociopolitique observable en France depuis le Moyen Age, en utilisant le préjugé, l'opinion, les états du consensus comme instruments d'analyse. Trop souvent les historiens n'ont cherché à mettre en lumière dans ce complexe que l'autorité de l'État, et l'aventure de l'impôt : l'*imperium* et le *fiscus*. D'autres se sont intéressés aux cadres sociaux de la mémoire collective, sans se préoccuper fondamentalement des liens de cohésion, indépendants des lieux.

La société française repose sur le don de Dieu, et son organisation de gouvernement est celle des trois ordres qui échangent – sans intervention d'argent – les dons entre eux. Le service mutuel, le service du roi, le service de Dieu, sont garants de tout l'ordre politique. Le don induit dans la noblesse l'honneur – qui est le refus de l'occupation vénale et vile – et le faste légitime. Cette vocation du luxe est encore affirmée de nos jours quand Hermine de Clermont-Tonnerre fonde un club « festif, ludique et élitiste ». L'honneur, c'est l'entretien du vieux château familial – par fidélité : « Tu as un beau donjon, comment as-tu fait ? », conversation d'aristocrates de nos jours. Avec virtuosité souvent, la haute noblesse a trouvé des équivalents financiers à la redevance perdue du système féodal. La mentalité néo-rurale se

277

rapproche plus que jamais de la conception nobiliaire de la terre : l'activité paysanne n'est pas rentable; on ne lui demande que « sa croûte », et le temps pour « pouvoir réfléchir ».

La noblesse, comme l'ancien clergé, restent fondés, comme ils l'étaient déjà, dans la substance sociale, mais sont privés de toute reconnaissance en tant que formes politiques. Lockoutée par le nouveau combat politique des classes (bourgeoisie et prolétariat, avec les intellectuels à l'intersection), la haute noblesse, se repérant par rapport à ces formes, garde une existence supplémentaire issue de formes anciennes, existence de substitution, d'illusion entretenue; existence spirituelle, qui s'accommode avec le fait que la majeure partie des membres des anciennes familles gagne sa vie comme tout le monde.

Nous avons attaché une grande importance aux préjugés, qui sont les rêves du corps social – rêves de la substance, ou de la forme? Nous reviendrons ailleurs sur ce point.

Rien de plus délicat que d'interroger cette matière anthropologique; mais elle seule permet de montrer que le vieux contrat d'échange des sangs n'est pas obsolète. Elle seule conserve la clé des aspirations et des défenses du corps politique.

Les rapports du faubourg Saint-Germain et de l'argent mettent ainsi en jeu les délicates articulations du corps social et de la forme politique. L'historien n'a plus qu'à faire un grand vœu avant de poursuivre son étude : celui d'être assez philosophe.

ANNEXE

I. Noms communs aux listes de Capefigue et Vitu

AUMONT
BAUFFREMONT
BEAUVILLIERS
BÉSIADE D'AVARAY
BOISGELIN
BROGLIE
CASTELLANE
CAUMONT LA FORCE
CHABANNES
CHOISEUL
CLERMONT-TONNERRE
COLBERT
COSSÉ BRISSAC
DAMAS-CRUZ
DURFORT-DURAS
GONTAUT-BIRON
GRIMALDI
GUICHE

HARCOURT
LA CROIX DE CASTRIES
LAMOIGNON
LA ROCHEFOUCAULD
LA TRÉMOILLE
LÉVIS
MAILLY
MONTESQUIOU FEZENSAC
MONTMORENCY
NARBONNE
NOAILLES
PÉRUSSE DES CARS
POLIGNAC
QUELEN DE LA VAUGUYON
ROHAN
SAULX-TAVANNES
TALLEYRAND-PÉRIGORD

II. Noms proposés par Capefigue (1866)

AGOUT
ALBERT DE LUYNES
BASCHI DU CAYLA

BEAUMONT D'AUTICHAMP
BAUPOIL DE SAINTE-AULAIRE
BEAUVAU

279

BÉRENGER DE SASSENAGE
BÉTHISY
BLACAS
CAMBOUST DE COISLIN
CHAPT DE RASTIGNAC
LA CHASTRE
CHATEAUBRIAND
LECLERC DE JUIGNÉ
CONTADES
COUCY
COURTAVEL-PEZÉ
CROY D'HAVRE
CRUSSOL D'UZÈS
LA FARE
FAY DE LA TOUR MAUBOURG
MOTIER DE LA FAYETTE
FITZ-JAMES
GLANDÈVES
KERGORLAY
LORRAINE
LUSIGNAN
LA LUZERNE
LIGNERAC DE CAYLUS
MAILLÉ
MARTIN DE TYRAC

METHAN
MESMOND
OSMOND
PELLETIER
PIERRE DE BERNIS
PREISSAC D'ESCLIGNAC
LA ROCHE AYMON
ROCHECHOUART-MORTEMART
ROHAN
SABRAN
SAINT-GEORGES DE VÉRAC
SERRENT
SUFFREN DE SAINT TROPEZ
TALARU
TALHOUËT
LE TELLIER DE LOUVOIS
THOMAS DE PANGE
LA TOUR DU PIN
VILLEFRANCHE
VICHY
VIGNEROT DU PLESSIS DE
RICHELIEU
VILLENEUVE DE TRANS
VOGÜÉ

III. NOMS PROPOSÉS PAR VITU (1890)

ARGENTAL
ARGENSON
AIGUILLON
BARRAL
BELLE-ISLE
BRIENNE
BETHUNE
BESENVAL
BOUFFLERS
BOURBON-BUSSET
CARAMAN

CHABRILLAN
CHASTELLUX
CRÉQUI
DAMPIERRE
DES BALBES DE CRILLON
DU HALLAY-COËTQUEN
ESTERHAZY
FLAVIGNY
FLAMARENS
GALLIFFET
HAUTEFORT

JAUCOURT	MONTESQUIEU
LA BRIFFE	MONTMORIN
LA TOUR D'AUVERGNE	NIVERNOIS
LAUZUN	ORSAY
LA VALLIÈRE	PUYSÉGUR
MAILLEBOIS	SABLÉ
MATIGNON	SOYECOURT
MAUREPAS	TESSÉ
MENOU	VAUBECOURT
MESMES	VILLEROY
MOLÉ	VINTIMILLE
MONTEYNARD	VIRIEU

Cet ouvrage a été réalisé par la
SOCIÉTÉ NOUVELLE FIRMIN-DIDOT
Mesnil-sur-l'Estrée
pour le compte des Éditions Perrin
en avril 1994

Imprimé en France
Dépôt légal : avril 1994
N° d'édition : 1124 – N° d'impression : 26779